国学知识全知道

董洪杰　编著

中华工商联合出版社

图书在版编目（CIP）数据

国学知识全知道 / 董洪杰编著 . -- 北京 : 中华工
商联合出版社 , 2018.2（2021.6 重印）

ISBN 978-7-5158-2192-4

Ⅰ . ①国… Ⅱ . ①董… Ⅲ . ①国学—基本知识 Ⅳ .
① Z126

中国版本图书馆 CIP 数据核字（2018）第 010747 号

国学知识全知道

编　　著：董洪杰
责任编辑：林　立　崔红亮
装帧设计：北京东方视点数据技术有限公司
责任审读：魏鸿鸣
责任印制：迈致红
出版发行：中华工商联合出版社有限责任公司
印　　刷：唐山富达印务有限公司
版　　次：2018 年 7 月第 1 版
印　　次：2021 年 6 月第 2 次印刷
开　　本：710mm×1020mm　1/16
字　　数：240 千字
印　　张：18
书　　号：ISBN 978-7-5158-2192-4
定　　价：78.00 元

服务热线：010-58301130
销售热线：010-58302813
地址邮编：北京市西城区西环广场 A 座
　　　　　19-20 层，100044
http://www.chgslcbs.cn
E-mail: cicap1202@sina.com（营销中心）
E-mail: gslzbs@sina.com（总编室）

凡本社图书出现印装质量问
题，请与印务部联系。
联系电话：010-58302915

前言

　　"国学"一说，最早见于近代思想家章太炎先生的《国故论衡》。顾名思义，"国学"就是中国之学，是中华民族在数千年历史中创造的文化。国学堪称中华文化的学术基础、固本之学，是全面增加文化素养的学问。已故著名国学大师季羡林老先生曾提出来"大国学"的概念，他说："国学应该是'大国学'的范围，不是狭义的国学。国内各地域文化和五十六个民族的文化，都包括在'国学'的范围之内。"也就是说，广义的"国学"，就是中国之学、中华之学，是中华各民族优秀传统文化学术的总称。国学汇通思想学术、典籍制度、百行百艺、礼仪民俗，蕴含国脉、国魂、国本，是中国人的根基所在、尊严所在。从20世纪90年代起，国学热再次兴起，如今方兴未艾。

　　我们的国家，历史悠久，文化灿烂。我们的祖先留下了五千年文化遗产，国学博大精深、包罗万象，可以分为天文、历法、地理、历史、职官、服饰、器物、玉文化、青铜文化、文学、艺术、戏剧、音乐、武术、美食、民俗、礼仪、婚丧、天工开物、百草医药等方面。国学以学科分，可分为哲学、史学、宗教学、文学、民俗学、伦理学、考据学、版本学等；以传统图书类别分，可分为经、史、子、集四部。具体而言，国学是以先秦经典及诸子学说为根基，涵盖两汉经学、魏晋玄学、隋唐佛学、宋明理学，以及同时期的汉赋、六朝骈文、唐宋诗词、元曲、明清小说和历代史学等内容。国学从思想体系上可分为儒、释、道三家。国学的复兴，是时代的呼唤与要求。今天，随着国势上升，我们自然要大力弘扬国学，也要让世界了解国学。了解国学也就是了解我们的历史和现在，也就是了解我们中国人。我们知道，成为文化大国才是真正的强国。在经济全球化背景下，作为一个中国人，我们更应该深入全面地了解我们自己的国学，绝对不能够数典忘祖。

千百年来，国学已渗透到社会的方方面面，直接影响着国人的思想、意识、伦理、道德和行为。国学不仅是中国悠久传统文化的明证，也是每一个中国人的立身处世之本，更是我们不可或缺的精神力量。学习国学，了解国学，继承和弘扬中国文化，是每个中国人义不容辞的责任。作为一个现代人，不能不知道传统，作为一个中国人，不能不了解国学。然而，国学典籍汗牛充栋，国学内容庞杂浩繁，即使穷尽毕生之力，也难通万一。

为了帮助读者更方便、更轻松、更快捷地了解和掌握必要的国学知识，开阔文化视野、丰富知识储备、提高人文修养，编者对浩如烟海的国学知识进行了适当的取舍，选取了具有代表性、实用性，以及读者感兴趣的内容，辑成本书。全书分为国家政治、思想学术、天人之学、文学、史学、文化艺术、民俗文化、百工名物、国学掌故九个篇章，涵盖了国学知识各个方面的内容，为读者轻松掌握国学知识提供了一条捷径。书中既有分门别类的严谨解释，又有引人入胜的传略和逸事，可帮助你登堂入室，领略国学的无穷魅力。

本书在广泛收集资料的基础上，力求在"新、奇、趣"上下工夫。"新"就是鲜为人知的，很少被其他书籍提到的知识；"奇"就是不一般，能让人的精神为之一振的事物；"趣"即是兴趣，也是趣味，是人们想看、愿意看的东西。同时，书中还选配了包含多种文化元素的精美图片，与文字相辅相成，使读者身临其境，对国学产生浓厚的兴趣，从中体味到中国文化的博大精深。在走向世界的今天，每一个中国人都应该有良好的国学素养。请翻开本书，走进博大精深的国学长廊，领悟国学的精髓，感受国学的智慧，把握传统文化的脉搏，丰富自身的内涵，成为文化达人。

目录

第二篇　思想学术

古代哲学命题

伦理、修养和品格

第三篇　天人之学

天文历算

独特的中医

第四篇 文 学

古代文体

文学流派

第五篇 史 学

史书的体裁

史 论

著名史学家

第一篇

国家政治

‖职官制度‖

※ 王

　　王最早出现于殷周时期，是对天子的称呼，如商纣王、周穆王。《六书·故疑》言："王，有天下曰王。帝与王一也。"关于"王"的字形含义，《说文解字》解释："三画而连其中谓之王。三者，天、地、人也；而参通之者，王也。"春秋战国时期，周王室衰微，本来称呼为公（如秦穆公、齐桓公）的诸侯们纷纷称王。秦统一全国后，天子称作皇帝，也不再封王。汉代，汉高祖刘邦封赐异姓功臣为王，王自此成为封建社会的最高封爵。后异姓王发动叛乱，刘邦将之尽行剿灭后，封赐宗室子弟为王，并规定后世非同姓不得封王。此规矩为后来历代统治者所遵循，异姓臣子功劳再大最多封侯（但也有统治者对拥兵自雄的武人无力剿灭而被迫对其封王的情况，如清代的三藩王）。西汉时，发生了同姓王叛乱的"七国之乱"，西晋也发生了同姓王叛乱的"八王之乱"。此后的历代统治者均认识到同姓王也不可靠，因此对同姓封王时只是赐其爵号，不再封地。自此，王成为封赐宗室的最高爵位，直至清亡。

※ 嫡长子制

　　嫡长子制是西周时期创立的一种权力和财产继承制度。自从夏朝建立王朝以来，便开始有一个至高无上的君王的存在。一旦一代君王死去，显然谁都想继承王位。而按照父系氏族长期以来的父系亲缘关系来判定谁最有资格继承王位，很难有定论。比如，儿子和父亲显然是血缘关系近的，但弟弟也不远。比如，夏朝的王位多由儿子接任，偶尔也有传给兄弟的。商朝的王位大多传给弟弟，最后由最年幼的弟弟再传给长兄的长子，实行这样一种有趣的王位继承制。但这些不固定的王位传承方式，很容易发生争夺王位的情况，比如，商朝便多次出现君主的弟弟、儿子争夺王位的情况。西周的嫡长子继承制便是在这样的背景下产生的。所谓嫡长子，即嫡子中的长子。"嫡子"，即妻所生之子，与之对应的是妾所生的"庶子"。"嫡子"中的"长子"才有继承君位的资格，其他的"嫡子"和"庶子"则都没有资格。即所谓"传嫡不传庶，传长不传贤"。当然，嫡长子之外的儿子们并非一无所获，而是能够获得相应的封地。

另外，这种嫡长子继承制不仅适用于天子位的传递，而且适用于诸侯位、卿大夫等。诸侯位由嫡长子继承，其余的嫡子和庶子封为卿大夫；而卿大夫位也由嫡长子继承，其他的儿子分封为士，以此类推。这种嫡长子继承制既保证了贵族在政治上的垄断和特权地位，又防止了贵族内部在权力继承问题上的纷争，维护了贵族统治集团内部的稳定与团结。秦汉之后，嫡长子制在后来的许多朝代依旧是一个基本的原则，许多时候，连皇帝本人想要立嫡长子之外的皇子为太子都不太容易。

※ 卿大夫

卿大夫最初是西周时期分封制度下的一个分封级别。在西周的分封制中，天子分封土地给诸侯治理，诸侯再将自己的土地分成小块交给卿大夫治理，卿大夫下面还有士，卿大夫在自己的领地内具有世袭统治权，同时效忠于诸侯。东周时期，在诸侯王脱离周天子控制崛起的同时，卿大夫阶层也开始崛起，许多诸侯国也出现卿大夫控制诸侯国政治的现象。比如，孔子时期的鲁国朝政便是在季氏三家卿大夫的把持之下，甚至一些卿大夫干脆弑君自立。秦统一六国之后，由于分封制已经被郡县制所取代，卿大夫这个封建领主也便不再存在。"卿大夫"这个词分裂为"卿"

和"大夫"，均是官职名称。"卿"是仅次于"公"的官职级别，秦汉朝廷"三公"之下设"九卿"，如大理寺卿、太常寺少卿等。清朝常以三品至五品卿作为官爵虚衔。另外"卿"还被皇帝用作对于大臣的爱称，乃至皇帝直接称大臣为"爱卿"。而"大夫"也是古代高级官员的称呼，秦汉之际的中央要职中便有御史大夫、谏议大夫等官职。除此之外，"卿"与"大夫"最初时也有一些区别，卿一般是在中央任职的官员，大夫则指地方大员，但后来这些区分也逐渐不那么明显了。

※ 皇帝

皇帝是封建王朝的最高统治者。皇，早期是上天、光明之意，"因给予万物生机谓之皇"；帝，则是生物之主，有生育繁衍之源的意思。在上古时期，"皇"与"帝"都是用来称呼最高统治者的称号，如"三皇五帝"。商周时期，最高统治者一般都称为王，比如，商纣王、周文王。皇帝一词的出现始于秦始皇。秦虽二世而亡，但"皇帝"这一称号流传了下来，为后世历代沿用。有人专门统计过，自秦2000多年下来，中国正统王朝的皇帝总共有349位。

秦始皇像

※ 储君皇太子

储君，即是未来的皇帝，除个别为皇帝的弟弟、叔叔，或者直接是皇帝的孙子，称作皇太弟、皇太叔、皇太孙等外，一般情况下为皇帝的儿子，称作皇太子，简称太子。在我国汉代，王侯的继承人也曾称"太子"，汉代后，各种同姓或异姓王侯乃至藩属国的继承者都统称为"世子"。储君在帝王制度下是非常重要的角色，一旦立了储君，便避免了皇帝驾崩国家陷入内乱的危险，也避免皇子们为争当储君而钩心斗角的情况。储君确定之后，大臣和皇子们对未来的政治走向心中有数，人心便安定，政治也便安定了。因此，储君往往被称作"国本"。关于储君的立法，自从我国周代确立"嫡长子继承制"以来，后世帝王一般都以此为基本原则，立嫡长子，即皇后所生的长子为太子。一旦皇后无子，则立庶子中的长子。不过，也有一些皇帝以"立贤"为原则。

早期，太子权力相当大，是仅次于皇帝的二号人物，加上大臣们对未来的皇帝自然也不敢怠慢，太子往往会对皇帝本人构成威胁。因此古代多次出现皇帝废太子甚至杀太子的事情；而反过来，势力强大的太子强行登基乃至弑君夺位的情况也发生过。前者如汉景帝废栗太子、汉武帝诛杀卫太子等，后者如隋炀帝弑父夺位、唐肃宗李亨强行登基。另外再加上众多皇子都觊觎储君之位、明争暗斗等原因，历史上太子顺利册封，顺利登基的情况并不多见。不过宋代以后，皇权不断加强，太子权力不断变小。清雍正登基后，鉴于康熙立储的失败，干脆不再公开立储，建立了秘密建储制度，即皇帝生前不公开宣布储君人选，而是悄悄定下储君，在皇帝死后才公之于众。雍正用这种方式传位给了乾隆。之后乾隆、嘉庆、道光均以此法传位。到咸丰时，因只有载淳（同治皇帝）一子，无须秘密建储，此法未用。后来同治、光绪均无子嗣，并且这两个皇帝均是慈禧操纵下的傀儡皇帝，根本没有权力立储，也就没有立储，秘密建储制度遂废。

※　三公九卿

三公九卿乃是秦朝时确立的中央官制，三公是古时辅助国君的三个最高官员，九卿是中央政府的九个高级官员。周代曾经出现过"三公六卿"，分别以辅佐皇帝的太师、太保、太傅为三公，以冢宰（总管军政）、司马（负责军务）、司寇（分管刑罚）、司空（负责工程）、司徒（负责民政）、宗伯（负责礼仪）为六卿。后来秦始皇统一六国后，听从李斯建议，建立了以皇帝为尊，以三公九卿为中央官制的中央集权制。三公分别是丞相、太尉、御史大夫。其中，丞相主管全国行政；太尉负责总揽全国军政；御史大夫则负责皇帝与群臣的沟通并监督群臣。九卿分别是：奉常（掌管宗庙礼仪，为九卿之首）、郎中令（领导宫廷侍卫）、卫尉（掌管宫门警卫）、太仆（掌管宫廷御马和国家马政）、廷尉（负责司法）、典客（负责少数民族与外交事务）、宗正（分管皇族事务）、治粟内史（掌管赋税徭役）、少府（负责宫廷财政与皇室手工业制造）。三公九卿的基本构架被汉代沿用，只是具体名称有所变化。丞相被改为"大司徒"，太尉改为"大司马"，御史大夫改为"大司空"；九卿中的奉常变成了"太常"，廷尉变为"大理"，典客成了"大鸿胪"，治粟内史变为"大司农"等，不过其基本职责都变化不大。三公九卿制的建立首次确立了我国中央集权制。另外，可以看出九卿中的大部分官职本来都只是负责皇家家事的奴仆，却纷纷担任起处理国家要务的职责，这也暴露了皇帝制度建立之初皇帝家事、国事不分的粗糙之处。自秦至两晋，各王朝都以三公九卿制为基本的中央官制构架，直到隋朝文帝创立三省六部制，三公九卿制才宣告结束。但事实上，三省六部制仍受到三公九卿制影响。

※ 宰相

宰相是我国古代朝廷中的行政首脑。宰相职位最早出现在春秋战国时期，齐国的管仲、秦国的商鞅等都是当时著名的宰相。后来秦朝统一全国后，实行中央集权的郡县制，以分封制为基础的贵族统治阶层消失，官僚组织成了国家机器运行的载体。作为这个官僚组织的首领，宰相一职得以正式确立。但"宰相"只是对最高行政长官的一种泛称，历史上除了辽国曾有过"宰相"这个官职名称外，其他朝代的宰相职位都采用的是其他称呼。秦汉时期行使宰相权力的官职是丞相、相国、三公（大司马、大司徒、大司空）；隋唐，以及后来的宋朝，实行三省六部制，宰相职位由中书省、门下省、尚书省三个部门的长官共同担任，官职名称、权力、人数经常有变动，但不出"三省"。具体名称则有内史令、纳言、尚书令、尚书左仆射、参知政事、同平章事等；元代设左右丞相；明太祖朱元璋废宰相制度，内阁首辅成为事实上的宰相；清代行政实权掌握在军机处，军机大臣分满汉两班，两班首领成为事实上的宰相。可以看出，从人选上来讲，宰相是国家政权的一个组织部门，并不一定由一个人担任，其人数经常是有变动的；从功用上来讲，皇帝是作为国家政权的象征，集军政大权于一身，宰相是具体主管全国行政的人，对于任何一个政权都是不可缺少的（即使名义上没有宰相的政权也往往有事实上的宰相）。因此，宰相的地位相当高，是区别于一般大臣的。宋代之前的宰相上朝时是唯一可以坐在朝堂上的大臣。只是宋太祖赵匡胤不断扩大皇权，削弱相权之后，宰相地位开始下降，上朝时也没椅子坐了。历史上，皇帝和宰相职权的划分一直都是历代政治的大题目，一般而言，皇权和相权划分得合理时，政权都能运转得很好。划分不合理的，要么皇帝好大喜功，大权独揽，将国家推向战事（如汉武帝），或者出现宦官专政（往往出现于皇权很大皇帝却尤能的情况下）；要么宰相专权，架空皇帝（如西汉王莽、东汉曹操、明张居正），甚至出现篡权。

※ 十三曹

十三曹是汉丞相直辖下的十三个办事机构，有些类似于丞相的大秘书处。具体为：一西曹，主管府吏署用。二东曹，主管包括军吏在内的二千石长吏的迁除。地方上的太守以及中央的卿都是二千石这个级别。三户曹，主管祭祀农桑。四奏曹，管理政府一切章奏，大致相当于唐代的枢密院，明代的通政司。五词曹，主管词讼，即负责法律民事部分。六法曹，掌邮驿科程，类似于现在的交通部，科程是指交通灯时限及量限等。七尉曹，主管卒曹转运，是管运输的，相当于清代的漕运总督。八贼曹，管缉拿盗贼。九决曹，主管罪法。这两曹所管属于法律之刑事方面。十兵曹，管兵役。十一金曹，管货币盐铁。十二仓曹，管仓谷。十三黄阁，主管簿录众事。从十三曹的具体负责事项可以看出来，这十三曹要处理全国政治、经济、司法等各个领域的事情，俨然是全国行政的总机关。由此可以看出我国汉代皇权和相权的分工已经相当明确了。

※ 太尉与大司马

太尉曾是我国古代掌管全国军事的最高武官。秦朝时，太尉、丞相、御史大夫并称"三公"。对应于丞相掌管全国行政，太尉则掌管全国军事，地位与丞相相同。汉代基本上沿用了秦制，太尉一职也继承下来。汉武帝继位后，为加强对军队的控制，不再像过去那

文官图　唐
唐初多因袭隋制，帝王及文武百官均能戴图中所示的黑色帻，至贞观后，则为帝王、内臣所专用。

样封军功卓著的武将担任太尉，而是任命贵戚担任此职。此后太尉便只是个虚职，并无实权。后来汉武帝干脆废太尉一职，以大司马代之。大司马只是一种用于加封的荣誉称号，更无实权。汉大将军卫青、骠骑将军霍去病均因征匈奴的军功被加封为大司马。到东汉，光武帝又将大司马改为太尉。司徒、司空、太尉成为新的三公，太尉又重新成为全国军事统领，并参与政事，权位极重。东汉末，曹操自任丞相，废三公。此后魏晋南北朝期间，太尉与大司马均或置或废，比较随意。隋朝后，太尉与大司马均成为一种加赠的虚衔，宋代时太尉还一度成为对于高级武官的泛称。元代后，太尉与大司马均不再设置，另外，大司马常被当作兵部尚书的别称。

※ 御史大夫

御史大夫是秦朝设立的官职，与丞相、太尉合称为三公。御史大夫

主要有两个职能，一个是作为丞相副手处理政事，因此有副丞相之称；另一个则是作为监察机构御史台之长，负责监督百官，尤其是丞相。因为秦国实权曾一度被丞相吕不韦掌控，秦王嬴政直到 22 岁除去吕不韦之后才得以掌握实权，非常担心丞相再度架空自己，于是设置御史大夫来牵制丞相。并且秦汉时期，丞相空缺后，一般由御史大夫补缺，这就使丞相更加忌惮御史大夫，从而得到制衡。汉哀帝时，御史大夫更名为大司空，东汉时又改为司空。大司空和司空仍为三公之一，但均已不再是最高的检察长官，最高的检察官由御史中丞担任。魏晋南北朝时，御史大夫官职又偶有恢复。隋唐之后的御史大夫，除宋代为虚衔外，均为最高的检察官，但不再有秦汉三公的权位。明代改御史台为都察院，御史大夫一职遂废。

※　郡县制和州县制

郡县制是我国古代的一种国家组织形式。西周时期，国家实行分封制，除天子直接统治区域外，其他地方被划分为许多小诸侯国，小诸侯国内则以同样方式再次划分成小的采邑。诸侯国对于天子有一定的义务，但总体上是一个独立王国，天子无权过多干预。卿大夫的采邑对诸侯国也是这种关系。春秋战国时期，以楚、秦为代表的许多国家开始设立郡县制度。秦代统一全国后，在全国范围内实行郡县制，将全国分为 36 郡，郡下设县。郡守和县令都直接由中央政府任免，其职位不得世袭。这样，便建立起了一种干壮枝弱的中央集权制度，地方不再有力量对抗中央，有利于全国政治稳定和经济发展。汉代沿用并完善了秦朝的郡县制，在开疆拓土过程中不断设立新的郡县。至东汉顺帝，已有 105 郡，2000 多个县。汉代一县面积大约方百里，一郡则下辖 20 县左右。需要指出的是，郡县制并非一定是仅仅有郡、县两级地方政权，而是强调其中央集权的性质。实际上，历代的郡县制往往都并非仅有郡县两级地方政府。比如汉代时便在郡之上设立了州，全国总共分 13 个州，州长官称刺史，后改为州牧；隋朝地方政府设为州、县两级；唐朝则为道、州、县三级；宋代为路、州、县三级；元代则设立行省制度；明清基本继承元代行省制度，并稍作改变之后形成了省、府、县三级行政制。这些结构形式虽然并不是严格的郡、县两级制，但考虑其中央集权的性质，仍可说是郡县制。

州县制是郡县制的流变，本质上与郡县制差别不大。魏晋之后，进入南北朝乱世，北方政权更迭频繁，百姓四处流亡。新政权建立或新的人口流入，便要重新划分行政区域，分割原来的郡县。于是，郡不断变小，州不断增多。南朝也模仿北方划郡为州。至隋文帝时，撤郡建州，实行州县制。后面的唐、宋基本沿用。

※ 郡守和县令

郡守与县令为古代官职名称，均是在战国时期随着郡、县的设立而开始存在的。战国时的郡都设在边远地带，边防任务很重，因此其最高长官称作"守"，一般由武人担任。后来这些郡开发成熟，郡守逐渐成为地方最高行政长官。秦统一全国后，实行全面的郡县制，每个郡都设一名郡守，为一郡的最高长官。后来汉景帝将郡守更名为太守，但也习称郡守，之后太守又一度更名为州牧。南北朝时，太守权力逐渐为州刺史所夺，太守一职逐渐为刺史所代替。唐中后期，刺史又逐渐为节度使、观察使代替。到宋明清之际，知府、知州则相当于原来的郡守。值得一提的是，因宋代之前的郡守（刺史、州牧、节度使、观察使）经常集行政、军事、人事大权于一身，一旦中央控制力变弱，郡守往往成为地方割据的基本单位。

县令是一个县的行政长官，刚开始与郡守是平级关系，战国末期，正式成为郡守下属。秦汉法令以户口多少为标准，大县长官称县令，小县长官称县长。至南朝宋时，不再区分户口多少，一县长官皆称县令。至宋代，县令称为知县，元代称县尹，明清又称知县。因为朝廷委派官职只派到县令一级，其下则实行乡绅自治，县令是政府与百姓接触的枢纽。因此县令一职在整个政权机器上的地位是至关重要的，中国自古有"县宁国安，县治国治，下乱，始于县"的说法。

※　刺史

刺史是古代官职。刺，检核问事之意，刺史的本义是负责监督类的官员。秦时，每郡设监察御史，负责监督郡守。汉代时，监察御史往往与郡守勾结起来欺骗朝廷，丞相于是又派出一套人马出刺各地，检查郡守和监察御史。这样重叠监督，显然成本高而效率低。汉武帝时，废除原来的两套监察官员，将全国分为13个州，每州设立一名刺史，正式建立刺史制度。这套新制度的特点是，充任刺史者均为俸禄六百石的低级官员，其检查对象郡守的俸禄却是两千石。因其官职卑微，故顾虑不多，勇于言事；另外，一旦官职低，也就急于立功，会更加恪尽职守。同时，为防止刺史滥用权力干扰地方政治，朝廷对他所调查监督的内容明确列明条目，其外不得多管。这套制度刚实行时是比较好的一套检查制度，但一项制度时间一久，便难免出现弊端。到东汉时，刺史权力逐渐扩大，成为实际的地方长官。汉灵帝时将部分资深刺史改为州牧，使之成为郡守（太守）的上级，这便在郡、县的基础上又多出了州一级。到隋文帝时，鉴于刺史权力基本替代了郡守，干脆废郡，实行州县两级，如此，刺史即相当于原来的太守。唐代中期，出于屯田与守边的需要设立新的地方军政长官节度使、观察使逐渐侵蚀刺史之权，或者兼任刺史。尤其"安史之乱"后，节度使更是遍布全国，刺史职任渐轻。宋代郡守名称为知州，刺史成为武臣虚衔，元代以后消失。

※　三辅

三辅本指西汉时治理京畿地区（国都及其附近的地区）的3个官职，后指这3个官职所管辖的地区。汉景帝时，将首都长安城以及城郊地区大体分为3块，分别设置左内史、右内史、主爵中尉（后改为主爵都尉）管理。因共同管理京畿地区，故合称"三辅"。汉武帝时，此3个官职又被命名为京兆尹、左冯翊、右扶风，其总共管理区域大致是今天的陕西中部地区。后世其具体的行政区划虽然有所变更，但直到唐代，人们仍然习惯称京畿地区为"三辅"或者简称"辅"。

※ 三省六部制

三省六部制是中国古代继三公九卿制之后的另一套中央政府机构组织形式。三省分别是中书省、门下省、尚书省，六部则是吏部、户部、礼部、兵部、刑部、工部。三省六部制的出现是皇权侵蚀相权的结果。汉武帝时，设尚书台。三国时期，魏文帝曹丕又设另一个秘书机构中书省，以削弱尚书台

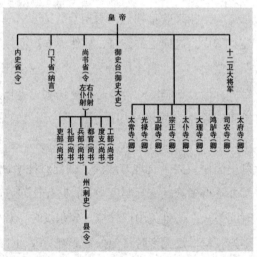

隋三省六部制简表

权力。至晋，皇帝的侍从机构门下省也开始处理政务。至此，由皇帝的小臣组成的"三省"开始成为全国政务中枢。到隋朝，朝廷明令确立三省制度，三省成为正式的政府机构，三省长官共议国政，执宰相之职。至于六部，则是尚书省下设的六个具体部门。汉光武帝时，尚书台已开始分为三公曹、吏部曹、民曹、客曹、二千石曹、中都官曹等六曹尚书分曹办事。后六曹经魏晋南北朝发展演变，至隋唐时期形成吏、户、礼、兵、刑、工六部。后世将三省六部制视作隋朝除科举制度之外的另一个重要制度贡献。三省六部制结束了自汉光武帝以来的皇帝与政府（以宰相为代表）权限不分的混乱局面，可以说是中国政治史上的绝大进步。三省六部制虽然在唐代以后多有变化，但其基本骨架为后世历代中央政府所采用，尤其六部制度直至清末连名称都未曾变动。

※　尚书仆射

尚书仆射是一度相当于宰相的官职。仆，意为主管，因古代重武，由主射者掌事，故诸官之长称仆射。后来只有尚书仆射沿用下来，其他射的名称大都废弃，因此魏晋南北朝之后的仆射，专指尚书仆射。尚书仆射的官职最早在秦朝设立，其时为尚书之首，只是皇帝身边小臣，没有权力。西汉时，置尚书台（后称省），尚书令为尚书头领，尚书仆射为其副职。东汉光武帝时，因尚书台权力越来越大，尚书仆射的权力也渐大。汉献帝时，设左、右仆射，此后历代沿置。魏晋南北朝之际，尚书仆射上有尚书事、尚书令两职，但因经常空缺，尚书仆射已相当于宰相或副宰相。例如，东晋谢安、北魏李冲、北齐杨遵彦等都是以尚书仆射一职分掌或专掌朝政。隋朝时，尚书事一职遭废，尚书令则常常空缺，尚书仆射成为宰相。唐代，因唐太宗李世民登基前任尚书令，此后无人敢任此职，尚书左、右仆射成为事实上的尚书省长官，一度与门下省、中书省长官并称宰相。唐高宗后，尚书省职权渐低于中书、门下两省，尚书仆射已不能和门下、中书省长官同称宰相，而需加封平章事封号才是宰相。玄宗后，尚书仆射未曾被加封过，从此不再是宰相。宋代时，尚书仆射名称屡有变化，并一度重新成为宰相。宋以后无仆射之官。

※　侍中

侍中是古代一度相当于宰相的官职，始设于秦。侍中在秦汉之际原本是皇帝身边小臣，干的事情相当杂，负责皇帝乘车服饰乃至便溺器具等一应事情。因其常在皇帝身边，经常给皇帝出一些主意，逐渐成了皇帝的顾问，地位渐重。之后侍中经常成为皇帝对于臣子的加封，官不在大小，上可至列侯，下可是郎中这样的小官。官员获此加封后，可出入皇宫，经常伴随皇帝左右，也是一种荣耀。东汉时，设侍中寺，晋时改为门下省，唐时一度改名为东台、鸾台、黄门省等，以侍中为其长官。魏晋之时，侍中已经不再负责皇帝的生活杂事，而是专备皇帝顾问。隋唐之际，侍中一度称纳言、左相、黄门监等，与中书省长官中书令、尚书省长官尚书仆射共同被尊为宰相。宋代沿用唐制，元丰改制后，以尚书左仆射兼门下侍郎行侍中之职，另设侍郎为其副职。元朝侍中只是礼官、从官。明代侍中地位有所恢复，但已不复昔日风光，仅为正二品，地位低于尚书。清朝无侍中一职。

※ 中书令

中书令是古代一度相当于宰相的官职。汉武帝时，始置中书令，由宦官担任，后来逐渐由皇帝信赖的士人担任。其职责是帮助皇帝在宫中处理政务，并负责直接向皇帝递交大臣密奏。因其为皇帝近臣，一度凌驾于丞相之上，司马迁就曾以太史公的身份担任过此职。东汉光武帝时，尚书台成为全国政务中枢，与尚书工作性质有些相似的中书被冷落。魏晋时期，魏文帝曹丕为牵制尚书台，另外成立中书省，以中书令为其长官。之后中书省日益架空尚书台，成为全国最机要机关，中书令则成为事实上的宰相。其时中书令一般由社会名望与才能俱高者担任，谢安就曾以中书令之职执政东晋。南北朝时，门下省又逐渐取代了中书省的政务中心地位，中书令的宰相位被门下省长官侍中取代。到隋唐之际，三省六部制确立，中书令与门下省长官侍中、尚书省长官尚书仆射共同执掌宰相之权。其中，因中书省是政令的决策机构，而门下省则对政令有审核权，故中书令和侍中被唐人尊为真宰相。唐肃宗后，包括宋代在内，中书令逐渐成为大臣的虚衔，无实权。元代中书令又掌相权，明代朱元璋不设宰相，"三省"俱废，中书令自此不复存在。

※ 侍郎

侍郎在西汉时曾是郎官之一，是皇帝外出时的随从，不是正式官职。东汉尚书权力变大时，侍郎成为尚书下属。当时每曹设 6 名侍郎，六曹共

36 人。魏晋以后尚书曹数增多，一尚书辖数曹，郎官遂成一曹头目。隋朝三省六部制既定，侍郎随尚书一起成为朝廷正式要职，初时官阶不高，却是实权官员。明侍郎升至正三品，清侍郎升至正二品。另外，门下省和中书省也曾设立侍郎官职，一般为一个部门的二把手。

※ 政事堂

政事堂为唐、宋宰相和皇帝议事的地方，乃两朝最高决策中心。唐初，中书、门下、尚书三省长官（中书令、侍中、尚书左右仆射）共执宰相之权，三省长官经常与皇帝一起商议国家大事。刚开始其地点设在门下省，后来又改在中书省。政事堂后分列五房：吏房、枢机房、兵房、户房、刑礼房，随时待命，具体执行政事堂的各种政令。贞观年间，唐太宗为集思广益，同时分化宰相权力，给一些职位不高但能干的官员加封参知政事、同中书门下三品（以后逐渐统一为同中书门下平章事之名）等称号，让他们也以宰相身份参加政事堂会议。另因尚书省只是政策的执行机关，没有决策权，尚书省长官的宰相身份一向有些勉强。唐高宗后，尚书仆射同样须加封封号，才能参加会议。玄宗后，尚书仆射再未被加封此封号，从此被排斥在政事堂之外。唐代后期，中书令、侍中也逐渐被排斥在政事堂之外。皇权变大，相权变小。唐玄宗时，将政事堂改名为中书门下，也有称中书政事堂或中书都堂的。后晋时又改名为政事厅。北宋沿唐制，以政事堂为宰相、参知政事议事办公处，设于禁中。政事堂囊括门下省、中书省和尚书省的主要职权，是最高行政机构。宋以后历代不设政事堂，不过明朝的内阁和清朝的军机处的功能略等于政事堂。

※ 御史台

御史台是我国古代监察长官的官署名，同时也指古代的监察机构，其属即为言官。秦代，建立御史制度，设众多监察御史监督政府，并以三公之一的御史大夫为众御史之长。汉代，御史大夫更名为大司空（后改为司空），不再负责监察事宜，其副手御史中丞成为御史之长。因御史中丞一直驻扎在宫中兰台办公，因此其官署便被称作御史台。御史台在后来历代均存在，只是名称偶有变化，另有宪台、兰台、肃政台等称呼。御史台下设三院，一曰台院，其属为侍御史，即监督皇帝的御史，御史中丞初时便是专门驻扎在皇宫里监督皇帝的官员；二曰殿院，其属为殿中侍御史，负责监督皇宫内礼仪等事；三曰察院，其属为监察御史，主要是监督中央政府和地方官员。总体而言，御史台设立的主要目的是监督百官，即"为天子耳目"。御史的品阶一般都不高，多由具清望之人担任，往往不怕得罪官员，越得罪人，名声越大。派往地方的监察官员往往都是由御史台派出，但历代都经常发生监察官员到了地方之后取代原来的地方长官成为事实上的地方长官的事情，比如，汉代的刺史，唐代的节度使、观察使都属于这种情况。明代时，太祖朱元璋改御史台为都察院，御史台之名遂废。

※ 唐代五监

唐代五监指的是唐代时的 5 个负责教育、工程、军需、后勤等事宜的政府机关，分别是：国子监、少府监、将作监、军器监、都水监。唐代五监是将隋朝长秋监改为军器监之后形成的。其中，国子监是负责全国教育及考试的部门，其长官称作祭酒，为正五品上；少府监负责推动和普及农业、手工业技术，主官为监、少监，分别为从三品、从四品；将作监负责宫室建筑、金玉珠翠器皿的制作、纱罗缎匹的刺绣等事，其长官为监，有 2 名，从三品；军器监负责弓弩盔甲等军需用品的制造，其长官为监，正四品上；都水监负责全国的水运、黄河及其他河流湖泊的治理，其长官为监，正四品。唐代是中国各项制度的一个重要转折点，该五监的形成使政府机构得到很大完善，社会各项公共事务有了更专门的机构来管理，政府职能得到提高。五监的基本结构为后世历代政府所采用。

※　观察使

观察使是唐代后期出现的地方军政长官，全称为观察处置使。由于汉代设立的专门监督地方官员的刺史逐渐侵蚀了地方长官的权力，到隋朝时朝廷干脆明令刺史替代太守，成为地方长官，这样，朝廷中央便没有了专门的地方巡察员。到唐代前期，中央常常不定期临时派出使者监察州县，玄宗开元年间，宰相张九龄设置十五道采访处置使（简称采访使），行使原来汉代刺史的督察权，考评地方官政绩。后来，采访使制度又重蹈刺史制度之覆辙，本是中央派到地方的特派员的采访使又逐渐凌驾于刺史之上，成为实际上的地方一把手。而在不怎么受中央管制的节度使地区，采访使往往为节度使所兼任。肃宗乾元元年（公元758年）采访处置使改名观察处置使。"安史之乱"后，本为地方长官的刺史基本上已经没有什么权力，各地的节度使与观察使成为地方军政一把手。相比而言，节度使仕让地盘较大，经济、军事实力雄厚，不听中央调遣，成为顾盼自雄的藩镇；而观察使则地位相对较低，地盘、势力较小，还能够服从朝廷，因此唐朝廷后期得以苟延残喘的财赋收入多由观察使所上缴。宋代在各州置观察使，但只是虚衔，为武官升迁之前的寄禄官（暂时作为升迁跳板的官职，无实权）。辽、金也曾设置观察使作为政务官，元代废。

※　参知政事

参知政事并非一种固定官职，而是唐宋时期的临时职衔，中低级官员可凭此职衔行宰相权。唐贞观年间，唐太宗为削弱相权，强化皇权，在与宰相议事的最高政务会议政事堂上，经常给其他非宰相但比较能干的官员加封诸如参知政事、同平章事、枢密使、枢密副使等职衔后让他们也参加会议，共议国政。太宗之后的唐代皇帝都采用了这个办法，乃至到唐高宗之后，原本是宰相的三省长官都先后被排挤出了政事堂，只剩下这些顶着临时头衔的宰相们执掌唐王朝的最高政治。如此，可以说唐朝在很长的时间里是没有宰相的。就参知政事而言，其又简称为"参政"，行使副宰相之职，唐中叶以后废去。宋代沿用了唐代政事堂制度，开始同样以参知政事为副宰相，开宝六年（公元 973 年）后，参知政事的职权、礼仪开始和宰相差不多。宰相出缺时，其代行宰相之职。北宋范仲淹、欧阳修、王安石都曾任此职。因为正规的宰相经常空缺，因此参知政事往往是北宋事实上的宰相。南宋时，参知政事和门下、中书侍郎，尚书左、右丞，以及枢密使、副使，知枢密院事、签书枢密院事等，通称执政，与宰相合称"宰执"，相当于常务副宰相。元、明时参知政事只是一个中级官员，清不设此职。

※ 计相

　　计相是宋初中央财政机构——三司的首脑。宋代三司沿自五代。五代时期，天下不稳，税法混乱，后唐明宗设盐铁、度支（负责财政支出统计）和户部"三司"，统一掌管朝廷财政，相当于现在的财政部。宋代沿用并完善三司制度，三司掌管天下各种田赋、丁税、商税、矿税、酒税等财政收入和官俸、衣粮、军费等财政支出，当时称为"计省"，其长官为三司使。财政大权本是相权的一部分，但由于宋初皇帝想将财政权收归自己，以加强皇权对政权的控制，便令三司使不再统辖于宰相，而是直接对皇帝负责。这样，三司使便与掌管军政的枢密使、宰相各成一体，不相统摄，故被称为"计相"，意即财政宰相。但后来三司的权力逐渐扩大，职权涉及原来的兵户工礼吏等各部事务，并且时间一久，这个机构本身也变得臃肿而效率低下，三司开始成为宋朝行政机器上的一个不和谐部件。王安石变法时，曾试图分拆三司，但未能成功，只是将三司部分职权转移到其他部门。后来元丰改制，三司侵夺其他部门的职权才被重新归还各部。三司使改任户部尚书，虽仍管理财政，但已成为宰相直接下属，就职权和地位而言，已远远当不得"计相"的称号了。

※　路、军、府、州

　　路、军、府、州均是宋代的地方行政单位。宋代地方行政区划为三级制，其基本的结构是路、州、县，依次变小。其中，路是最高一级，大略相当于现在的省。宋初时，除路之外，还有一个道，与路为同级别的地方区划单位。后废道，将天下总分为十五路，分别是：京西路、京东路、河北路、河东路、陕西路、淮南路、江南路、荆湖南路、荆湖北路、两浙路、福建路、西川路、峡路、广南东路、广南西路。路的长官称作监司，每路4个。宋代的州由秦汉的郡变化而来，根据面积和人口可分为上、中、下州，长官称知州。县是最低一级行政单位。另外，在路、州、县的基本体制之下，宋代还有一些与州同级但稍微特殊的行政区划单位，府与军便属于此类。府由地位比较重要的州升级而成，分京府、次府。京府为首都或陪都所在地。宋初以都城升封府为东京，陪都河南府（今河南洛阳东）为西京，应天府（今河南商丘）为南京，大名府（今河北大名）为北京，遂有四京府，其余则为次府。州升府一般源于皇帝登基前所封或仕官之地，如宋太祖以归德军节度使代周，后来便升归德军所在之宋州（今河南商丘）为应天府。军则是因军事需要而建的地方行政单位，一般在边疆地带，分大军和小军。大军与州府同级，直属于路；小军与县同级，属州管辖。就数量而言，这些地方行政单位并不固定，时有变化。

※　知府与知州

　　知府与知州均是出现于宋代的官职。唐代只称建都之地为府，宋代由于城市的快速发展，许多比较繁荣的州都升级为府。宋代统治者鉴于唐代地方长官坐大割据的教训，不给州府长官刺史以实权，而是以中央朝臣充任各府长官，称作"权知某府事"。"权"是暂时之意，意即暂时代理该府政事，简称知府。知州与知府的来源相同，同样是宋朝廷派朝臣临时充任各州长官，称"权知某军州事"，简称知州。军乃指军事，州乃指民政。如此，宋代原本以唐制而设的府州长官——刺史便被架空了，而事实上的地方长官又只是临时充任，这便加强了中央集权，避免了藩镇割据的局面。但这也导致了地方力量的弱小，以至于金国攻破首都开封，北宋政权便轰然垮掉。知府与知州在元代成为地方的正式长官，只是其上置有由蒙古人或色目人担任的达鲁花赤（蒙古官名，为所在地方、军队或官衙的最大监治长官）；明清时期，知府与知州成为正式的地方行政长官。其中知州有直隶州、散州之别，前者直隶于省，可以辖县；后者隶属于府、道，相当于知县。

※ 转运使

转运使是中唐以后各王朝设置的主管运输的中央或地方官职。唐代建都长安，因关中地狭，粮食不足，每年要从江淮地区调粮入关。玄宗时期，朝廷官员激增，加之军需民用，粮食需求增大，漕运对于朝廷的重要性随之增加，于是设专使水陆转运使，掌洛阳、长安间粮食运输事务。安史之乱后，朝廷财政全仗江淮地区盐铁之税，又设盐运使。后来盐运、转运二使合二为一，由宰相或重臣兼任。到宋代时，转运使成为一种普遍的官职。宋初为集中财权，置诸路转运使掌一路财赋，称某路诸州水陆转运使。另外皇帝出巡时设有行在转运使，出兵征讨则有随军转运使。宋代转运使往往由朝中位高权重者兼任，是一种显官，除掌握一路或数路财赋外，还兼有考察地方官吏、维持治安、清点刑狱、举贤荐能等职责。如此，转运使职掌扩大，实际上已成为一路之最高行政长官。后来朝廷干脆将路作为州县之上的又一级地方行政单位，全国总分为 15 路。元、明、清时期，转运使官职不再流行，只剩下一个盐运使，负责运盐，虽品秩不高，却是个肥差。

※ 宣政院

宣政院是元代设立的一个掌管全国佛教事宜和吐蕃地区军政事务的中央机关。宣政院原名总制院，由元世祖忽必烈设立，后借唐朝皇帝曾在宣政殿接见吐蕃使臣的典故，改名为宣政院。因蒙古人信奉藏传佛教，因此此院地位相当高。宣政院刚开始以国师八思巴为其长官，后来该职一般由朝廷大臣担任。宣政院官员为僧俗并用，其中设院使 2 人，后来又增至 10 人，秩均为从一品，另有几个正二品、从二品的官职。宣政院官职任命不走吏部程序，而是自行任命，与中书省、枢密院、御史台并为元朝四个独立的任官系统。诸路、府、州、县置僧录司、僧正司、都纲司，为宣政院下属地方机构，负责管理各地佛寺、僧徒。总体而言，蒙古人设立宣政院有两个目的，一是掌管全国佛教，二是通过宗教与军政结合的方式控制同样信奉藏传佛教的吐蕃地区。

※ 行省制度

行省是行尚书省（后改为行中书省）的简称，本是尚书省派出的一个临时机构，后来演变成为地方最高行政机关。元朝总共分为 12 个大的行政区，除了大都（今北京）为中书省直辖区外，另有 11 个行省。元代行省置丞相、平章、左右丞、参知政事，其行政机构名称和官吏品秩与中央同，全省军事、行政、财政权力集中，由蒙古贵族总领。从行省的划分方法来说，元代行省是从军事角度进行的划分。元代统治者害怕地方反叛，于是使各省边界均犬牙交错，无山川险阻可依，北向门户洞开，形成以北制南的军事控制局面；另外，各省重镇的拱卫之城也都被划分到另一省。一旦一省叛乱，其重镇也很容易被攻下。也正因为此，后来的明、清继承了元代行省制度。元代的行省在后来数量增加不少，名称也有所变化，但就其实质而言可以说是一直沿用的。

※ 达鲁花赤

达鲁花赤是元朝的官名。蒙古铁骑当年横扫欧亚，占领了广阔的地域，但并没有足够的人手来统治这些地域，便培养起一个个主要由当地人组成的地方政权。在这个政权的各级军政组织中，表面上以当地人为长官，实际上另设有一名被称为达鲁花赤的蒙古长官钳制之。达鲁花赤虽然与当地行政长官平级，但实际权力在其之上，是军政的最后裁定者。蒙古人当初与南宋对峙期间，由于人手不够，曾有一些汉人也做到了达鲁花赤的职位。至元二年（1265年），元代朝廷正式规定，各路达鲁花赤只能由蒙古人担任，总管由汉人担任。如此，原本已经当上达鲁花赤的汉人也都纷纷被解职。一时没有称职的蒙古人时，则由色目人担任。达鲁花赤这个官职在有元一代普遍存在，在省、府、州、县和录事司等各级官衙，都设置达鲁花赤。另外，在非蒙古族军队的元帅府、万户府、千户所，也都设达鲁花赤以监军务。

※ 内阁

内阁是明清时期的最高官署。明洪武十三年（1380年），朱元璋为加强皇权，以谋反罪杀宰相胡惟庸，从此废去宰相一职并明令后世子孙不得设宰相。这样，全国政务全都汇集到皇帝这里。朱元璋行伍出身，精力充沛，后来又仿宋制设置了一些殿阁大学士作为自己的顾问，还勉强能够应付。到永乐皇帝，因经常外出征伐，对于政务他便有些顾不过来，于是正式建立内阁，以大学士充任阁员，参与机务。内阁刚开始并无实权，但自仁宗起，明朝的皇帝们都只是成长于深宫的娇贵皇子，不具备一个人掌控全国政务的精力和耐性，内阁权力渐重。到成化、弘治之际，内阁已经相当于宰相府。尤其到万历年间，由于万历幼年登基，政务完全由内阁处理，内阁首辅张居正的权力甚至已经超越了以前的宰相。明朝晚期，宦官权力上升，内阁权力开始下降。崇祯时，内阁权力被虚化，明内阁制度名存实亡。

清代刚开始时沿用明朝内阁制度，以满、汉同比例的方式设置内阁大学士，行使相权。但因清帝基本都比较勤政，内阁差不多只是个执行机构，权力远不如明朝内阁大。到雍正时，设立军机处作为最高决策机关，内阁基本上成了一个类似于秘书处的文书机构。但在清代，内阁一直都是名义上的最高官署。

‖从察举到科举‖

※ 世卿世禄制

卿是古代的高级官吏，世卿世禄中的"卿"不仅指卿，还泛指卿、大夫、士等一系列官吏。"禄"是古代官员的俸禄，世卿世禄制即是指西周时期的周王室和各诸侯国的卿大夫等官吏可以父死传子，世袭此职，世代享有该职俸禄。有学者认为世卿世禄制开始于商朝，但并无确切的资料提供证明，可考的世卿世禄制见于西周时期。西周初年，周王室分封宗室和功臣，册封了一千多个诸侯国，而在周天子直接统治的地区和各诸侯国内，则进一步册封卿为治国的官员，卿下面则为大夫，再下是士。这些官员都有一定的封地，他们在对自己的上一级领主负责的同时，在各自封地内则享有世袭统治权。但也有学者对此提出异议，认为西周并没有实行世卿世禄制。比如，在《尚书·立政篇》中载有周公对西周选官方针的阐述。在这篇文献中，周公一再强调：选拔官员时，要"俊（进）有德"，择用"吉士"、"常人"。可见，这里选拔官员的标准乃是有才德。有学者进一步提出，世卿世禄制的真正实行是在春秋中后期，这时许多诸侯国的卿大夫把持了诸侯国的政权，成为事实上的诸侯王。成"王"之后的卿大夫死后，自然是其儿子继承他的权力，继续掌控诸侯国政权，这才真正实行了这种世卿世禄制。总而言之，世卿世禄制是一种关于早期官员的权力和待遇的有效时限的制度，全面或部分地存在于商周时期。秦统一六国后，基本被废除。

※ 先秦的乡举里选

乡举里选是我国先秦时代一种选拔人才的方法。《周礼》上曾经谈到一种具体的选拔方法，叫作"大比"，"大比"每三年举行一次，在大比中，道德高尚、技艺了得的乡民，就会被选拔出来。在《礼记》上，还提到诸侯向天子贡士。

※ 春秋战国的养士

养士是春秋战国时期一种比较独特的选官途径。国君和贵族公子，把才德兼备或者有某方面特殊才能的人才，招揽起来，养在自己身边，时机适合时，就从中挑选人才，选派官职。齐国的孟尝君、魏国的信陵君、楚国的春申君、赵国的平原君，就是当时以养士著名的四大公子。

※ 征辟

征辟是汉代的一种选官制度。皇帝不经举荐，直接征召民间有名望的人才入朝为官称作征；高级官员直接召集有才能的人充任幕僚称作辟。

汉代时，人才选拔制度比较灵活，不仅皇帝可以直接提拔人才，中央高官三公九卿，以及地方上的州牧、郡守等官员，均可自行征聘僚属，委以官职。皇帝征辟的人才，一般授予博士或待诏的称号；官员征辟的人才，则一般称为掾吏。博士、待诏和

士的崛起

战国时期，养士之风盛行，著名的"战国四公子"都有养士千人。养士与主人之间建立起一种新型的隶属关系。张仪、苏秦便出自于这样的阶层。

掾吏往往要经过一段政治历练，方可担任职务。总体上，征辟是一种自上而下的官员选拔制度，是汉代察举制的一种补充。实际上，征辟是战国时养士的遗风。受战国时代养士风尚的影响，汉代官员均以网络天下名士为荣。同时，士人也将其视作入仕的捷径。征辟始于西汉，盛于东汉，至魏晋衰微。

※ 郎官郎吏

郎官郎吏是对汉代帝王的侍从官侍郎、郎中、中郎等的统称，通常简称郎官。郎官事实上并非真正的官职，连俸禄都没有，皇帝对其只是管吃管住而已，偶尔有所赏赐。郎官制度的主要目的在于选拔人才。其具体操作模式是从贵族子弟中挑选机敏好学者到皇帝身边以备选用，如汉初规定：二千石以上的官员任职三年以上，可以送子弟一人到京师为郎，叫作"任子"；拥有资产十万钱（景帝时改为四万钱）而又非商人的人，自备衣马之饰，也可以候选为郎，叫作"赀选"。这些作为郎官的青少年一般年龄都不大，大都在是十四五岁到二十岁之间，在皇帝身边一方面接受皇帝的考察，另一方面则熟悉政事，算是一种政治实习，几年后大都能获得官职。

事实上，郎官在战国时已经存在，至汉代形成定制，成为汉代选拔人才的重要途径，许多朝廷重臣大将均出身郎官。西汉文臣中有公孙弘、东方朔、司马相如等，大将则有霍去病等。此外，东汉的曹操、袁绍等人也都是郎官出身。但由于这种人才选拔局限于贵族官宦内部，范围过窄，汉武帝时开始了举孝廉、秀才制度，将人才选拔范围扩展到了全国。举孝廉、秀才逐渐取代郎官成为朝廷选拔人才的途径，但郎官制度并未废除，甚至直到清代还存在。孝廉被举之后，并不立即授予官职，而同样要先到皇帝身边做郎官。

※ 察举制度

察举制度是流行于汉代的一种人才选拔制度。秦朝建立后，商周时期的官员世袭制彻底终结，秦还未建立起系统的人才选拔制度便短世而亡。汉代时，建立了察举制。察举，即由诸侯王、公卿、郡守推荐人才给朝廷，作为官员来源。察举对象既可以是平民，也可以是官吏。具体分为两科，一为常科，即定时定人数举荐；二为特科，并不定期，由皇帝根据需要下诏举行。其中，常科是由各地郡守每年向朝廷举荐孝者、廉者各一名，后来统一称为孝廉；特科则具体包括贤良文学、明经、有道、贤良方正、敦厚、明法、阴阳灾异等名目繁多的诸科。另外，秀才刚开始为特科，后来也成为常科，并逐渐形成了州举秀才、郡举孝廉的体制。这些被察举的人才到朝廷后，还要经过考试，通过后才算过关。察举制度基本保证了王朝对行政人才的需求。察举制度在西汉时比较严格，但到东汉后期，政治腐败，权贵豪门请托舞弊，察举制度失去原本的效用。后来鉴于察举制的弊端，三国时期的曹魏政权建立新的人才选拔制度——九品中正制。但整个魏晋南北朝，察举制度虽不再是选拔人才的主渠道，但一直存在，直到隋朝科举制度建立，才宣告终结。

※ 举孝廉

举孝廉可以说是汉代在继承战国及秦朝的人才选拔制度的基础上，进一步摸索出来的一套人才选拔方式。汉武帝时，鉴于郎官制度的人才选择面过窄和早期察举制的不定时，采用董仲舒的建议设置了举孝廉制度。举孝廉事实上是察举制度的一种，因为汉代推崇儒家的孝道，它规定各地郡守每年要向朝廷推荐孝者、廉者各一人，作为国家人才，后

举孝廉图　西汉

汉代选官以察举和考试为主体，察举是经过考察后进行荐举的选官制度，盛行于西汉。孝廉、茂才等常科和特科成为察举制度实践的具体途径。图为内蒙古和林格尔墓壁画举孝廉图。

来统称为孝廉。

孝廉举至中央后，并不立即授以实职，而是入郎署为郎官，作为皇帝的侍从。其目的一方面在于考察其能力，另一方面也是使之熟悉行政事务。孝廉在宫里待几年后，一般便能被任命到地方上做官或者留在中央任职。举孝廉后来成为汉代人才选拔的最重要途径，"名公巨卿多出之"，是政府官员的重要来源。西汉的举孝廉比较严格，被举者如被发现不合标准，举者要承担责任，被贬秩、免官。但到东汉后期，由于政治腐败，孝廉名额基本被各郡里的大门第之家所垄断，举孝廉制度名存实亡，时有童谣讽刺："举秀才，不知书；举孝廉，父别居。"魏晋之际，九品中正制代替了举孝廉，但明清时期的举人仍俗称孝廉。

※ 九品中正制

九品中正制是魏晋南北朝时期的一种官吏选拔制度，最早由三国时期的曹魏政权所创。三国时期，一方面由于乱世之中的士人大多流离失所，主要凭借宗族乡党评价的汉代举孝廉制度在操作手段上已经不太现实；另一方面，曹操为加强政府对人才选拔的控制力，采取了下派专门官员到各处评定选拔人才的方法。后来曹丕为拉拢士族，将这种办法定为制度，即九品中正制。其具体操作方法是由政府在各州郡派驻名为中正的官员，中正依据家世、道德、才能三个角度评议各州郡中人物，具体分为九品，分别是：上上、上中、上下、中上、中中、中下、下上、下中、下下。中正将评议结果汇报中央，中央则根据中正的评议结果来对这些人才分别委以官职。九品中正制初行时非常有效，为曹魏政权有效地遴选了大量的人才，当初曹操帐下之所以人才济济与此制度不无关系，这也是魏国最终得以统一三国重要的制度保障（晋实际上是魏的继续）。但到魏国晚期及晋朝，由于门阀政治的兴起，中正们评议人才逐渐忽略才德，而仅以家世为标准，所选人才基本为世家大族，以至于出现"上品无寒门，下品无士族"的局面，九品中正制仅是士族统治的工具。到南北朝之际，由于北方政权多为少数民族建立，九品中正制更趋衰微。到隋朝科举制度建立，九品中正制遂废。

※ 科举制

科举制度是中国自隋至清1300多年间实行的一种选官制度。科举制度可以说是中国古人经过不断摸索所创立的制度。中国官员的来源，先是经过商周时期的世袭制，后又经历汉代的察举征辟制，再到魏晋的九品中正制，均因其弊端而终止。至科举制，才算固定下来，成为中国长时间的一种官员选拔制度。在1000多年的时间里，大体而言，科举制度经历了一个发端、完善到僵化的历程。隋朝是科举制度的初建时期，当时的隋文帝鉴于魏晋南北朝的九品中正制已不再适用，为加强中央集权，将选官权力收到中央手中，首开科举制度。但科举制度尚未建立完善，隋朝便亡；至唐代，科举制度才得到了进一步的完善，根据朝廷需要的不同人才类型被分为众多科目，武则天时还添加了武举；到宋代，科举进一步规范化，正式形成三年一次、分三个等级（乡试、会试、殿试）的考试制度；明代由于朝廷的重视，科举考试到了繁盛期；清代在科举繁盛的同时，由于满、汉不平等以及晚清卖官现象的泛滥，也成了科举制度的衰败乃至灭亡期。就不同时期科举制的优劣而言，大体上，科举制在唐代时比较健康，当时的科举氛围比较宽松，不唯考试论人。考官往往在考前已经大体知晓哪些考生比较有才华而准备录取，也允许考生经别人推荐或自荐在考前向考官"推销"自己。至宋代，试卷实行糊名制，开始产生仅以一考定终身的弊端。至明清

科举考试图

两朝，科举繁盛的表象之下，八股文的考试内容彻底使其僵化，逐渐弊大于利，终至废止。

总体而言，科举制度可以说是一项相当高明的官员选拔制度，不仅为历代政权源源不断地输送了总体上质量说得过去的官员，而且不以出身、门第、财富，而以学问作为官员选拔标准的做法使得中国长期以来存在尊重学问和读书人的风尚。可以说这是中国文化得以长期维系并不断创新的重要原因。另外，儒家思想之所以长期以来得以传承，科举考试可以说是其载体。

※　翰林院

翰林院听上去像个学术机构，实际上是个官署，这个官署可以说在其存在的历代都是清贵之所。翰林院初建于唐代，最有学问者方有资格入中，称作翰林官，简称翰林。翰林刚开始只是作为皇帝顾问，后在皇帝身边待多了，权力也逐渐大起来。安史之乱后，翰林学士作为皇帝信得过的近臣，逐渐开始分割宰相之权，乃至后来的宰相经常从翰林学士中挑选。唐后，有时名称小有变动，翰林院这个机构本身为历代所沿设。宋代设学士院，也称翰林学士院。翰林学士充皇帝顾问，宰相多从翰林学士中遴选。明代翰林院虽名义上仅是五品衙门，其权力却发展至顶峰，尤其由翰林学士入值的文渊阁，是明朝的权力枢纽机构，其头目内阁首辅则是事实上的宰相。清代翰林院同样是人人想进的清贵之所，翰林不仅升迁较他官容易，而且由于经常主持科举考试，得以收取天下士子为门生，文脉与人脉交织，其影响延至各个领域。因此，翰林院可以说是古代政府中学问与权势都达到顶点的一个机构，翰林也就是传统社会中层次最高的士人群体，能入院者首先是一种荣耀。鉴于翰林院的特殊地位，因此历代能入院者都是当时饱学之儒，年轻后进则至少要进士资格才能入内。明代定制，状元、榜眼、探花可直接入翰林院，其他进士则要经过考察方可入内。

29

※ 武科

科举考试一开始并无武举，武则天时，为选拔册封武将，培养为自己的势力，首开武举。其后武举成为科举考试的重要部分，考试的侧重点历代有所变化。唐代武举主要考骑射、步射、举重、马枪等技术，此外对考生外貌也作了要求，要"躯干雄伟、可以为将帅者"。宋代，因宋太祖赵匡胤定下"以文立国"的国策，武举考试除考武力外，还要"副之策略"。武艺考"步射""骑射"两场，合格后再参加文化考试，考一些诸如兵法、布局类的知识等。总体上以武艺为主，以策略为辅。元朝科举制度兴废不常，没有武举制度。到了明代，则更进一步，武举考试以考察谋略的笔试为主，而以武艺为辅了。并且先进行谋略考试，如果不及格，就直接淘汰，武艺再高也不予录用。清朝，尚武的统治者又将个人武艺考试放在了前面，首先考骑射、力气、武艺等，合格者再参加笔试。

历史上武举一共进行过约 500 次，宋神宗时，设立武状元。历史上有案可稽的武状元有 282 名。总体而言，相比于文科考试，武举一直是受到歧视的。首先，历朝的武举制度时而设置，时而废弃，取士人数远远少于文举。并且武人考中武举后，只授出身，并不马上授官职。因此武举人的地位也低于文举人，以至于一些武举状元还有再考取文举人的念头。

※ 八股文取士

明清时期是中国科举考试的嬗变期。首先，从国家对其重视程度、考试制度的严谨、报考人数以及录取数量来说，明清时期是中国科举考试的繁盛期。但同时，在繁盛的表面之下，其通过八股文取士的考试模式却又使科举考试进入了僵化与没落期。股，即对偶之意。所谓八股文，又称制义、制艺、时文，是一种说理的韵体赋文，有严苛的程式要求。在格式上，要求考生严格遵循所谓破题、承题、起讲、入手、起股、中股、后股、束股这种死板的结构模式，并且要求句与句之间要讲究对偶，整篇文章的字数也是严格限定，不得增减一字。另外，其命题也陈旧不堪，明清500多年间，命题不离"四书五经"内陈陈相因的古旧话题，援引事例也必须出自遥远的古代，不涉时事，考生毫无抒发己见的空间。简而言之，八股文是严重形式主义并脱离现实的一种陈腐文体。八股文最早出现于宋代，但其时并没有形成程式。明代时，朱元璋将八股文推向全国，虽然仍考一些诗赋、策问、经义等，但已不重要，八股文才是关键的取士标准。后来清承明制，将八股文更推向死板严苛。

关于八股文的危害，清人徐大椿在讥刺士人的《道情》中说得很透彻："读书人，最不齐。烂时文，烂如泥。国家本为求生计，谁知道变做了欺人技。三句承题，两句破题，摆尾摇头，便道是圣门高弟。可知道，'三通'、'四史'是何等文章，宋皇、汉祖是哪一朝皇帝？案头放高头讲章，店里买新科利器。读得来肩背高低，口角嘘唏。甘蔗渣儿，嚼了又嚼，有何滋味？辜负光阴，白白昏迷一世。就教他骗得高官，也是百姓、朝廷的晦气。"明末清初学者顾炎武则称"八股之害，甚于焚书"。八股文的死板程式使得明清两代知识分子钻入八股这种无实用价值的文字游戏中，既疏于时事，又疏于学问，甚至疏于经义，思想严重被束缚，缺乏创建。

※ 童试与乡试

童试并非正式的科举考试，而是取得参加科举考试资格的考试。其在唐宋时称县试，明清时称郡试。清代的童试3年举行2次。童试总共分3个阶段，分别为县试、府试和院试。其中，县试一般由本县知县主持，考试内容为八股文、诗赋、策论等，考试合格方可参加府试。府试由知府或知州主持，考试内容与县试差不多，合格者参加院试。院试由主管一省教育的学政主持，院试合格，就是秀才了，也叫"生员"，秀才便具有了到政府公立学校学习和参加科举考试的资格。

乡试是正式科举考试的第一关，在各省省城和京城举行，每3年举行一次，遇皇家有喜事则加恩科。考试通常在八月举行，因此又名"秋闱"。

由皇帝钦命正副考官主持，凡秀才、贡生（生员中成绩优秀者）、监生（国子监学生）均可参加，考试内容分3场，分别考四书五经、策问、诗赋，每场考3天。在乡试中，每个考生只是和本省内的考生展开竞争，类似于现在的高考。乡试考中，称为举人，第一名举人称为解元。举人便具有了做官的资格，并且还可以进一步到京城参加会试，考取进士。因此，考中举人，古人读书做官的梦想就算基本实现了。但因举人名额有限，乡试这一关是相当不容易过的，不知有多少读书人将一生耗费在了这场考试上，写出了不朽名著《聊斋志异》的清代小说家蒲松龄就一直未能跨过这道坎儿。

※ 会试

会试是科举考试中第一场国家级的考试，考生们的对手不再局限于本省之内，而是和全国范围内的才俊们展开角逐。因为会试之后的殿试基本上只是排定名次，不再淘汰，因此会试可以说是一场选拔进士的考试。明清时期的会试每3年在京城举行一次，在乡试次年举行。如遇乡试开恩科，则会试同样随着在次年开恩科。会试只有各省举人和国子监监生才有资格参加，主、副考官均由皇帝钦点。因为由礼部负责主持，又在春天举行，因此又称"礼闱"或"春闱"。会试考3场，每场3天。考中者称为贡士，第一名称为会元。考中了贡士，基本上就是未来的进士了。明初只按排名录取，仁宗时规定会试按地域分配名额。因南方富庶，文气盛于北方，按照南六北四的比例录取进士。后来比例偶有调整，但按地域分配名额的制度一直沿用至清末。这种制度保障了文化相对落后的边远省份在科考中有一定数量的进士，进入国家政治中心地带，这有利于保持落后地区的发展和对朝廷的向心力。

※ 状元及第

状元及第，即中状元，意思是在科举考试中考得进士第一名，是古代读书人的最高荣誉。

　　科举考试开始于隋朝，其时进士排名不分先后，没有状元一说。到唐朝，科举考试开始正式化，士子先在地方考中贡生（相当于后来的举人）后，才有资格参加在京城举行的考试，进一步考取进士，进士第一名称为"状元"。之所以称为"状元"，据说是因为进京考试的贡生先要到礼部填写包括自己的身世和近况的个人资料，名曰"书状"，或者"投状"。因此后来考得进士第一名的就是这些"投状"中的第一名，故称之为"状元"，或者"状头"。唐代的状元并没有太多的象征意义。到宋代，状元又不再指进士第一名，而是对于殿试三甲中一甲的统称，即进士前三名均可称为状元。明清之际，殿试一、二、三名，分别称为状元、榜眼、探花。自此，状元成为名副其实的第一名，其地位也日益特殊，自古有"天上麒麟子，人间状元郎"的说法。中状元也有了"独占鳌头"、"大魁天下"等听上去霸气十足、睥睨天下的说法，并成为中国读书人"一朝成名天下知"的象征。因此在古代许多文艺作品中，往往都以书生考中了状元作为剧情发展的高潮。另外在民间，传统的吉祥图案中也有大量"状元及第"类的图案，反映了人们对于状元及第这种事情的崇拜。

　　据史书记载，从唐代科举考试开始，至清光绪三十年（1904 年）最后一次科考，其间历代王朝有名有姓的文状元 654 名，武状元 185 名。其中历史上比较有名的有唐代的贺知章、王维，宋代的文天祥，明代的杨慎，清代的翁同龢、张謇等，而历史上最后一名状元，是清光绪三十年（1904 年）的刘春霖。

※　榜眼、探花

　　"榜眼"是古时人们对科举考试中第二名进士的称呼。

　　在北宋之前，第一名称状元，第二、三名都称为榜眼。原因是填进士榜时，状元的姓名居上端正中，二、三名分列左右，如其两眼。到北宋末年，只以第二名为榜眼，第三名则称探花。

"探花"一词则比"榜眼"出现得早，在唐代便有，但其时并非进士第三名的意思。唐代中进士者会游园庆祝，并举行"探花宴"。由进士中的年龄最小者作为"探花使"，到各名园采摘鲜花，迎接状元，这本是一种娱乐。至北宋末年，"探花"成为进士第三名的专门称呼。

"状元"、"榜眼"、"探花"都只是一种俗称，在正式发放的金榜之上，只会称进士一甲第一名，一甲第二名，一甲第三名。

※ 进士

进士是中国古代科举考试最高一级的功名。隋唐时期，设有诸多科目，其中进士科最为人们所重视，视为入仕正途。宋代，科举的三级考试制度正式形成，乡试中榜者称举人，会试中榜者称贡士，殿试中榜者则称进士。之后历代，进士功名成为古代读书人科考金字塔的塔顶部分，同时也最难考，得中进士是古代无数读书人的终极梦想。其中，进士又具体分为三甲，一甲3人，赐进士及第，分别俗称状元、榜眼、探花；二、三甲，分赐进士出身、同进士出身。得中进士者一般都前途光明，一甲立刻可授官职，二、三甲则参加翰林院考试，学习三年再授官职。明清时期的官吏主要由举人和进士充任，其中举人基本上充任了县级官吏；而进士则一般都是备作中央官员，即使发放到地方上做小官，也都只是历练一下，将来自有比较好的升迁前景。每次科考进士录取人数，各朝不一，唐代较少，一次仅录取二三十人乃至几人；宋代较多，一般几百人，多时上千（当时举人无做官资格）；明清时期，因举人有了做官资格，进士录取人数下降到100人左右，且为平衡各地发展，往往按地域分配名额。

自隋唐至清，在我国1300多年的科举制度史上，考中进士的总数大约有10万上下。总体而言，这是一个才能卓著的群体，古代许多大政治家、文学家、学者都是进士出身，如唐代的王勃、王昌龄、王维、岑参、韩愈、刘禹锡、白居易、柳宗元、杜牧等，宋代的范仲淹、欧阳修、司马光、王安石、苏轼兄弟等，明代的张居正、徐光启等。

※ 举人

"举人"一词最早得名于汉代的察举制度，被举荐者称为举人。唐代时，报考进士科的考生均称举人。宋代，举人方才成为乡试考中者的称呼。但宋代的举人只是具有了参加京城会试的机会，并无做官机会。并且，举人的资格仅是一次性的，如果在接下来的会试中没有被录取，则参加下次科举时，还要重新参加乡试，再次取得举人资格方可参加会试。而到了明清时代，举人的含金量才高起来，进退都比较从容。进，可参加京城会试，乃至殿试，向进士出身冲刺，且举人资格终身有效，这次不中，下次科举可直接参加会试；退，举人则已经具备了做官的资格，一旦朝廷有相应官职出缺，举人便可顶上。一般举人所任官职都是知县、候补知县，或者教谕、训导等县级教育长官，也有个别任知府的。因此，明清时期的读书人一旦中举，也便是基本上实现了读书做官的愿望。即便是不再参加会试暂时没官做，也会像《儒林外史》中中举的范进那样自有人前来巴结，送上银子，生活水准步入富贵阶层。总体上，举人构成了明清两代低级官员的主流来源。

※ 秀才

"秀才"一词最早出现于春秋时期，原本并非属于科举功名的范畴，也不特指读书人，而是相当于现在的"俊才"、"英才"。汉武帝时期，朝廷推行官员选拔制度改革，"秀才"与"孝廉"一起成为地方官员举荐的两种优秀人才。东汉光武帝时期，为避光武帝刘秀名讳，"秀才"改称为"茂才"，三国曹魏时期，又改回"秀才"。至隋朝科举制度开科取士，最初也称为"取秀才"，这时的"秀才"成了考中功名者的指称。唐初，科举考试中设立秀才科，刚开始时秀才科第最高，因要求非常高，很少有人敢于问津。后来秀才科被废除，"秀才"一度成为读书人的统称。宋代时，凡是参加科举府试的人，无论考中与否，都称为"秀才"。

明清之际，秀才的意思逐渐固定下来。这时的秀才有一定门槛，参加科举考试的读书人，经过院试，取得入学资格的"生员"才可称为秀才。考中秀才之后，可以说是十年寒窗初步获得成果。进，可以去考取举人，一旦考中，便正式进入为官的士大夫阶层；退，则可以开设私塾。秀才虽然没有国家俸禄，但可以获得一定的特权，比如免除赋税、徭役，可以直接找县官提建议等。于是秀才这个最低功名成了明清两代出身贫困的读书人科举考试的"歇脚所"。他们往往一边通过教书获得经济来源，一边继续考取功名。但因为竞争激烈，许多人也就一辈子待在这个"歇脚所"了。

※ 门生

"门生"大概由"门人"一词流转而来。春秋时期，一个人直接（当面拜其为师）或间接（以其思想为师）以某人为宗师，便自称其"门人"。比如孔子的三千弟子都自称孔子门人。"门生"一词，很大程度上承接了春秋时期"门人"一词的意思，最早见于西汉宣帝时，到东汉开始大量出现。《后汉书·袁绍传》言袁绍"门生故吏遍天下"，这里的门生有弟子的意思，但又有所不同。当时宗师亲自教授的人为弟子，转相授的则为门生。也即对其直接的老师可自称其弟子，对老师的老师则自称其门生。同时，门生还有另一个意思。汉代文官选拔制度采用举荐方式，士人通过被当地官员举孝廉、秀才的方式进入仕途，举荐的州郡官吏被称为"举主"，而被举荐的贤士便称为举主的门生。

到魏晋南北朝时期，"门生"一度变质成依附于士族豪强的一类人，有一些臣属、门客，甚至奴仆的意味。唐宋时期，科举考试中考中举人或进士的人，称主考官为"座主"、"座师"或"恩门"，并自称为主考官的"门生"，这与汉代类似。这样，这些新举人、进士就和主考官之间建立起了一种特殊的师生关系。新举人、进士常把自己的考中看作是主考官对自己的一种类似于师恩的恩情，并且，通过这种师生关系也可在仕途上得到老师的一些照应；而主考官也乐于有这样的年轻后进来亲近自己，于是科举考试就成了主考官结党营私，培养和拉拢自己势力的一种渠道，这便对皇帝的集权统治构成威胁。唐末便出现了涉及科举官员结派的"牛李党争"。宋太祖赵匡胤鉴于此，就把最终决定考生能否被录取的大权移到了自己手上。他在原来两级考制的基础上又加了个第三级考试：殿试。殿试中皇帝亲自出题考试，并定出名次。这样皇帝就成了最终的主考官，成了所有进士的"恩门"，所有的新进士都成了皇帝的学生，也即"天子门生"。这样，科举考试的取士大权就转移到了皇帝手中，有效地杜绝了官员，特别是宰相通过科举考试结党营私的事情。同时，宋太祖还明文规定，以后举人不得自称考官"门生"。但因已约定俗成，"门生"这种说法还是流传了下来。

※　监生

监生是明清时期人们对于在国家最高级学府国子监读书者的称呼。明代的监生分为4类，会试不第的举人，可入国子监深造，称为"举监"；以贡生身份入监者称为"贡监"；有功官员子弟被朝廷特批入监者称为"荫监"；捐钱进来的叫作"例监"。清代监生主要有恩监、荫监、优监、例监四种，其中不同于明代的"恩监"是因皇家有喜事特开恩招来的，优监则与贡监类似。另外，清代监生中还有一些其他的来源，比如七品以上官员子弟中聪慧好学者、因公殉职官员子弟、圣贤后裔等均可入监读书。监生不同于一般的生员，可以和大家一起参加科举考试，同时，即使科举不第仍然是有官做的，可以说前途是有保障的。因此，古代学子能成为监生，是相当轰动的大事，与中举差不多。乾隆之前的监生都还比较正规，入监门槛的执行和对监生学业的督促都比较严格。但乾隆之后，国子监逐渐沦为卖官机构，监生基本上成了花钱买官者的代名词，这些监生只是在国子监挂名，并不真去读书。因此，监生出身的官员是被人瞧不起的。

※ 贡生

科举时代，朝廷会在各府、州、县的生员（秀才）中挑选成绩优异者，使之入京城的国子监读书，称为贡生。"贡生"之意，即是向皇帝贡献的人才。贡生制度开始于元代，明清时期逐渐完善，贡生来源也逐渐扩大。明代贡生有四种，即"岁贡"（由府、州、县学每年或每两年选送1～2名）、"选贡"（由府、州、县学每三年或五年选拔一名）、"恩贡"（因朝廷有喜事而开恩被选入）、"纳贡"（即花钱买来的贡生资格）。清代贡生有六种："岁贡"、"恩贡"和明代一样，"优贡"、"例贡"分别相当于明代的选贡、纳贡；另外还有"拔贡"和"副贡"，"拔贡"从各省科试的一、二等生员中选拔，"副贡"是从乡试落榜生中的优秀者中选拔，相当于一个举人榜的副榜，故曰"副贡"。清代贡生也称"明经"。贡生相比于一般秀才的好处在于其既可以像普通秀才一样参加科举考试，考取举人、进士，同时即使是科举不中，最后总有官做，但一般不大，为知县、县丞、教谕等官职。比如清代小说家蒲松龄屡试不中，最后凭贡生身份得了个"儒学训导"的官职，其实是个虚衔，负责督导县学的校风。总的来说，贡生制度扩大了由进士、举人进升仕途的范围，是对于科举制度的一种不错的补充。

‖学制和教育‖

※ 学制

　　学制即学校的教育制度，涉及学校的性质、培养目标、入学条件、修业年限等各个方面。夏商时期，已经有了官立的学校，当时称作序或庠，到西周时期，学校的建制已经较为发达，《礼记·学记》记载："比年入学，中年考核。一年视离经辨志，三年视敬业乐群，五年视博习亲师，七年视论学取友，谓之小成；九年知类通达，强立而不反，谓之大成。"意思是讲，每年入学一次，隔年考核一次。一年考察辨明志向，三年考察是否专心和亲近同学，五年考察是否博学和亲近师长，七年考察是否有独立见解和择友能力，这些都达到了，就是小成，意味着已经掌握了基本的知识和技能；如果到九年的时候可以做到触类旁通，坚强独立而不违背师训，就是大成，意味着学业已经达到了成熟的水平。西汉武帝时设立太学，是中国古代学制的一项重要进步。太学并无明确的学习年限规定，但考试十分严格，西汉时每年考核一次，方式是"设科射策"，相当于今天的抽签答问，东汉中期改为每两年考核一次，通过者就授予官职，否则留下继续学习。隋唐时期的官学开始对学生年龄和学习年限做出明确规定，例如律学招收学生的年龄当在 18 到 25 岁之间，学习年限为六年，考试分"旬考"、"岁考"、"毕业考"三种，旬考内容为十日之内所学课程，不及格者有罚；岁考内容为一年之内所学课程，不及格者留级；毕业考及格则取得科举资格，否则勒令退学。北宋王安石在太学实行"三舍法"，即将生员分为外舍、内舍和上舍三个等级，生员必须依照学业程度，通过考核，依次晋升。元代又将学生分为三等六斋，通过考核积分逐级升斋。明代沿用了元代的积分制，入国子监就读的学生必须先入低级班，一年半以后，学业通过者升中级班，再过一年半，"经史兼通，文理俱优"者升入高级班，而后采用积分制，按月考试，一年积满八分为及格，这样就可以待补为官。到了清代，积分制已有名无实，毕业时间全凭年限来计。

隋唐之后，科举制度与教育制度相结合，虽然科举制度有着积极的一面，但是也存在着严重的消极因素，使得教育成为科举的附庸，影响了社会和学校对人才的更为科学和全面的培养。

※ 太学的变迁

"太学"之名出现于西周，在周代是教育王室和贵族子弟的场所。汉武帝时，董仲舒提出"兴太学，置明师，以养天下之士"的建议，于是建元六年（公元前135年），作为国家最高教育机构的太学正式设立。太学在最初建立时规模很小，仅有博士弟子（即太学生）几十人，后来规模不断扩大，以至有数万人之众。汉末董卓之乱中，太学被毁，曹丕称帝后，恢复了太学。晋武帝时再度大规模地扩张太学，一时人数又达万余，但是西晋迅即灭亡，太学再次被毁。十六国时期，虽然也曾设置太学，但是政治环境动荡无序，太学并不能够进行正常运转。及至北魏孝文帝迁都洛阳后重建太学，太学方才出现复兴的局面，然则北魏分裂后，太学又一次走向衰落。到唐代统一之后，太学才又获得了良好的发展条件，体制和规模逐渐趋于完备。唐宋两

正始石经 三国

魏正始二年（公元241年）立，又名《三体石经》，用古文、篆书和隶书字体书刻，建于洛阳太学门前（今洛阳市偃师县）。石经共27块，后佚失，自宋以来屡有残石出土。

代可谓是太学的极盛时期，南宋灭亡后，太学被废，国子监成为元、明、清三代的国家最高教育机构。

※ 国子监

国子监是中国古代的中央最高学府和教育管理机构。晋武帝咸宁四年（公元 278 年），始立国子学，设国子祭酒和博士各一员，掌管教导诸生（即经过考试录取的生员）。北齐改国子学为国子寺。隋文帝时，复改寺为学，不久又废国子学，仅立太学，免除祭酒，设太学博士，总领学事。隋炀帝即位后改太学为国子监，复置祭酒，这一体制在后代沿袭下来。唐宋时期，国子监作为国家的教育管理机构，统辖国子学（与太学的区别是，国子学专以高级统治者之子弟为教育对象）、太学、四门学（四门小学，因初设于京师四门而得名）、律学（法令之学）、书学（书法之学）和算学，以及弘文馆和崇文馆（负责收藏和校理书籍）。在国子监学习的人叫监生。国子监一般仅设于京师，但也偶有例外，唐高宗龙朔二年（公元 662 年），又在东都洛阳设立了一个国子监，与长安国子监合称"两监"。明成祖北迁后，南京国子监仍保留，这样在明代就有北京和南京两处国子监。清末改革学制，国子监在光绪三十二年（1906 年）并入新设立的学部，结束了长达 1600 余年的发展历程。

※ 官学

官学即由官府兴办的学校，包括中央官学和地方官学。早在夏商时期，官学即已出现，并且在西周之前，各级学校全都是由官府创建的，位于国都的叫作"国学"，其他地方的则叫作"乡学"，当时只有贵族子弟才有接受教育的权利。汉武帝时期设立太学，是中国古代官学体系的一次重大变革，自此经学成为官学教育的主导内容，而培养官员则成为官学教育的主要目的。晋武帝时期又设立国子学，后来称为国子监。太学和国子监作为中央官学和国家的最高学府，在中国古代教育史上长期发挥着极为重要的作用。在最高学府之外，官学还包括专科学校和贵族学校，专科学校教授专门的知识和技艺，诸如史学、文学、书学、算学、律学、医学、画学、武学等，贵族学校则是严格以贵族子弟为教育对象，不面向普通的社会成员开放。完善的地方官学体系是在汉代建立起来的，汉平帝元始三年（公元 3 年）规定：郡国曰学；县、道、邑、侯国曰校；乡曰庠；聚曰序。此后，郡国学校得以普遍建立，官学和私学交织发展，形成了"学校如林，庠序盈门"的繁荣景象。

※ 稷下学宫

稷下学宫是战国时期位于齐国都城临淄稷门之旁的讲学场所，设立于齐桓公田午时期，齐威王即位后，为了选贤任能与革新政治，扩大了学宫的建设，齐宣王时期，学宫趋于鼎盛，到齐国末代国君田建的时候，走向衰落，并随着齐国的灭亡而一同消失。稷下学宫广泛招徕天下贤士，容纳不同的学派，学术气氛非常浓厚，一时尊为闻名列国的文化圣地，孟子和荀子都曾任职于此。稷下学宫于存在的 150 年里，为战国时期学术思想的繁荣发展做出了重要贡献。

※ 鸿都门学

鸿都门学创立于东汉灵帝光和元年（公元 178 年），因校址设在洛阳鸿都门而得名，是中国最早的高等专科学校，以文学艺术为教学内容，开设辞赋、小说、尺牍、字画等课程，打破了学校专习儒家经典的惯例。鸿都门学是宦官集团与士族阶层进行政治斗争的产物，当时，作为最高学府的太学为士族所占据，宦官为了扩大自身的影响，培养拥护自己的知识分子和官员，凭借灵帝喜好文学艺术的有利条件，创建了鸿都门学，学生由州、郡三公择优选送，多数是社会地位不高的平民子弟，这些人入学后得到特别的优待，很多学员毕业后都得以高官厚禄。鸿都门学在繁盛之时成员多达千人，但是由于遭到士族的强力反对，加之遭受黄巾农民起义的打击，随着汉王朝的没落而迅速消亡。

※ 太学

太学是中国古代的国家最高教育机构。早在西周时期，太学即已出现，当时周王室的太学以南北东西中的方向为序，分别称为"成钧"、"上庠"、"东序"、"瞽宗"和"辟雍"。而作为正式的国家最高教育机构，是汉武帝时期设立的太学。最初太学只设五经博士，置博

熹平石经　东汉

这是中国最早的官定儒学经典石刻。《熹平石经》过去都认为是蔡邕一人所书，但从书法风格来看，不似蔡邕一人所为。石经的隶书严谨规范、雍容端正，已是汉隶发展到相当成熟的产物。

士弟了 50 名，专门研习儒家经书。博士弟子有免除赋役的特权，而对于哪些人具备进入太学的资格，在朝廷是由太常负责遴选，在地方则由郡国进行察举。武帝还下令天下郡国设立学校官，与中央太学相应，同时初步建立起地方的教育系统。后来太学的规模不断扩大，汉成帝时太学生已达三千人，王莽时期更是超过万人，东汉顺帝时太学经过大规模扩建，太学生曾多至三万余人。西晋时期，新立国子学，太学与其并存，此后两者或同时存在，或只设其一。唐宋时期，太学隶属于国子监，依然是国家的最高教育机构，在培养政治和文化人才方面长期发挥着重要作用。

※ 学官

学官，有时也称为教官，是掌握学校教育的官员。古代官学是以培养官员为主，学校也是国家官僚体系的组成部分，在官学中担任教职的人员也都承担相应的官职，是国家的正式官员。以明清两代为例，中央官学国子监的最高学官为祭酒，相当于现今的校长，品级为从三品，然后有司业，相当于现今的副校长，为从四品下，接下来有国子监博士，相当于现

今的教授，为正五品上，助教、直讲等也都各有品级；对于地方官学，主管的学官也相应地分作不同的品级，府学称教授，州学称学正，县学称教谕，又各设训导的副职。

※ 古代的博士

中国古代的博士是一种学官的名称，出现于战国时期，负责掌管文献档案，也兼传授学问。汉武帝时设立五经博士，博士成为专门传授儒家经典的学官。到了唐朝，把精通于某一专门知识领域的学官称为博士，如"医学博士"、"算学博士"等；及至宋代，在民间也用"博士"来称呼长于某一职业的人，如"茶博士"、"酒博士"等，现代作为学位之一的"博士"称谓也正是基于此种含义发展而来的。

※ 同文馆

同文馆是中国最早专门培养翻译人才的教育机构，同时也从事翻译和出版方面的工作，清同治元年（1862年）创立于北京，亦称京师同文馆，隶属于总理衙门，设管理大臣、专管大臣、提调、帮提调及总教习、副教习等职，由英国人赫德任监察官，并实际操纵馆务。同治八年（1869年），美国传教士丁韪良开始担任总教习，占据此职达25年之久。同文馆最初设英文、法文和俄文三班，后来陆续增加德文、日文、天文、算学等班，招生对象开始限于14岁以下的八旗子弟，第一批入学者仅十人，以后扩大招收年龄较大的八旗子弟和汉族学生，入学学生逐年增多，其后只招收正途人员，即科举出身的举人、进士和五品以下的京外官员，且年龄均在30岁以下，学生毕业后大多担任政府译员、外交官员、洋务机构官员、学堂教习等。同文馆是清政府开办的采用班级授课制的第一所洋务学堂，在教学之外，还附设有翻译处和印书处。光绪二十六年（1900年），因八国联军入侵，同文馆停办，两年后，并入京师大学堂。

※ 通儒院

通儒院，是清末计划设立的培养高级人才的教育机构，相当于后来的研究生院。1903年，清政府颁布《奏定大学堂章程》，为了更好地实现造就通才的办学宗旨，提出将京师大学堂原拟的大学院改为通儒院，并且在一系列具体方面做了详细规定。通儒院的招生对象为大学毕业生，以发明创新为培养目标，学制五年，学员不上课堂，而以研究为务，毕业时不进行考试，而是以研究成果来评定，毕业生给予较优的官员品级。但是通儒院在实际创办之前，清王朝就先灭亡了。

※ 京师大学堂

京师大学堂，是中国第一所国立综合性大学，诞生于戊戌维新运动期间。1898年6月11日，光绪皇帝在《明定国是诏》中强调："京师大学堂为各行省之倡，尤应首先举办，著军机大臣，总理各国事务大臣，会同妥速议奏……以期人才辈出，共济时艰。"7月3日，光绪批准了由梁启超起草的《奏拟京师大学堂章程》，原来的官书局和译书局均并入大学堂。根据章程，京师大学堂不仅是全国的最高学府，而且也是全国教育的最高行政管理机关。9月26日，即戊戌政变后的第五天，慈禧太后颁布谕旨，以"大学堂为培植人才之地"而准予继续兴办，京师大学堂成为变法维新得以保留的唯一成果。年底，大学堂正式开课，有诗、书、易、礼四堂和春秋二堂。1900年，八国联军入侵北京，京师大学堂暂时停办。1902年，大学堂恢复，进行革新，设预备科、大学专门分科和大学院三级。预备科分为政科和艺科，分别相当于现今的理科和文科，学制为三年，毕业后可升入大学专门分科，并给予举人出身资格。大学专门分科相当于后来的大学本科，共设政治、文学、格致、农业、工艺、商务和医术七科，学制3~4年，毕业后可升入大学院（相当于后来的研究生院）深造，并给予进士出身。大学堂另设速成科，分仕学、师范两馆，学制3~4年，毕业后可任初级官吏或学堂教习。同年，京师同文馆并入京师大学堂。1903年，大学堂创办进士馆、译学馆和医学实业馆，并增设经济科。辛亥革命后，京师大学堂改名为北京大学。

※ 学位

中国正式的学位制度是在近代才形成的，但是古代的科举制与近现代的学位制在形式上有一定的相似之处。隋唐时期开始实行科举制，进行分科考试，其中以进士科最为重要。宋代的科举制度进一步完善，出现了乡试、会试和殿试三个层级的考试。明清两代继承了宋代的体制，正式的3级考试为院试一级、乡试一级、会试与殿试一级。院试是县、府一级的考试，及格者称生员，俗称秀才。乡试是省级的考试，三年举行一次，因举行时间在秋天（八月），又称"秋闱"，通过者称举人，举人即具备了做官的资格。会试和殿试是国家级的考试，会试在乡试之后的第二年春天举行，因而也称"春闱"，考中者为"贡士"，第一名称"会元"。殿试由皇帝亲自主持，殿试及第者称为进士，进士又分为三甲，第一甲三名，依次称为状元、榜眼、探花，赐进士及第，第二甲和第三甲名额不确，分别赐进士出身和同进士出身。一般殿试只对贡士定出名次，也就是说参加殿试的贡士通常都能够成为进士，实际上同进士出身就相当于殿试中的落第者。这样，秀才、举人和进士就相当于中国古代的三等基本学位，但是这种区分更主要地是与政治资格相联系的。光绪二十八年（1902年）颁布的《钦定学堂章程》所规定的"附生、贡生、举人、进士"四级学位可以看作是中国最早的正式学位制度。1935年，南京国民政府颁布《学位授予法》，仿效欧美，规定了学士、硕士、博士三级学位制度。

※ 私学

私学即古代的私立学校。西周之前，教育是贵族阶层的专利，学校也全是由官方兴办的，到春秋时期，原来的一些贵族子弟由于代际的递变而降为士乃至平民，其中的一部分人开始在民间授徒讲学，开创了私学的风气。孔子对私学的发展做出了重大的贡献，使得私学真正地能够与官学相抗衡。战国时期，私家授学更是极为普遍，呈现出百家争鸣的繁荣局面。秦王朝统一之后，开始禁止私学，汉代以后，随着政治与文化大一统的实现，官学获得空前的发展，同时民间私学也逐渐恢复，再度兴盛起来，但已失去先秦时期所具有的那种自由的学术和思想氛围，教育内容也与官学趋同。两宋时期，书院兴起，私学显现出新的景象，教学方式变得灵活起来，教学内容也更为丰富，但是元代之后，书院也趋于官方化，失去了原有的活力。至于广泛存在的私塾，则普遍传授的是启蒙阶段的教育。总体来看，自秦汉以来，私学主要承担的是作为官学之辅助的角色，尽管如此，私学对古代社会的发展仍然发挥了巨大的作用，与官学相辅相成，共同建构了中国古代的教育体系。

※　孔门四科

"孔门四科"，意为孔子所传授的四门学术，指的是德行、言语、政事和文学，相关的记述见于《论语·先进第十一》："子曰：'从我于陈、蔡者，皆不及门也。德行：颜渊、闵子骞、冉伯牛、仲弓；言语：宰我、子贡；政事：冉有、季路；文学：子游、子夏。'"孔子在此分别举出了四个学科门类之下最为优秀的学生。唐代开始，"孔门四科"的提法逐渐受到学者的重视。明清时期，"孔门四科"演变为"儒学四门"——义理、辞章、经济和考据。

※　六艺

"六艺"，即礼、乐、射、御、书、数，是中国古代教育中要求学生掌握的六种基本的才能。"六艺"的提法最早见于《周礼·保氏》："养国子以道，乃教之六艺：一曰五礼，二曰六乐，三曰五射，四曰五驭，五曰六书，六曰九数。"礼，即礼节，"五礼"指的是吉礼、凶礼、军礼、宾礼和嘉礼；乐，即音乐，"六乐"指的是云门、大咸、大韶、大夏、大濩和大武等古乐；射，即射箭，"五射"指的是五种具体的箭法，分别为白矢、参连、剡注、襄尺和井仪；御，即驾驭马车，"五驭（御）"指的是五种具体的驾车技艺，分别为鸣和鸾、逐水曲、过君表、舞交衢和逐禽左；书，包括识字和书法，"六书"指的是象形、指事、会意、形声、转注和假借；数，即算术，"九数"指的是九九乘法表。

※ 孔门十哲

　　"孔门十哲"指孔子弟子中最优秀的十位贤哲，指的是子渊、子骞、伯牛、仲弓、子我、子贡、子有、子路、子游、子夏。"孔门十哲"这种说法的依据为《论语·先进第十一》所记载的孔子的一段话："从我于陈、蔡者，皆不及门也。德行：颜渊、闵子骞、冉伯牛、仲弓；言语：宰我、子贡；政事：冉有、季路；文学：子游、子夏。"孔子说的是跟随自己在陈国、蔡国经历困苦的人现在都不在身边了，表达了对这些学生思念的情感，然后分为几个方面叙述了这些学生的长处之所在，例举出了这十人。颜渊，就是颜回，字子渊，是孔子最为欣赏的学生，才学品性俱为优好，出身贫贱，不幸早亡；闵子骞，即闵损，以德行著称，洁身自守，坚持不仕；冉伯牛，名耕，不幸染恶疾，令孔子十分感叹；仲弓，即冉雍，出身微贫，父亲行为不端，因而受人轻视，孔子为其辩护，他的宽宏厚重的品性很为孔子称赞；宰我，即宰予，字子我，曾提倡缩短三年守丧的期限，受到孔子的谴责，因为善言辞，孔子曾派他出使齐、楚等国；子贡，即端木赐，长于雄辩，精于处世，是春秋时期著名的富商，子贡曾为孔子守墓六年，体现出非同寻常的师生情谊；冉有，即冉求，字子有，生性谦谨，具有出色的政治和军事才能，曾因为帮助季康子聚敛民财而受到孔子的严厉批评；季路，即仲由，字子路，因曾担任季氏的家臣，所以也被称为季路，出身贫苦，性格豪爽，为人耿直，勇力超拔，在卫国的内讧中被杀；

子游，即言偃，在鲁国的武城为官时倡行礼乐，深为孔子赞佩；子夏，即卜商，才思敏捷，经常与孔子讨论文学，时有不凡的创见，在孔子身后，儒家的许多经典都是通过子夏传授下来的。

※　书院制度

书院起源于唐代，兴盛于宋代，集教学、研究和藏书功能于一体，是中国古代教育史和学术史上具有重要地位的教育组织形式。唐玄宗开元六年（公元718年），将乾元院改为丽正修书院，集中进行修书和讲学活动，这被认为是书院的起始。唐末和五代期间，战乱频仍，官学衰败，许多读书人避居山林，模仿佛教的禅林讲经制度而创立书院，这为宋代书院制度的盛行奠定了基础。历史上最为知名的白鹿洞书院、石鼓书院、应天府书院和岳麓书院这四大书院都形成于北宋时期，在此之外，嵩阳书院、茅山书院等也都曾在当时产生了很大的影响。南宋时期书院的繁盛不亚于北宋，丽泽书院、象山书院等都颇为著名。书院最初大多为私人设立，后来官府设立的书院逐渐增多，到元代，各路、州、府都设有书院，使得书院变成一种类似于学校的体制。明代初年书院一度低落，而随着官学的衰退，书院又复兴起来，以无锡的东林书院影响最大。清代前期对书院采取限制的政策，后来转而提倡，但是清代的书院具有明显的官方色彩。清代后期，以两湖的书院最为兴盛。光绪二十七年（1901年），诏令书院改为学堂，书院的历史就此结束。

※　四大书院

"四大书院"指中国古代历史上最为著名的白鹿洞书院、石鼓书院、应天府书院和岳麓书院。白鹿洞书院位于江西庐山五老峰南麓的山谷中，始建于唐代，李渤（公元773～831年）任江州刺史期间，在旧日隐居的地方广植花木，增设台榭、宅舍和书院，这就是白鹿洞书院的由来。书院的得名是因为李渤青年时期在此读书时曾养过一只白鹿，所以他读书的地方被称作白鹿洞。南唐升元四年（公元 940 年），白鹿洞建立学馆，称"庐山国学"，这是一所类于金陵国子监的高等学府。北宋初年，江州的乡贤明起等在白鹿洞正式创办"白鹿洞书院"，但不久即废，直到著名学者朱熹重修书院并主持书院的建设，白鹿洞书院才开始闻名四方。

石鼓书院位于湖南衡阳北面的石鼓山，唐宪宗元和年间（公元 806～820 年），李宽始在此地建庐读书，宋太宗于太平兴国二年（公元 977 年）赐"石鼓书院"的匾额，但是 20 年后此地才正式建立书院。宋仁宗景祐二年（1035 年），石鼓书院再次得到御赐匾额，从此步入书院的鼎盛时期。周敦颐、苏轼、朱熹、张载、茅坤等众多知名学者都曾在石鼓书院执教讲学。

应天府书院，亦称睢阳书院，原址位于今河南商丘县，为后晋杨悫所创，与其他几大书院设于山林胜地不同，应天府书院居于繁华的闹市。宋真宗景德二年（1005 年），将宋太祖的发迹之处宋州改名为应天府，取的是应天顺时之义，三年后，当地人曹诚上书请示拨款修建书院，经应天府知府上报朝廷，得到批准，第二年，宋真宗正式赐额为"应天府书院"。庆历三年（1043 年），宋仁宗下旨将应天府书院改为南京国子监，使其成为北宋的最高学府之一，盛极一时。晏殊和范仲淹都曾先后主持过书院的建设。北宋末年靖康之难中，应天府书院被毁。

岳麓书院位于湖南长沙岳麓山东侧，紧邻湘江，宋太祖开宝九年（公元 976 年）由潭州太守朱洞创建，宋真宗咸平四年（1001 年）赐以书院匾额，大中祥符五年（1012 年）周式承接主持工作后，书院得到迅速发展，日益繁荣，后朱熹参与书院的建设，使得岳麓书院臻于鼎盛。

‖古代礼制‖

※ 五礼

　　五礼是形成于周代的五大类礼仪，分别是：吉礼、凶礼、军礼、宾礼、嘉礼，其最早记载于《周礼》。五礼并非由周人所创立，其中的诸多礼仪是在夏商周一千多年的时间里逐渐形成的，到西周时期，周人对三代的礼制做了总结并将其归纳为此五类。其中，吉礼是五礼之冠，主要是对天神、地祇、人鬼的祭祀典礼；凶礼是哀悯吊唁忧患之礼，用以礼哀死亡、灾祸、寇乱等；军礼是与军事有关的礼仪，用以战前动员，鼓舞士气；宾礼是对于来访的宾客所实施的礼仪，以示尊重；嘉礼比较琐碎，用于国家或人民日常生活中对于比较高兴的事情的庆祝。五礼在西周形成之后，在春秋战国时期曾一度遭到破坏，即所谓“礼崩乐毁”。孔子所创立的儒家学派对周代礼制进行了继承和发扬，汉代时，儒士叔孙通以五礼为参考所设计的礼仪被汉高祖采纳为宫廷礼仪。自此，五礼成为后世历代帝王乃至民间礼仪的基本骨架，为后世国家政治的稳定和社会运转的有序提供了保障。五礼在后世历代都有所发展，其所涉及的范围不断扩大，内容日渐增多。以宋为例，各类吉礼已达43种，嘉礼27种，宾礼24种，军礼6种，凶礼12种，加起来总有112种。这些礼仪有形或无形地存在于国家政治和人们日常生活的各个方面，并深入人心，每个人都自觉不自觉地以其为行为规范，中国被称为礼仪之邦正源于此。

※ 吉礼

吉礼是古代五礼之一，并居五礼之冠。吉礼是有关祭祀的典礼。其主要的祭祀对象可大体分为 3 类，分别是天神、地祇、人鬼。其中，天神包括昊天上帝、日月星辰、司中、司命、雨师等；地祇包括社稷、五帝、五岳、山林川泽等；人神包括宗庙、孔子等。吉礼的举行往往是一种国家政治行为，由统治者主持。在诸多的祭祀活动之中，尤为统治者所重视的是祭祀宗庙、社稷、天地、孔子。宗庙，也叫太庙，是皇帝先祖的祠堂，一般建在王宫前面，明、清两朝的宗庙就建在紫禁城外；社稷，是指土神和谷神。祭祀土社、谷神的地点一般称社稷，在古代，它是国家的象征。古代礼制规定，"左宗庙，右社稷"，社稷坛一般建在王宫前的右侧，与太庙对称；祭祀天地，在古代又称为"封禅"，十分隆重，由帝王亲自前往泰山举行，一般是比较有作为的皇帝才有此举动；祭祀孔子也是历代非常重视的仪式，是国家礼制的一部分。一般由大臣前往主持，有时皇帝亲自前往。

※ 斋戒

中国古人的斋戒在佛教传入中国之前就已经存在，是参加祭祀前所做的一些清洁身心的准备。所谓斋，指的是主动意义上的沐浴更衣、凝聚神思；戒，则是防范意义上的杜绝欲望和欢娱，如禁止饮酒食辛、性行为，以及各种娱乐活动等。中国早期有"三日斋，七日戒"的规定，其目的在于表示对于所祭祀的鬼神的虔诚，同时也是使人通过几天在身心方面的准备，最终能够心无杂虑，澄明清澈，以与鬼神进行精神相交。需要指出的是，早期的斋戒中并不禁食鱼肉荤腥，而只是禁食葱、蒜、韭菜等辛辣食物。事实上，人们在斋戒时往往还专门吃鱼肉荤腥。因为古代祭祀程式复杂，时间很长，有时一连几天，对人的体力要求很高，因此古人专门食肉以补充体力。只是在南北朝后受佛教影响，斋戒才逐渐与素食联系起来。后来，斋戒一词又被用以表示出家人必须遵守的清规戒律。即八关斋戒：一不杀生，二不偷盗，三不淫邪，四不妄语，五不饮酒，六不坐高广大床，七不涂饰香及歌舞观听，八过午不食。

※ 祭品

祭品是古人祭祀时给鬼神献上的礼品，一般都是古人认为比较贵重和美好的。最常见的祭品便是五谷、瓜果蔬菜、酒、动物等。各种祭品之中，动物最贵重。而在古代六畜之中，马是用来打仗的，不允许随便杀死。剩下的五畜之中，个头最大的牛、羊、

用茶祭祀先祖

猪成了最重要的祭品。因周朝初建时，牛是从雅利安人那里引进的新鲜物种，数量还比较少，比较珍稀，故被用来作为最高规格的祭品；羊当时也是刚从藏族人那里引进的新物种，数目也不多，被放在第二位；而猪为华夏族人最先驯养，是最普通不过的家畜，放在最后。作为祭品，牛、羊、猪三牲齐备叫"太牢"或"大牢"，只有天子才有资格用；只有羊和猪叫"少牢"，供诸侯或大夫之用；只有一头猪，则称为"特豕"，供低级贵族之用。天子或诸侯祭祀时，一般用毛色纯正的牲畜，称为"牺牲"。祭祀结束之后，鬼神自然不可能真的吃了祭品，因此天子或诸侯往往将祭品分赐臣下，称为"赐胙"。至于普通百姓，祭祀时一般只是根据节令摆放一些时鲜蔬谷，加上一些相宜的肉蛋类。不过，后来随着社会经济的发展，原为贵族专用的祭品，平民也可以用了。

※ 礼器

礼器是我国古代贵族在举行祭祀、丧葬、庆祝等礼仪活动时所使用

的器物，往往象征着使用者的身份、地位和权力。礼器大体上可分为四类，一类是用以盛放食物的食器，包括鼎、簋、鬲、盂、俎等；一类是酒器，包括爵、角、觚、尊、壶、卣、方彝、觥等；还有用以盥洗的水器，有盘、等；再有就是用以标明身份尊贵的玉器和束帛（往往合称玉帛）。其中，玉器包括璧、璋、琥、琮、圭、璜等；束帛则是扎成捆的丝织品。因玉帛在古代被广泛用于各种典礼，因此经常被当作礼器的代名词。

诸多礼器之中，鼎是最具象征意义的。鼎本来是用来煮饭的器具，由青铜铸成，或圆形三足，或方形四足。做饭时，直接在其下烧火即可，因此相当于现在的锅，同时又附带了灶的功能。后来其被用来在祭祀时装胙肉。古代贵族往往在鼎的外面上铸上自己祖先的功绩，然后藏之宗庙。不同身份之人的鼎的数量和装饰不同，天子九鼎，饰以黄金；诸侯七鼎，饰以白金；卿大夫五鼎，饰以铜。禹当年曾用天下诸侯贡献之铜铸造九鼎，象征九州。此后，鼎便成了天下的象征。

※ 凶礼

凶礼是古代针对不好的事情所举行的礼仪，具体包括丧葬礼、荒礼、吊礼、恤礼、禬礼等。其中丧葬礼是为死者举行的表达哀思的礼仪；荒礼是遇到旱涝灾害或瘟疫流行时，统治者所举行的一种表达自己体察灾情，并愿意与人民分担的一种礼仪；吊礼是在别的友邦国家或友好人士遭受自然灾害后，统治者派人前往慰问的礼仪；恤礼是当邻国遭受政治动乱时，统治阶层派人前往表示慰问的礼仪；禬礼是友邦在军事上遭受失败后，统治者派人送去物质援助并给其鼓励的礼仪。总体而言，凶礼都是在别的个人或国家遭受不好的事情后，对其表示同情和慰问的礼仪。后来，凶礼主要是指丧葬、持服（即守孝）、封谥号等与死亡有关的礼仪。

※ 丧礼

丧礼是安葬并悼念死者的礼仪，属于"五礼"之中的凶礼。在古代诸多礼仪之中，丧礼产生得最早。周朝时，丧礼已经形成了一系列繁复而严格的规定，孔子将丧礼说成是孝的一部分，主张对父母"生，事之以礼；死，葬之以礼"。因此古人十分重视丧礼，由专门以此为职业的人主持。其具体过程大体上可分为报丧、入殓、出殡、守丧几个步骤。死者去世后，亲属先要将死者去世的消息告诸亲戚、朋友、同事等，叫作"报丧"。这些被报丧的人则会陆续前来吊唁。然后是对死者举行"殓"的仪式。其中，给死者穿上专门的衣裳称作"小殓"；尸体入棺，称为"大殓"。"殓"之后，棺材放在家中等待下葬，叫作"殡"。"殡"者，意为将暂时未曾离家的死者当作宾客。殡的日期不固定，几天到几十天不等，待选定吉日和墓地便可下葬。下葬事宜称作出殡送葬，亲人、朋友、故旧等往往要一路随棺木到墓地，为死者送行。送葬时，根据与死者关系的亲疏，送葬者的孝服也可分为五种，称为"五服"。安葬之后，亲属根据孝服的不同有不同的守孝期。最短的三个月，最长的三年，乃是死者儿子的守孝期。期间，守孝者在饮食、衣着、起居等方面受到一系列约束。其实，这只是丧礼的大致程序，具体过程中还有很多琐碎的规定，比如对于哭就有诸多规定。

在历史发展的过程中，丧礼产生了不少演变，比如，佛、道兴起后，水陆道场一度成为丧礼的一部分；不同地区的丧礼也逐渐形成了一定的地方色彩。总体上，中国的丧礼比较讲排场、爱热闹、好攀比。另外，死者只要寿终正寝，而非夭亡，在古人看来这是值得高兴的事情。因此，相对于婚姻庆典的"红喜事"，丧事又叫作"白喜事"。现代，中国在大部分古代礼仪已经丧失的情况下，丧礼应该是保存最完备的一种礼仪了。

※　葬仪

葬仪指安葬死者的方式。因中国是多民族国家，不同民族的安葬方式往往各具特色，因此中国存在土葬、火葬、水葬、鸟葬等诸多葬仪。就汉民族来说，早期人们一般实行土葬。这与汉民族作为农耕民族，重视土地有关。在古汉人眼里，人是由土地所养育的，因此死后回归土地相当于回家。《礼记·祭仪》中说："众生必死，死必归土。"与汉族不同，早期的一些少数民族则实行火葬。如《墨子·节葬》中曾记载在秦国西边的一个西羌人建立的义渠国中，"其亲戚死，聚柴薪而焚之"，称之为"登遐"（升天）。佛教传入中国后，由于佛教高僧死后，一般都实行火葬，因此火葬一度在汉族佛教徒中流行，以至于宋太祖曾明令禁止。南宋时，由于偏于一隅，人多地狭，火葬一度盛行。其后的明清时期依然如此。水葬一般是聚居于河流湖畔或海边的民族流行的习俗，他们一般将死者放于木筏上，任其漂流，这是因为他们以水族为食物，往往视水为自己的归宿。鸟葬多流行于牧猎民族，他们往往将亲属尸体放于郊野或高山之巅，任鸟啄食，认为这可使死者魂升入天界。另外还有悬棺葬、树葬、玉敛葬等葬仪存在于其他一些少数民族中。

※ 陵寝

　　陵寝是古代帝王的坟墓。春秋时期，厚葬之风盛行，死者的墓越建越气派。其中，最气派的当然还是帝王之墓，一般称为"陵"。陵，本是山丘的意思，以之来称呼帝王之墓，也可见其规模之庞大。战国时，秦惠王规定："民不得称陵。"自此，陵成了帝王之墓的专称。因古人相信人死后灵魂还要继续在地下"生活"，故帝王墓旁建有寝宫。另外，墓外还建有一系列用于装饰和祭祀的石雕、殿堂等。因为陵寝是一个以其墓穴为中心的庞大建筑群，故称"陵园"。

　　陵寝真正的大规模化，始于秦始皇。其陵寝高120米，底边周长2167米，37年始建成，极尽豪华之能事，并设计

武帝茂陵　汉
被称为"中国的金字塔"。位于西汉11座帝陵的最西端，是汉诸陵中规模最大的帝王陵。

了相应的机关防止盗贼。其后的历代帝王都沿袭了秦始皇的做法，往往不惜巨资，并调遣当时最高明的匠人参与建造。因此帝王的陵寝是古代留下来的极其珍贵的艺术品。一般一个朝代的帝王陵寝都会建在一起，形成一个陵寝群，其地点往往在其都城附近。如西安附近的唐陵、河南巩县境内的宋陵、北京昌平区境内的明代十三陵、河北遵化市的清东陵和河北易县的清西陵。

※ 服丧

服丧，即古人为死者守丧的礼仪。守丧，指的是在丧事办完之后，亲属通过服饰和生活方面的特别规定来体现对于死者的哀悼和怀念。其大致可分为两个方面，一是通过守丧者所穿的丧服以及穿丧服的时间长短来体现。具体而言，根据亲属关系的远近可分为五种丧服，由近及远分别足，斩衰、齐衰、大功、小功、缌麻。其中，斩衰要穿三年；齐衰则根据具体的关系不同，时间有所差别，一年、五个月、三个月都有；大功则穿九个月；小功穿五个月；缌麻则只穿三个月。其二，对于死者儿子，还有关于生活方面的一系列规定，称为守制，时间为三年。

※ 五服

五服指五种丧服。古代社会的葬礼中，与死者亲属程度不同的人要穿不同的丧服，以示区别。具体分为五种，从重到轻依次是：斩衰，此是五服中最重的丧服，其用极粗的麻布缝制而成，极其简陋，许多该缝的地方都敞开着，完全不像上衣，此表示因哀痛而不注意外在形象之意。此服为最亲近者所穿，如子为父、妻为夫等。齐衰，是次于斩衰的丧服，用粗麻布制作，因把边缝齐了，所以叫齐衰。此为次一级的亲属所穿，如已嫁女为父母，孙辈为祖父母等。大功，又次于"齐衰"，用粗熟麻布制作，一般是为堂兄弟、未嫁堂姊妹、已嫁女为伯叔父等所穿。小功，次于大功，用质量较好的麻布制成，为伯叔祖父母、外祖父母、母舅等所穿。缌麻，最轻的一种丧服，用细熟麻布制成，做功比较细致，此为曾祖父母、妻之父母、表兄弟等所穿。总体而言，亲属关系越近，其丧服越粗糙。大体上，古代丧服的服制都以《仪礼·丧服》为准则，历代遵行，只是小有变通。另外，不同的丧服所穿的时间长短也不同。

※ 避讳

避讳是中国古代特有的现象，指的是在口头或书面提到某个人的名字中含有的字时，避开此字。关于避讳的原则，《公羊传·闵公元年》中曾言："春秋为尊者讳，为亲者讳，为贤者讳。"这是古代避讳的一条总原则。其中的尊者，主要是指古代皇帝，有时也指贵族和官员；亲者指自己的长辈；贤者则指孔孟等圣贤。而避讳的方法，主要可分为 3 种：改字法，即将所避讳的字改作另一字，比如东汉时，秀才因避光武帝刘秀的名讳而改称茂才。又如苏洵的祖父名序，苏洵将文章中的序改称为引，至今沿用。空字法，即遇到避讳的字时，空开不写，读者也往往心领神会。缺笔法，即在写到这个字时，故意少写一笔。除此之外，古代还有其他的一些避讳法。当年吕后当权时，因其名雉，人们遇到雉时都改称野鸡；清乾隆时，为避顺治帝福临名，天下百姓不得贴"五福临门"；陆游的《老学庵笔记》记载，宋代田登做州官时，自避名讳，州中都将"灯"字称为"火"字。元宵节时，官府发布告曰："本州以例放火三天。"以至于百姓有"只许州官放火，不许百姓点灯"的讽刺。到后来，甚至连皇帝的属相也要避讳。比如因宋徽宗属狗，当时曾一度禁止民间杀狗。至于古人的圣讳，各朝略有不同，一般有孔子、孟子、老子、黄帝、周公等。圣讳相对不那么严格，一般是读书人自觉避讳以示尊重。

※ 朝聘之礼

朝聘之礼原指古代诸侯派使者或亲自定期觐见天子的礼仪，后来也指藩属国使节前来觐见中国皇帝的礼仪，属于"五礼"中的宾礼。具体

而言，聘，是指诸侯派使者觐见
天子；朝，则是诸侯亲自觐见天
子。《礼记·王制》规定，诸侯
每年都要派大夫前往王都拜见天
子，称作"小聘"；诸侯每三年
要派卿前去拜见天子，称作"大
聘"；诸侯每五年须亲自前往王
都拜见天子，称作"朝"。诸侯
及卿大夫朝聘天子时，要携带当
年该向天子交纳的贡赋，还要奉
行严格的礼仪，以示对天子的敬

万国来朝图 清

重和臣服。其礼仪大致分为六个程序，分别是："效劳"（天子派人迎接并
慰问来宾）、"赐舍"（安排来宾下榻）、"朝觐"（来宾正式拜见天子并献
礼）、"请罪"（来宾向天子表示自己做得不好，求天子宽恕，是一种谦虚
说法）、"赐礼"（天子赏赐来宾一些礼物）。朝聘之礼本来只有天子才有资
格享受，但东周时，周王室衰微，各诸侯国也纷纷采用了朝聘之礼。秦统
一中国后，中国在一千多年的时间里称雄于东方，期间各国派使节前来
时，中国基本上都以朝聘仪式接待，因此"四夷来朝"的说法一直不绝于
书。直到鸦片战争后，在西方人的强烈要求下，清王朝才废弃了朝聘之
礼，而以现代外交礼仪与各国打交道。

▌兵制与刑制▐

※ 兵制

兵制指古代的军事制度，包括武装力量体制、军事领导体制和兵役制度等方面的内容。据《周礼·夏官》记载，早期以军为基本编制单位，一军有 1.25 万人。周王室有六军，诸侯则大国三军，次国二军，小国一军；在领导体制上，一般由卿大夫等贵族担任各级军官；而在兵役制度上，当时实行的是全民皆兵制。自秦汉时期起，中国的兵制开始形成了新的模式。在武装力量上，常规军体制各代不一，一般都分为中央军和地方军，且各代都采取强化中央军，弱化地方兵的强干弱枝策略，以防止地方割据。在领导体制上，不再以贵族统兵，而是以各级武将统兵。除个别镇守边关的武将之外，朝廷武将往往实行战时领兵，战完罢权的制度。在兵役制度上，因中国地广人多，因此自秦汉起便废除了全民皆兵的制度，而是实行征兵制、募兵制或世兵制等。如汉代实行每个成年男子都服三年兵役的"寓兵于农"的征兵制；隋唐时期则采用"寓农于兵"的府兵制；宋代是募兵制；元明是世兵制；清先是世兵制，后又改为招募。

※ 民兵制

民兵制即兵士并非职业化，而是亦民亦兵的兵役制度。大体而言，职业化的军队由国家花钱招募而成，而征兵制下的军队大多有民兵性质。在我国整个古代社会，仅有宋代长时间实行过全国范围的募兵制，其他朝代虽也存在招募兵士的情况，但一般都并非主流。因此，我国古代的大部分常备军队都或多或少有些民兵性质。而根据具体兵制的不同，不同朝代的民兵制也各有其特点。比如唐代之前的军队多实行征兵制，即适当年龄的男子被强制轮流到军中服役一段时间，期满回家依旧务农，民兵性质浓厚，战斗力很难保证。而唐代的府兵、明代的卫所兵的性质则介于民兵和职业兵之间。首先士兵均终身为兵，随时听候调遣，这像是职业兵；但同时又没有军饷，而须在平时自己种田自力更生（国家不向其征服役），这又像是民兵。另外，比较纯粹的民兵也存在于各代。如宋代王安石为减轻正规军军费开支，便训练过农民武装以备辽国南下造成的不时之需；清代的"勇"兵便属于民兵，并且正是靠民兵镇压了太平天国运动。

※ 烽燧传警

烽燧传警是古代一种通过放火或放烟的方式传递军情的手段。白天放烟叫"烽"，夜间举火叫"燧"。烽燧传警的办法早在西周时期就已经存在。春秋战国时期，各诸侯国为防止外国入侵，纷纷修建长城，尤其是秦将各国长城连接起来后，烽燧与长城便联系在一起，并开始被称为烽火台，成了历代常设的军事防御组织，用以防范北方的游牧民族。一般情况下，每十里设一个烽燧（烽火台），明代则五里一个。每个烽燧上都设有 5 ~ 10 个兵丁。遇到敌人进犯，便要点火或放烟，将消息传递给隔壁的烽燧，这样依次传递，很快便

烽火戏诸侯

荒淫昏庸的周幽王为博得爱妃一笑不惜假借烽火之名欺骗属国君，使他们对其失去信任，最后亡国，可谓荒唐可笑又教训深刻。

可抵达军事中枢。一些朝代烽火种类、施放程序、施放方法、密号等方面都有严格明确的规定，甚至"传报得宜克敌者，准奇功。违者处以军法"。历代之中，严防匈奴人的汉代和防范蒙古人的明代对烽燧制度最为重视。

※ 三军

三军的说法产生自周代。周代以"军"作为最大的军队建制，《周礼·夏官·司马》记载："凡制军，万有二千五百人为军。王六军，大国三军，次国二军，小国一军。"因此，三军合 3.75 万人。不过，这只是制度所规定的天子及各诸侯国的常备武装人数。事实上，到春秋时期，各国的军队数量已经远远不止规定的数目，更遑论动辄出动几十万军队的战国时期了。不过虽然一军的人数已经大大超过规定，但各国军队依旧习惯上将部队编为三个军，只是各国名称有所不同。如楚国分别设中军、左军、右军；晋国设中军、上军、下军；魏国称前军、中军、后军。三军各设将、佐等军衔。其中，中军将是三军统帅。后来三军不再是军队建制，凡出征打仗，军队往往分作前军、中军、后军，分别担任先锋、主力、掩护警戒的职能。另外，三军也常常指古代步、车、骑三个兵种。现在，三军则成了对于海、陆、空三个兵种的泛称。

※ 将军

将军的称呼产生自春秋时期。军是古代最大的军队建制，总有 1.25 万人；将，则是统领之意。卿大夫一般担任一个军的首领，因此卿大夫往往被称为将军，但并非一种正式官职。战国时期，将军逐渐成为正式官名，并根据三军的设置分别出现上、中、下、前、后、左、右将军等官名。秦代因之，设上将军为出征打仗时的军事统领，其次置前、后、左、右将军。汉置大将军、骠骑将军，位次丞相；车骑将军、卫将军、前、后、左、右将军，位次上卿。晋朝设骠骑、车骑、卫将军，又有伏波、抚军、都护、镇军、中军、四征等大将军。南北朝时，武人逐鹿，将军名号更多。唐代时，各种制度开始规范，设有上将军、大将军、将军等名号，作为一些禁卫军军官和武散官（有官无职的官员）的称号。宋、元、明时期，将军多为武散官，另外将军还是是对廷尉武士的尊称。清人尚武，将军常被作为宗室爵号，另外也是对地方军事长官的泛称。

※ 军队编制

军队的编制就是军队组编士兵的方式。在古代，因士兵往往都不是职业军人，因此其编制在平时与战时往往有所不同。因五进位以及十进位制是人类普遍采用的计数方法，因此先秦军队基层编制就是一五一十点数的"什伍"之制。五人为伍，五伍为两，五两为卒，五卒为旅，五旅为师，五师为军，一军有 1.25 万人。又往往按照具体职责分为三军。秦汉时期，军队乃是民兵制，兵士平时按照居住地点就近编伍，由各郡的郡尉、各县的县尉负责训练，并负责地方治安；参加战争时，再进行统一编制。一般是按照地域编制后，分配到各将军的战斗集群中去。隋唐时期，平时编制实行府兵制，各地每个折冲府管辖兵员 800～1200 人，以折冲都尉为长官；战斗时则同样再进行临时编制。宋代军队是招募而成的职业军队，战时平时编制差别不大。以十人为火，五火为队，十队为营（总500 人），若干个营组编为将，将是独立的战斗单位。明代军队也接近于职业兵，其编制为卫所形式。每卫编制 5600 人，设置指挥；卫下辖五个千户所，每所 1112 人，设千户；千户下辖五个百户所，每所 112 人，设百户；百户下辖两总旗；总旗下辖五小旗。清代八旗军则以旗为最大单位，绿营兵则以营为基本单位。

※ 秦汉军制

汉代往往被史学家看作是秦的继续，因此秦汉军制也比较类似。从军事领导体制而言，其实行的都是一种强化中央集权的军事制度，军队被置于皇帝的严密控制之下。秦代总领全国军队的为三公之一的太尉，但太尉并无实权，真正打仗时皇帝临时委派上将军及前、后、左、右诸将军统兵，战后军队则依旧交还太尉；汉代差不多，其名义上的最高军事长官初为太尉，后改为大司马，也是虚职。战时皇帝临时任命大将军、骠骑将军、车骑将军等统兵。秦汉皇帝均用这种将、兵分离制将军队控制在自己手中。就兵役制度来说，秦汉均实行征兵制。秦统一六国后，兵役制度仍沿用旧制，弊端重重，陈胜吴广起义便源于兵役制度的弊端。汉代兵制更加完善，男子年满 23 岁需服兵役两次，一次在本郡、县服役，另一次到中央宿卫或戍边，每次一年。另外，汉代在征兵制之外还部分实行募兵制作为补充。东汉末年，募兵制逐渐取代征兵制，地方武人趁机培养自己的势力，割据自雄，造成东汉末年群雄割据的局面。

※ 征兵制

征兵制是强制符合条件的男子入伍的兵役制度，与以自愿应征性质的募兵制相对应。在我国唐代之前，基本上实行的都是征兵制，将入伍作为一项义务分派到各家各户。春秋战国时期，战事频繁，各国的兵役都十分繁重，正是强制性的征兵制才得以保证士兵的来源。秦代男子满 17 岁便要开始为国家服兵役，总共至少三年。汉代基本继承了秦制，只是将年龄推迟到 23 岁。其后的魏晋南北朝，乱世之中，强制性征兵也是主要的招兵手段。北魏的花木兰替父从军，便是在征兵制的背景下发生的。征兵制的特点一是军费开支小；二是兵士服完役便离开，不会成为将领私人势力，造成武人自雄。其缺点则是军队战斗力不如招募的职业兵。隋唐及以后各代，实行的是府兵制、世兵制或募兵制等，征兵制逐渐废弃。

※ 府兵制

府兵制是隋唐时期的一种兵制。府兵制起源于北魏时期，历北周、隋至唐代趋于完善，是唐代前期的主要兵制。其具体形式是在全国各地按照战略位置和防御需要建立军府，充当府兵者可携带家属聚居于军府内，政府分给一定土地。府兵农时务农，农闲时接受专门的军事训练机构折冲府的训练，战时则随将出征。府兵家可免除各项赋税徭役，但其军服、武器、马匹等军用物资以及到京师宿卫时路上用度则需自己置办。这种制度在朝廷来说，省出了军费开支；在府兵来说，也自觉划算，加上唐代尚武，年轻人都乐于充当府兵。因此充当府兵者多是家庭殷实子弟乃至官僚子弟，贫贱子弟还当不上。府兵有两个职责，平时需轮番到京师宿卫；战时府兵随将出征，战毕兵归于府，将归于朝，避免了武将拥兵自重。到玄宗时期，因为战事频繁、防御线延长，原来防戍的休假制度取消，加上后来番上卫士往往被贵族官僚借为私家役使，导致社会上以充当府兵为耻辱，故府兵大量逃亡，府兵制名存实亡。朝廷不得已允许将领私自募兵，这便导致了"安史之乱"的爆发和之后的武人割据局面。

※ 都护府

都护府是汉唐两代在边疆地区所设的特殊官署。"都"意为全部，"护"意为带兵监护，"都护"即"总监护"之意。西汉宣帝时，在乌垒（今新疆轮台县东北）设西域都护府，统一管理大宛及其以东城郭诸国，兼督察乌孙、康居等游牧行国之事。魏晋时，设有西域长史府，类似于西域都护府。唐代的都护府影响最大。由于强盛的唐王朝先后打败突厥、薛延陀等部，周边少数民族纷纷表示归顺。唐朝在这些少数民族地区设立州县，任其自治，只在一个大区域内设都护府，作为最高军政机关。都护府长官都护为一地最高军政长官，其职责在于"抚慰诸藩，辑宁外寇"，凡对周边民族之"抚慰、征讨、叙功、罚过事宜"，皆其所统。自太宗至武后，在北、西、南面少数民族地带设安东、东夷、安北、单于、安西、北庭、昆陵、蒙池、安南等九个都护府。到玄宗时，只剩下安东、安北、单于、安西、北庭、安南都护府，这就是著名的唐代六都护府。唐中后期，唐王朝不复昔日强盛，周边民族不服，各都护府逐渐废弃。

※ 节度使

节度使是唐代后期出现的地方军政长官。唐代时，驻守各道的武将称作都督，其中带使持节者称作节度使。唐睿宗景云二年（公元711年），贺拔延嗣被任命为凉州都督充河西节度使，之后节度使成为正式的官职。唐玄宗开元年间，又设立了陇右、平卢、碛西、河西、朔方、河东、范阳、岭南、剑南9个节度使。因唐朝强盛，对少数民族失去警惕，此时的节度使多由少数民族担任，且往往封郡王。节度使刚开始只有军权，并无权干涉地方行政。后逐渐总揽一区的军、民、财、政，辖区内地方行政长官各州刺史均受其节制，有的干脆兼任驻在州之刺史。公元755年，平卢、范阳、河东三镇节度使安禄山伙同史思明发动"安史之乱"。"安史之乱"平定后，全国节度使遍布，多为"安史之乱"中叛乱或平叛的武人。其不受中央节制，军政人事，皆得自专，父死子继，形成藩镇割据的局面。五代时期，各地节度使摇身变为乱世军阀，中央政权的拥立与废弃都取决于节度使，后梁、后唐、后晋、后汉、后周的建立者均为节度使。宋代赵匡胤以文治国，节度使逐渐成为虚衔。元代废弃。

※ 枢密院

枢密院是唐、五代、宋、辽、元时代的官署名称。唐永泰年间，以宦官任枢密使，帮皇帝处理机要。五代后梁改枢密使为崇政使，由士人充任，并设崇政院。后唐又改崇政院为枢密院，崇政使为枢密使，与宰相分执朝政，宰相掌文，枢密使掌武。宋代沿设枢密院并进一步完善，与中书省合称"两府"，并为宋代最高政务机关。庆历年间因对西夏用兵，宰相一度兼任枢密使。南宋宁宗后，宰相始例兼枢密使。辽曾分别设南、北枢密院，北院掌管军事，南院掌管官吏升降，分别相当于兵部和吏部。元代，枢密院为军政枢纽，并掌管禁卫军以及边防事务。战时，则在作战区域设行枢密院作为枢密院派出机构总领军政。明代，枢密院废置，其职权由大都督府代替。总体而言，枢密院与尚书、中书、门下三省的演变过程类似，先是作为内廷性质，后成为正式的政府中枢机关，与宰相分权，是皇权侵蚀相权的产物。

※　大理寺

大理寺是我国古代的司法审判机构。秦代时，掌管狱讼的人称为廷尉，汉代一度改廷尉为大理，后改回。北齐时，确定以大理寺为官署名，作为中央审判机关，以大理寺卿为长官，正三品（隋之后各代均为从三品），少卿为其副职。后除元代外，历代因之。

大理寺虽名义上为历代的中央审判机关，但在各代的具体职权时有变化。唐代，大理寺主要负责审理中央百官及京城徒刑以上的案件，与刑部共同行使审判权；宋代，大理寺与刑部、御史台共同行使审判权；明代的大理寺与刑部、都察院合称"三法司"，共同行使审判权，其中，大理寺侧重于对冤案、错案的驳正、平反；清代承袭明代三法司体制，但此时三机关的职权划分与明代大不相同。其中刑部权力比较大，而大理寺的地位则远不如前代，其职责只是复核刑部拟判死刑的案件。清光绪三十二年（1906年），仿西方司法独立，大理寺改为大理院，其职权为解释法律，监督各级审判，并作为最高级的审判机关。

※　刑部

刑部是中国古代最高司法机关。刑部最早设立于隋朝，为"三省六部制"中的六部之一，其长官为刑部尚书，品秩正三品；其副职为侍郎，正四品下。隋唐时期，刑部与大理寺一同行使最高审判权力。宋代，刑部、大理寺、御史台共同行使审判权。元代，刑部与大宗正府、宣政院共同行使审判权，刑部还兼有司法行政方面的职责。明清两代，刑部与大理寺、都察院合称"三法司"，共同行使审判权。其中刑部的职责是审核修订各种法律，复核各地送部的刑名案件，会同九卿审理"监候"的死刑案件并负责直接审理京畿地区的待罪以上案件。在组织机构上，刑部除在中央设有官署外，在各省都设有派驻机构，负责各省的刑名案件以及司法政务。清代的刑部各司还设有减等处（负责各案的赦减等事）、秋审处（掌核秋审、朝审各案）、督捕司（督捕旗人逃亡事件）、提牢厅（掌管狱卒，稽察监狱罪犯，发放囚犯日常用品等）等基层机构，职责相当宽泛。光绪三十二年（1906 年），清政府宣布"仿行宪政"，刑部被改为法部。

※ 成文法

所谓成文法，指的是以国家名义制定成文字并公之于众的法律。与成文法对应的是以习惯、惯例等作为法律准绳的不成文法，比如中国夏、商、西周时期的法律便属于不成文法。需要指出的是，成文法的内涵不仅在其书面性，更在于其公开性。因此虽然春秋时期的楚文王时期、晋国、宋国都建有文字形式的法律，但因其并未公之于众，后世法学界一般认为略迟些的郑国政治家子产铸在鼎上并公布于全社会的郑国法律条文，才是中国最早的成文法，史称《铸刑书》。战国时期，魏国改革家李悝总结春秋法律编撰成我国第一本法典《法经》，可算是我国第一部完备的成文法。之后，自秦开始，历代统治者都必然要在开国之初建立自己的成文法。如《秦律》《汉律》《唐律疏议》《宋刑统》《大明律》《大清律》等。总体而言，相比于不成文法，成文法是一种法制上的进步。其明确具体、稳定（严格的修改废止程序）、较好的预防作用更有利于社会的有序。但往往因时间的推移而过时，须经常修改，也是相当麻烦，并且有时会产生文字上的歧义。

※ 《秦律》

《秦律》是对于秦代所颁布的一系列法律的统称。商鞅变法时，曾将春秋时李悝的《法经》稍做修改后作为秦律颁行全国。秦统一六国后，将《秦律》做一番修订推行到全国。后来秦二世又对《秦律》做了一些改动，最终成型。据考古所发掘的秦简发现，《秦律》不仅包含了《法经》6篇的内容，而且还有《田律》《工律》《置吏律》《效律》《仓律》《金布律》等内容，涉及到政治、经济、军事、文化等多个方面。从秦律的着眼点来看，其目的重在维护一种中央集权的政治制度，体现的是奴隶主及贵族的利益，某种意义上是镇压奴隶及底层人民反抗的工具。另一方面，因其使社会各领域"皆有法式"，也促进了社会经济的发展。从刑罚制度上讲，《秦律》内保留了许多古代残忍的酷刑，比较野蛮。秦亡后，汉在废除了其中一些酷刑的基础上继承了《秦律》，之后的魏晋南北朝因之，直到唐代，《秦律》才有大的改动。

※　《唐律》

《唐律》在广义上可指有唐一代的法律，又因唐代法典所遗留下来的版本以《唐律疏议》影响最大，故也常指《唐律疏议》，又叫《永徽疏议》。唐代建立后，初袭隋朝的《卅皇律》，后经过武德、贞观两代的修改，至永徽年间经长孙无忌等19人再次修订后形成《永徽律》。后长孙无忌等又对其精神实质和律文逐条逐句进行疏证解释，撰成《律疏》30卷，与《律》合为一体，统称《永徽律疏》。其后《永徽律疏》虽被修改两次，但后人对其修改内容已不得而知，故将《永徽律疏》视作《唐律》。《唐律》继承了秦汉以来历代的立法和司法经验，对社会各个方面的法律进行了完善，并除去之前法律过于严酷的弊端，成为唐代之前法律之集大成者。至此，《秦律》才真正得到了大的变动，法律不再一味是严刑峻法，

《唐律疏议》

而是融入了儒家的一些伦理道德思想。《唐律》形成后，对后世影响巨大。《宋刑统》基本照抄《唐律》，《元典章》《大明律》《大清律例》也以其为蓝本。另外，《唐律》对于古代日本、朝鲜、越南等国也有深刻影响，被认为是中华法系的代表法典。

※ 《明大诰》

《明大诰》是明太祖朱元璋所立的一套特别的刑事法规。朱元璋开国后，推行刚猛强断、严刑峻法的治国策略，自己在明朝政府法《大明律》之外另立了一套更为严峻的法规《明大诰》。在罪行上，其中设有"游食"、"官吏下乡"、"寰中士夫不为君用（即有才能者不肯出来做官）"等明律中没有的罪名；在处罚上，对于同一罪名，《明大诰》比《大明律》要重得多，并且还设有断手、刖足、阉割为奴等《大明律》中不存在的残忍刑法；从着重点来说，《明大诰》的大部分内容主要针对的是贪官污吏；在格式上，《明大诰》是由案例、峻令、朱元璋就案例所发的训导三部分组成，有些不伦不类，完全不是法律文本的样子。总体而言，《明大诰》提倡的是对人极度蔑视的封建强权主义和无节制的滥杀政策，严重违背了"罚罪相当"的法律精神，是朱元璋根据自己的好恶搞出来的一套恶法，可以说是中国法制的倒退。《明大诰》在明初一度是家家收藏、人人诵读的御制圣书，朱元璋死后，比较仁慈的建文帝即位，《明大诰》便失去了法律效力。

※ 五刑

五刑是中国古代的刑法，分为奴隶制五刑和封建制五刑。夏朝初步建立了奴隶制的五刑制度，从轻到重依次是：墨（在面或额头上刺字涂墨）、劓（割去鼻子）、膑（挖去膝盖骨）、宫（毁坏生殖器）、大辟（死刑）。奴隶制五刑均是以摧残人的身体来实施惩罚，俗称肉刑。汉代时，肉刑被汉文帝、汉景帝废除，以自由刑为主的封建五刑制度逐步形成。在

隋《开皇律》中，封建五刑正式以法令
形式出现，经过唐朝的完善，封建五刑
形成了完整的法律体系。这五刑分别是：
笞（用竹板或荆条拷打犯人脊背或臀腿，
按次数分等级）、杖（用大竹板或大荆条
拷打犯人脊背臀腿，按次数分等级）、徒
（强制服劳役，按期限分等级）、流（把罪
犯押解到边远地方服劳役或戍边，按里
程分等级）、死（即死刑，隋、唐定死刑
为斩、绞两等）。相比于奴隶制五刑，封
建五刑的建立乃是中国刑法制度的重大进

孙膑像

孙膑曾与庞涓一同学习兵法。庞涓
嫉贤妒能，恐孙膑取代他的位置，
设计陷害孙膑，使其受膑刑。

步，直到清末方被废除。另外，在五刑之外，封建社会还一直存在一些极
其严酷的刑法，如凌迟、腰斩、诛九族、车裂等，这些都是针对犯了谋反
等重罪的犯人而言。

※ 十恶不赦

在我国古代，一旦犯了十种罪大恶极之罪，便不可赦免。西汉时，
曾存在"大逆不道不敬"罪，北齐法典《齐律》在其基础上总结出了"重
罪十条"，称犯此十者，不在八议论赎之限。到隋朝时，因为统治者信奉
佛教，在《开皇律》中对北齐所列的十条重罪稍做增益之后，引入佛教
"十恶业"的说法，形成了"十恶不赦"的说法。具体是：一曰谋反，此
被视为十恶之首；二曰谋大逆，指毁坏皇家宗庙、陵墓和宫殿等；三曰谋
叛，指背叛朝廷；四曰恶逆，指殴打甚至谋杀祖父母、父母、伯叔等尊
长；五曰不道，指杀别人一家三口以上或肢解人，以及用巫蛊害人；六曰
大不敬，指冒犯帝室尊严，通常为偷盗皇家祭祀的器具和皇帝日用品等；
七曰不孝，指对祖父母、父母不孝，或守制期间作乐等；八曰不睦，指谋
杀亲属，或女子殴打、控告丈夫等；九曰不义，指谋杀官吏，士兵杀将

领，学生杀老师，女子在丈夫死后立即改嫁等；十曰内乱，指亲属之间通奸或强奸等。隋朝之后的历代都将这十条罪写在法典最前面，以示严重，并规定不得赦免。可以看出，十恶之罪是因为直接危害了封建专制制度的君权、父权、神权、夫权等核心权力，才会如此不可饶恕。

※ 连坐和族诛

连坐又称相坐、随坐、从坐、缘坐，是中国古时因一人犯法而使和其有一定关系的人（如亲属、邻里或主管者等）连带受刑的制度。夏代便有"罪人以族"的说法；春秋时期，秦国的商鞅将连坐规定为明令的法律；经秦汉的进一步完备，至隋唐之际，连坐制度形成系统的法律体系，并写入《唐律》；明清时期的连坐刑罚频繁实施，尤其在清朝的文字狱中盛行。在实施对象上，连坐主要针对的是谋反、谋逆、谋叛等重大犯罪。

族诛是连坐制度中最为严峻的一种，即对罪犯整个家族实施死刑。具体又可分为诛二族、诛三族、诛七族，最惨烈者为诛九族。另外，明永乐皇帝曾对建文帝的老师方孝孺实施过历史上仅有一次的诛十族。诛族刑罚存在于整个封建社会，尤其是西周以后，历代王朝均以家族作为政治、法律的基本单位，一人高升，则一族受益；一人获重罪，也往往会波及全族。

连坐和族诛在历代都存在，直到 1905 年才被光绪帝废除。

※ 宫刑

宫刑是古代一种阉割男子生殖器或破坏女子生殖机能的一种肉刑，又称腐刑。其中女子宫刑又叫幽闭。宫刑早在上古时代就已经存在，《尚书》中便提到过宫刑。起初只是为惩罚男女不正当关系，是对于刚刚兴起的一夫一妻制的维护手段。如《伏生书》云："男女不以义交者，其刑宫。"到西周时期，宫刑已经开始扩散到诸多罪名上，成为统治阶层维护统治的残酷手段。秦朝时，宫刑被明确写入《秦律》中，乃是仅次于大辟

（死刑）的一种明令刑罚。汉代的宫刑更为普遍，正史有记载的大臣就有司马迁、张贺、李延年等多人受此刑罚，平民可想而知。隋朝时，在《开皇律》中废除了宫刑，自此历代正规刑制上均没有宫刑，但私下里此刑并未完全废止。明太祖朱元璋在他的"法外之法"《明大诰》中又加入了"阉割为奴"的刑罚。宫刑的实施过程相当残忍，因古代医疗设施的简陋，宫刑过程非常痛苦，死亡率也相当高。需要指出的是，古代宦官被阉割不是严格意义上的宫刑，而往往是为生活所迫，自愿被阉割入宫，并非承受刑罚。

※　凌迟

凌迟也称陵迟，是我国古代一种用小刀将人慢慢割死的极刑，即民间所说的"千刀万剐"。凌迟之刑大约出现于五代时期，正式以"凌迟"之名出现在法典中是在辽。此后的金、元、明、清都将之定为正式的刑法。五代时期，因政权更迭频繁，统治者时时担心叛乱，因此多用极刑，凌迟之刑出现，当时称作剐刑。后来的金、元两朝，统治者将凌迟之刑写入法典。明太祖朱元璋性格暴戾，经常使用凌迟这种残忍的刑法。并且其不仅仅针对那些犯了十恶不赦之罪的罪犯，而是在《明大诰》中明令以之惩罚各种一般性的犯罪，其中特别针对官员的贪污行为。并且，明代的凌迟也是历代执行得最为残忍的，一般都要割几千刀受刑者才死。清乾隆时期，凌迟则进一步扩展到打骂父母或公婆、儿子杀父亲、妻子杀丈夫等触犯伦理道德的犯罪。太平天国林凤祥、李开芳、石达开等不少将领，以及捻军首领张洛行、赖文光等均受了凌迟之刑。但清代的凌迟刑法执行得没那么残忍，一般割几十刀。光绪三十一年（1905 年），朝廷模仿西方法律改革法制，凌迟等酷刑被"永远删除，俱改斩决"。

※　监狱和班房

监狱在上古时代就已经存在，据说最早由舜帝时期的刑法官皋陶所造。监狱起初不叫此名，夏朝时叫"夏宫"，商朝时叫"圉"，周朝时叫"圜土"，秦朝时则叫"囹圄"，直到汉朝监狱才开始叫"狱"。之后历代沿用，到明代时，则叫"监"；清代，监狱成为固定的说法。早期的监狱比较简单，如夏代往往就是在地上挖个圆形土坑而已。到秦代，因实行严刑峻法的法家政治，监狱开始变得正规，监狱制度也变得完备，当时还实行轻刑囚徒监视重刑囚徒的制度。南北朝时，为防止犯人逃跑和同伙劫狱，创造了地下监狱，即地牢。唐代时，监狱组织形成了自上而下的完备体系，不同类型的罪犯往往关押在不同的监狱里。宋代的监狱制度基本沿用唐代，并且地方监狱增多，各州都设监狱。白天犯人出去劳役，晚上入狱休息。明朝由于长时期实行特务统治，司法混乱，各种监狱名目繁多，数量惊人，中央有刑部监狱、都察院监狱、军事监狱、诏狱等，地方各省、府、州、县都有监狱。清代监狱体制基本沿自明朝。

班房经常被作为监狱的别称，但与监狱有所区别，是关押临时性嫌疑犯的地方，类似于现在的拘留所。班房往往成为胥吏设立名目敲诈勒索的地方，明清两代普遍存在的胥吏之害，很大程度上便是通过此方式发作的。

第二篇

思想学术

‖古代哲学命题‖

※ 道

    "道"，在中国古代哲学中是一个表达宇宙本源与自然规律的范畴。"道"字的原本意义是指供人行走交通的路径，后来引申为一种抽象的含义，用来表达道理、道义，而作为一个哲学概念来表述，则始于老子。道家的经典著作《老子》，就分为《道经》与《德经》两部分，因而又合称为《道德经》。老子超越了纷纭变幻的凭人类感性所能觉知的经验范围，而将人事运行做了一种形而上的思索和阐发，在其思想体系中，"道"是一个核心性的概念，"道"字在五千余言的《老子》一书中出现达七十余次之多。概括而言，"道"在老子那里基本有两种含义：一种是作为宇宙本原的"道"，一种是作为自然规律的"道"。到了庄子那里，"道"的意涵又有了新的表述："夫道有情有信，无为无形，可传而不可受，可得而不可见；自本自根，未有天地，自古以固存；神鬼神帝，生天生地；在太极之先而不为高，在六极之下而不为深，先天地生而不为久，长于上古而不为老。"（《庄子·大宗师》）庄子认为，得"道"者可以达到一种"天地与我并生，万物与我为一"的逍遥境界，即是后来所传称的"得道成仙"。"道"，成为宇宙人生的真谛，代表着人生所能达到的最高修化。而"道"并非道家哲学的专有概念，儒家也有关于"道"的论述，例如西汉董仲舒曾说："道之大原出于天，天不变，道亦不变。"（《天人三策》）但儒家思想中的"道"基本上指的是更为实在的自然与社会的运行秩序和发展规律，并不如同道家之"道"那样的高深玄妙。唐代韩愈则用"道"来阐发自上古尧舜时期以来直至孔孟历代相延传的中国正宗的文化价值系统。宋代朱熹又将"道"表述为"天理"，指出："理也者，形而上之道也。"（《答黄道夫书》）朱熹由此把"道"提升至本体论的范畴来阐述，从而使"道"成为儒家学说中的一个核心概念。总体而言，"道"的阐释基本体现于宇宙本体和事物运行规律这两重意义上。

※　气

"气"，在中国古代哲学中是一个特别重要而又非常复杂的概念，在各种典籍的不同阐述中有着各不相同的内涵。从根本上来讲，"气"体现的是关于物质存在和运动的哲学范畴，具体说来，中国古代学者从以下几个意义上阐释"气"这一基本概念。首先，气是运行不息而且无形可见的一种极细微的物质，是构成宇宙万物的本原或本体，如《庄子·知北游》说："人之生，气之聚也。聚则为生，散则为死。"另见《列子·天瑞》："夫有形者生于无形，则天地安从生？故曰有太易，有太初，有太始，有太素。太易者，未见气也；太初者，气之始也；太始者，形之始也；太素者，质之始也。气，形质具而未相离，故曰浑沌。"其次，气分为阴阳二气或五行之气，各种气之间的交互运动，推动着宇宙万物的发展与变化，如《老子》说："万物负阴而抱阳，中气以为和。"周敦颐在《太极图说》里讲："二气交感，化生万物。万物生生，而变化无穷焉。"气充塞于宇宙万物之间，与万物相互渗透，是万物之间相互感应的中介物质，令万物之间相互联系，相互影响，从而使万物处于和谐有序的运动之中并且相互感应而构成一个有机的整体。气也同样地存在于人体之内，是人体生命的体现，是推动和调控人体生命活动的动力源泉，人的生命状态与气密切相关，气的运动停止标志着人体生命活动的终结，如《管子·枢言》所说："有气则生，无气则死，生者以其气。"人要保持健康的身体，则必须认真保养运行于人体中的气。气还表现着一种崇高的道德状态和人生修养境界，即孟子所言的"至大至刚，以直养而无害，则塞于天地之间"的"浩然之气"。

※ 阴阳

"阴阳"是人们把握和描述事物的对立统一属性的哲学范畴，阴阳这一观念产生于人们对天象的观察，其最初含义是很朴素的，用来表示阳光的向背，向日为阳，背日为阴，后来则引申为气候的寒暖、方位的上下、状态的动静、性质的刚柔等普遍的两两对立的范畴。中国古代的哲学家们认为自然界中的一切现象都存在着既相互对立而又相互依存的关系，于是就用阴阳这个概念来解释自然界两种相互对立同时又相互消长的物质势力。《易经·系辞传上》中"一阴一阳之谓道"，《素问·阴阳应象大论》中"阴阳者，天地之道也，万物之纲纪，变化之父母，生杀之本始"，意思是说，阴阳的这种对立统一的运动规律是自然界一切事物运动变化固有的规律，世界本身就是阴阳二气相互作用互为运动的结果。周敦颐的《太极图说》中有这样的表述："无极而太极。太极动而生阳，动极而静，静而生阴，静极复动。一动一静，互为其根。分阴分阳，两仪立焉。""（阴阳）二气交感，化生万物。万物生生，而变化无穷焉。"这是中国古代哲学中对于阴阳概念最为完备的阐述。阴阳学说，是中国古代朴素的唯物论和自发的辩证法思想，这种学说对中国古代哲学思想的发展有着极为深远的影响，并且广泛地体现于医学、音乐、数学、化学、天文学等多个领域的科学和文化知识体系建构之中。

※ 八卦

"八卦"中的"卦"，是一个会意字，从圭，从卜。圭，指土圭，是一种以泥做成的用于测日影的土柱；卜，为测度之意，测度的方式为在四正四隅八个方位上分别立圭，而后将观测到的日影加以记录和总结，也就形成了八卦的图象。又一说是"卦"字的右边"卜"字，是象形，表示在地上竖立杆子，右边那一点代表太阳的影子；"卦"字左边的"圭"字是尺子，用来测量影子的长度位置，所谓八卦，就是在地之八方对日影进行测量之结果的记录。两种说法对于"卦"字两部分构成的解释不尽相同，但作为"八卦"这一整体概念的表达则基本是一致的，即八卦表示的是对日影从八个方向进行测量的记录。通过这种长期的观察和测量，人们逐渐掌握了春夏秋冬的季节更替规律，从而用于指导农业生产和日常生活。后来八卦演化成为一套有象征意义的符号，其基本单位是爻，爻有阴阳两类，阳爻表示阳光，阴爻表示月光，用"—"代表阳爻，用"――"代表阴爻。每卦有三爻，代表天地人三才。三才的天部，意指天体运行和气象变化，即星象之学，又称天文；地部指观测日影来计算年周期的方法，从而知晓地面事物的运行状况，即地理；人部指把天文、地理和人事相结合，以便按照这些规律来从事生产和生活。用 3 个这样的符号，共组成 8 种形式，叫作八卦。八卦代表 8 种基本物象：乾为天，坤为地，震为雷，巽为风，艮为山，兑为泽，坎为水，离为火，总称为经卦。八个经卦两两组合，则构成六十四卦。这样八卦就成为一种哲学上的概念，用来表示宇宙、社会与人生中各种事象的运行状况。关于八卦，最早的资料来自于西周的《易经》，其书记载："易有太极，是生两仪。两仪生四象，四象生八卦。"据考证，所谓太极即宇宙之原始，两仪指天地，亦可称之为阴阳，四象就是四季天象，长日照的夏季称为太阳，短日照的冬季称为太阴，春为少阳，秋为少阴。据传，八卦的创始者为伏羲，伏羲八卦，也叫先天八卦。后来周文王在伏羲八卦的基础上进行修改，形成了自己的乾坤学说。他认为先有天地，天地相交而生成万物，天即乾，地即坤，八卦其余六卦皆为乾坤之子女：震为长男，坎为中男，艮为少男，巽为长女，离为中女，兑为少女。相应于伏羲八卦，文王八卦又称为后天八卦。及至宋朝，八卦符号通常与太极图搭配出现，代表中国传统信仰的终极真理——"道"。八卦是中国古代哲学思想的重要组成部分，除了在占卜和风水中占据着基本地位之外，还广泛地影响到医学、武术、音乐、算学等多个知识领域，其带有神秘意义的博大而精微的内涵至今仍有待人们进行更深入的认识和研究。

※ 万物类象

"万物类象"，是易学中的一项重要的理论表述。在易学中，八卦是研究象的，天地万物有万般形态，凡此形于外者皆叫作象。易学中将世上庞杂纷繁的万物进行分类，分别归类于一个卦，用八卦来拟象万物，即万物类象。一个卦所拟象的物类难以数计，而归类的依据是八卦本身的爻象及其意义，通晓了这一点就可以知道各种物类应当归属于哪一卦。换言之，"健、顺、动、入、陷、附、止、悦"这宇宙万物的八种功能属性即八类动态之象，是据象归类的本纲。如乾卦，其卦象为三阳爻，纯阳之卦，其数一，五行属金，居西北方，色白。《易经》曰："乾为天、为圆、为君、为父、为玉、为金、为寒、为冰、为大赤、为良马……为木果。"乾卦三阳爻，纯阳刚健，故为天；天体进行圆周运动，故为圆；天生万物，如君王管理万民，如父亲主管家庭，故为君，为父；纯阳爻为刚强坚固之象，所以为玉，为金，为冰；阳盛则色极红，故为火红，即大赤色；马有刚健之性，故为马……树上的果实呈圆形，故为木果。总而言之，凡是具有刚健、圆形、权威、珍贵、富有、寒冷、坚硬等属性的事物都归于乾卦。

※ 有与无

有与无，是道家关于宇宙起源和本体问题的哲学范畴。"有"指实有，为事物的存在之意；"无"指虚无，为事物的无有之意。最早提出有无范畴的是老子，他指出："天下万物生于有，有生于无。"又言："无名天地之始，有名万物之母。"也就是说，天地万物起始于"无"，"有"从"无"中生发而来，这是老子关于天地起源和万物源生的哲学观点。而后庄子言："泰初有无，无有无名。"（《庄子·天地》）并且说："有始也者，有未始有始也者，有未始有夫未始有始也者；有有也者，有无也者，有未始有无也者，有未始有夫未始有无也者。俄而有无也者，而未知有无之果孰有孰无也。"(《庄子·齐物论》)这段话可以看作是庄子对老子的有无论的进一步深入。宇宙生成于"无"，而这"无"又从何而生的呢？庄子对这一问题的解答是，"无"并非宇宙的起点，无穷地追溯上去，"有"与"无"都是不可知的，不能够断定终极的有无。关于有无的论述在庄子这里变得更加玄奥，而这种玄而又玄的问题在相当长的时期遭受到人们的冷落，直到魏晋之际老庄之学盛起之时才又被提上案端，有无之辩成为一个流行的哲学话题。在辩难之中，形成了"贵有"与"崇无"的两派，如王弼以"崇无"论出发，主张"以无为本"，而裴頠则认为"至无"是不能够生"有"，因而主张"以有为本"。有无之论是中国古代哲学所特有的哲学范畴，与西方哲学中的唯心论和唯物论并没有对应关系，以西方的和当代的视角来简单地框定中国的和古代的哲学论题是十分荒谬的。

※ 名与实

名与实，是关于事物的实质与其概念的哲学范畴。"名"，指名分、概念，"实"，指实际、实质。对名与实之关系的论述最初是一个政治层面的话题，孔子曾提出"正名"的说法，《论语·子路第十三》记载："子路曰：'卫君待子而为政，子将奚先？'子曰：'必也正名乎！'"子路问孔子，卫国国君等待您去治理国政，您准备先做什么呢？孔子回答说，议定书是纠正名分上的用词不当吧。子路认为孔子的想法很不切实际，名分又有什么可以纠正的呢？孔子于是接着解释说："名不正，则言不顺；言不顺，则事不成；事不成，则礼乐不兴；礼乐不兴，则刑罚不中；刑罚不中，则民无所错手足。故君子名之必可言也，言之必可行也。君子于其言，无所苟而已矣。"这里的"正名"，指的是依据人的等级名分来明确其权利和责任以及一整套从于礼法的行为规范。孔子指出：概念不明确，说话就不能顺理成章，礼乐制度就不能实施，而没了礼法的尺度，定刑判罚就会失据，老百姓就会手足无措。概念明确了，社会生活才能纳入正道，次序井然。以人为例，君、臣、父、子的概念都明确了，身当其位的个人才能各守其职分，享有相应的权利，担起相应的责任，履行相应的义务。这就是孔子对齐景公所讲的为政之道，是言"君君，臣臣，父父，子子"，这4种关系所表达的实际就是名与实的问题。孔子强调的是要让行为的实际符合其所承担的名分，即追求所谓的名副其实。荀子继承了孔子的"正名"思想，提出"制名以指实"，后来韩非子也主张"循名而责实"。名实之论发展到后来演变为哲学上的问题，战国时代很多学说流派都对名实关系提出了自己的见解，如墨子提倡"取实予名"，即认为"名"是"实"的反映，应当依实而赋名，而庄子主张"名者实之宾"，"实"为主体。《尹文子·大道上》说："形以定名，名以定事，事以验名。"惠施、公孙龙等名家则将逻辑学引入对名实问题的论说，提出了诸如"白马非马"、"鸡三足"、"规不圆"等一系列诡谲的命题，这些论点在开启人们思路的同时也带有浓重的诡辩和谬论的色彩。

灵公问陈

鲁哀公二年，孔子从陈国返回卫国，卫灵公询问陈国的事，孔子说："军事方面我还没有学，明天再回答你吧。"这时，灵公看到有大雁飞过，抬头凝视，心灵已不在孔子身上，孔子觉得受到了轻视又返回了陈国。

※　动与静

　　动与静，是关于宇宙万物的状态及其变化的哲学范畴。关于动静关系的论述最早见于《论语·雍也第六》："子曰：'知者乐水，仁者乐山；知者动，仁者静；知者乐，仁者寿。'"孔子在此处所说的动和静指的是个人性情的分别，并没有涉及抽象意义的层面。而在《老子》中动与静则成为一种哲学范畴："重为清根，静为躁君。""躁"，即为动。老子认为"静"主宰着"动"，其书又言："夫物芸芸，各复归其根，归根曰静，静曰复，复命曰常。"这表达了静是宇宙万物的最后归宿之意。《易经·系辞传上》曰："动静有常，刚柔断矣。"是说宇宙万物的动与静都遵循着恒常的规律。北宋周敦颐在《通书》中专有《动静》一篇，系统地论述了动与静的问题，他将动和静视作宇宙生成与变化的根本原因："太极动而生阳，动极而静，静而生阴，静极复动。一动一静，互为其根。"南宋朱熹所提出的"动静互待"、"动静互涵"、"动静无端"等哲学命题小出于此，而且已经具有明显的辩证色彩。而朱熹又说："静是太极之体，动是太极之用。"这继承了先代哲学中以静为本的观念。明末清初著名思想家王夫之对动静做了最为深刻的论述，他认为"天地之气，恒生于动，而不生于静"（《读四书大全说》卷十），动是绝对的，而静是相对的，其至认为静也是一种动，指出："动静皆动也，由动之静，亦动也。"这已经达到了现代哲学中对于动静关系的认识水平。然而为中国传统哲学多所崇奉的是"主静说"，若《礼记·乐记》所载："人生而静，天之性也。"

※　天理人欲

　　关于天理人欲的最早论述见于《礼记·乐记》："夫物之感人无穷，而人之好恶无节，则是物至而人化物也；人化物者也，灭天理而穷人欲者也。"意思是说，人受到外物的诱惑而丧失了清静寡淡的天性，从而恣心纵欲。"于是有悖逆诈伪之心，有淫作乱之事。是故强者胁弱，众者暴寡，知者诈愚，勇者苦怯，疾病不养，老幼孤独不得其所，此大乱之道也。"正是出于此理，先王要制订礼乐，以此来节制人欲，达到社会的和谐。在唐代以前，儒家思想强调的是人伦和修齐治平之法，是倾向于外的，而到宋代之时，因为受到佛教和道教的影响，开始强调人的心性，思想由侧重于外而转为侧重于内，如此，天理人欲这一话题就被重视起来，得到了深入的阐发。最早把"天理"作为一个哲学上的核心概念进行论述的是程颢。程颢认为，"天理"具有永恒性和超越性的意涵，是一种最高的宇宙范畴，之于人来讲，"天理"即作为"性"，也就是仁义礼智信等与生俱来的善端，而与之相应的人欲则是恶端。朱熹传承了程氏的天理观，指出："人之一心，天理存则人欲亡，人欲胜则天理灭，未有天理人欲夹杂者。"朱熹将天理和人欲截然对立起来，提出了著名的"存天理，灭人欲"的主张，这一论断遭到后人的极大诟病。实际上，朱熹所言的"人欲"并非指人的欲望之意，而是指超过人的生活之本然需求的奢侈的欲望，强调的是清心寡欲，而不是完全泯灭人的任何欲望。

※ 天命

"天命"，简单地解释，就是所谓天的意志，朱熹曾这样阐述："天命，即天道之流行而赋于物者。"意思是说，天命就是施加于世间万物的天道运行的自然规律。中国古代的天命观认为，天的意志是不可违逆的，是人的力量所不能够扭转的，人的所行所为必须遵循天命。《尚书·汤誓》曰："有夏多罪，天命殛之。"《诗经·商颂·玄鸟》云："天命玄鸟，降而生商。"这些言说都体现了"受命于天"的思想底色。在夏、商、周三代，天命的观念是极为盛行的，后来董仲舒的"天人感应"理论就是以天命观为基础而创立的。在儒家学派的开创者孔子的学说中，天命亦占有重要的地位，孔子将"知天命"作为人生修养的一项重要因素，曾言："不知命，无以为君子也。"并且在讲述自我人生发展历程的时候有"五十而知天命"的说法。可以说，在整个中国古代，天命是人们思想中的一个核心概念，甚至到了现代，中国人的头脑观念中仍或隐或显地存有天命思想的遗痕。

※　天人感应

"天人感应"是董仲舒提出的关于天与人交互感应的命题，这其中蕴含着天有意志和天人相通两个前提，就科学的观点看来，这两个前提都是靠不住的，但在古时，人们认为这两个前提是自然成立的，因而也就对"天人感应"之说产生信任。"天人感应"思想源于中国先秦哲学，到西汉时，董仲舒将这一思想发展为一套系统的神秘主义学说，其基本意涵为：人的活动与行为全都处于上天的观测之中，人若为善，天则喜悦，也会示人以祥瑞，即出现凤凰、麒麟、灵芝等吉祥之物；反之，人若为恶，天就会愤怒，从而对人施以恶兆，就会发生地震、冰雹、日食等灾异的事件。汉武帝有感于历史兴替、福祚无永，因问策十大下贤良，以求讨"大道之要，至论之极"，是一种博大渊然的具有终极性的道理和谋略，而不是仅可施于一时一事的权益之计。董仲舒连上策三篇作答，即著名的《天人三策》。在《天人三策》的首篇中，董仲舒集中论述了天人关系，说道："国家将有失道之败，而天乃先出灾害以遣告之；不知自省，又出怪异以警惧之；尚不知变，而伤败乃至。以此见天心之仁爱人君，而欲止其乱也。"指出天子如有过失，将遭受上天的警示，也就是所

天人感应帛画　汉代

古代天文学中天象和人文有密切关联，这种关联被称为"天人感应"。至汉代，董仲舒为"天人感应"作出了理论上的阐明。他认为天与人之间存在象与数的关联，天与人是同类的，是可以彼此感应，互相影响的。从此"天人感应"论被历代王朝纳入上层建筑与社会意识形态之中。

谓的"天谴"。"天人感应"是一种悖于客观实际的唯心主义观念，但是在历史上发生过积极的作用。封建王朝，帝王一人独尊，但是在"君权神授"的观念控驭下，皇帝也不可恣意妄为而违背天的意志来行事，这对皇帝的行为产生了一定的约束力。历史上曾有过的皇帝下达"罪己诏"的事件以及免租减赋等益民之举，往往就与"天谴"的发生有关，这在古代史书中会找出很多相关的事例。流传至今，"天人感应"的思想仍然在某种程度上存在于中国人的意识理念中。

※ 心外无物

"心外无物"是中国明代哲学家王守仁提出的哲学理念。宋代心学的创始者陆九渊提出"心即理也"和"宇宙即是吾心，吾心即是宇宙"的重要命题，这种观念最早可追溯至孟子的"万物皆备于我"的提法。王守仁发展了陆九渊的心学思想，提出"心外无物，心外无理，心外无事"的核心观点。王守仁所说的"心"，是一个内涵较为复杂的概念，它指代一种最高的本体，如"心即道，道即天"，也指称个人的主观意识，如"心一而已，以其全体恻怛而言谓之仁，以其得宜而言谓之义，以其条理而言谓之理"。这两种意涵往往是交杂在一起的，这比陆九渊学说中"心"的内涵要更为宽泛。"心外无物"的基本含义是，心与物同为一体，物不能离开心而存在，心也不能离开物存在。离开灵明的心，便没有天地万物；而离开了天地万物，也没有灵明的心。一方面，灵明的心是天地万物的主宰；另一方面，心无体，以天地万物感应的是非为体。客观的事物没有被心知觉，就处于虚寂的状态。如深山中的花，若未被人看见，则与心同归于寂；而若被人看见，则此花的颜色就一时明白起来。王守仁所谓的"心外无物"，并不是说人的主观意识决定着客观物质的存在，而是指外界事物的存在离开了人的主观体验则没有意义，它指向的不是宇宙本原问题，而是存在与意识之关系的问题。

※ 性善论

性善论是孟子提出的命题，到宋代时，经过程颐、张载、朱熹等学者的发扬而成为儒家正统的人性论。孟子在政治上提倡仁政，主张行王道而反霸道，在对待人和人类社会方面持有一种温柔敦厚的作风，这曾被胡适戏称为"妈妈政策"。可以说，孟子的一整套思想体系都是以性善论为基础的，孟子这样论说人性："所以谓人皆有不忍人之心者，今人乍见孺子将入于井，皆有怵惕恻隐之心，非所以内交于孺子之父母也，非所以要誉于乡党朋友也，非恶其声而然也。由是观之，无恻隐之心，非人也；无羞恶之心，非人也；无辞让之心，非人也；无是非之心，非人也。恻隐之心，仁之端也；羞恶之心，义之端也；辞让之心，礼之端也；是非之心，智之端也。人之有是四端也，犹其有四体也。"由恻隐、羞恶、辞让、是非之心而发的仁、义、礼、智这四端，就是孟了的人性论的依据。在孟子看来，人的这些善端是与生俱来的，人的本心为善，所以言之人性本善。这就是孟子的"性善论"的基本内涵。

※ 性恶论

性恶论，是荀子人性论观点。荀子否定了孟子的性善论，指出："凡人有所一同。饥而欲食，寒而欲暖，劳而欲息，好利而恶害，是人之所生而有也，是无待而然者也，是禹桀之所同也。"这里所列举的饥食、寒暖、劳息、好恶等人生而有之的品性与孟子所言的恻隐、羞恶、恭敬、是非之心等善端是完全不同的，荀子进一步阐述说："是无待而然者也，是禹桀之所同也。可以为尧禹，可以为桀跖，可以为工匠，可以为农贾，在执注错习俗之所积耳。"又言："材性知能，君子小人一也。好荣恶辱，好利恶害，是君子小人之所同也。人之生固小人，无师无法则唯利之见耳。尧禹者，非生而具者也，夫起于变故，成乎修为，待尽而后备者也。"荀子指出，这些人生来就有的能为在于尧、禹等贤圣之人与桀、跖等暴恶之人是一样的，人的本性是唯利是图的小人，成为君子者在于后天的修为。荀子以"性恶"为理论基础，更加强调了礼乐教化的重要性，同时也为法治提供了思想前提，提出了礼法共治的主张，即礼乐不可废，法约不可弛。

※ 性三品说

"性三品"是董仲舒提出的人性论。董仲舒将阴阳的观念引入对人性的分析，如同天有阴阳一样，人也分善恶。人所具有的善的品质，体现了天的阳性，董仲舒称之为"性"；人所具有的恶的品质，体现的是天的阴性，他称之为"情"。尽管"性"蕴含着善的一面，但并不等同于善，而只是意味着善的可能，他比喻说："性比于禾，善比于米；米出禾中，而禾未可全为米也；善出性中，而性未可全为善也。"董仲舒依据人所具有的"性"和"情"的地位不同而将人性分为三品，上品为"圣人之性"，是"性"主导，而"情"很少，因此不教而可为善的品性；下品为"斗筲之性"，是"情"主导，而"性"缺乏，因此虽教而亦不能为善的品性；介于两者之间的为"中民之性"，是"性"、"情"相当，是为善而亦可以为恶的品性。董仲舒的"性三品"说将先天的人性进行了有差异的类分，这与孔子所言的"性相近"和孟子所说的"人皆可以为尧舜"是迥然不同的。东汉时期的思想家王充指出：董仲舒之言本性有善有恶，说的是普遍的人的本性；孟子之言性善，说的是上等人的本性；荀子之言的性恶，说的是下等人的本性，几种言说的差异在于论说对象范畴的不同。王充的这种提法对董仲舒的"性三品"说给予了充分的肯定。到唐朝，韩愈作《原性》，对董仲舒的"性三品"说进行完善，更进一步地将"性"与"情"都分为上、中、下三品，"性"与"情"相互对应，"上品之性"发为"上品之情"，"中品之性"发为"中品之情"，"下品之性"发为"下品之情"，这是一种更为精致化的"性三品"说。

※　道法自然

"道法自然"，语出《老子》第二十五章："人法地，地法天，天法道，道法自然。"其中的自然是指事物的本然之义。道法自然是道家哲学中的一个核心观念，其基本含义在于强调自然的崇高地位，而相应地去掉人为的力量，即所谓的绝圣弃智，返璞归真，达到一种素朴无为的自然境界。庄子曰："夫赫胥氏之时，民居不知所为，行不知所之，含哺而熙，鼓腹而游，民能以此矣。"这句话就是对人之去除雕饰、任其真性的自然境界的一种形象的说明。道法自然的重要价值在于告诫人们要遵从自然之理，所行所为不要违背自然之性，要回归自然的人性，而弃除人性的异化。

※　齐善恶

"齐善恶"，是道家为表达事物性质的相对性而提出的命题。《老子》第二章曰："天下皆知美之为美，斯恶已；皆知善之为善，斯不善已。"意思是说，丑、恶是相对于美、善而言的，如果没有美、善，也就无所谓丑、恶了。庄子将这种相对主义的论调推向极致，认为世间万物的一切区分都是相对的，这些差别源于人的主观看法，而不存在客观的标准，"自其同者视之，万物皆一也"。人性也是如此，并没有明确的善恶标准，善与恶有着等同性，即所谓的"齐善恶"。

※　格物致知

"格物致知"，是儒家哲学中关于认识论的命题，语出《礼记·大学》："欲诚其意者，先致其知；致知在格物。物格而后知至，知至而后意诚。"但是"格物致知"在《礼记·大学》中并未做具体阐释，而且其他先秦典籍中也未见此语，这使得"格物致知"的含义没有确解，引发了后来的争论。宋代朱熹将"物"解释为"天下之物"，"即凡天下之物，莫不因其已知之理而益穷之，以求至乎其极。至于用力之久，而一旦豁然贯通焉，则众物之表里精粗无不到，而吾心之全体大用无不明矣"。朱熹的观点是通过究察事理从而获得知识。同时代的陆九渊则持与朱熹相反的观点，认为"格物致知"意在言格去物欲而求得天理，反对在心外去穷理求知。明代王守仁也反对朱熹的"即物穷理"，认为："先儒解格物为格天下之物，天下之物如何可格得？且谓一草一木亦皆有理，今如何去格？纵格得草木来，如何反来诚得自家意？"王守仁因此认为"致知"就是致良知，"格物"就是正物，于是将"格物致知"说成"致知格物"，也就是"致吾心之良知于事事物物"，然而无论是朱熹，还是陆、王，"格物致知"的意义在于个人的道德修养，而不在于对自然物理的认识上，这与清末时期以"格致"来统称物理、化学等自然科学的含义是不相同的。

※ 天人合一

"天人合一"，是中国古代哲学中对于天人关系的经典命题。天人关系，是哲人所必然要面对、要思考的一个基本问题，其关键在于对"天"的理解。在原始社会人的智慧尚未开化的阶段，华夏先民将"天"视为有意志的神灵，原始巫术的基本意义就是进行天人之间的沟通，《易经》中所载伏羲发明八卦，其意图就是"以通神明之德，以类万物之情"。"天人合一"的命题建立在天人相通的基础上。发展到东周时代，在人们的社会生活中巫术的作用已经淡化，这时人们的关注重心已经由"天"转向人，"天"的神化色彩也开始消退，开始转向自然和人伦意义的一面。孟子将"天"视

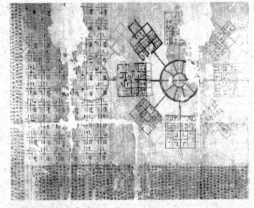

天文气象杂占帛书

这是秦汉时期写成的有关天文星象的占卜书。它体现了中国古人天人合一的思想，也反映了古代中国人以天象附会人事的传统。

为道德的本原，认为人的心性受之于天，尽心知性而可与天地相通达。"仁义忠信，乐善不倦，此天爵也"，孟子在此即用天赐的爵位来表示人的高尚道德。"夫君子所过者化，所存者神，上下与天地同流"，这是君子的道德修养所能达至的崇高境界。在庄子那里，"天"指向自然的意涵，人是自然的一部分，所以天人本来就是一体的，而天与人的分隔是人的文化造成的，所以庄子倡导"绝圣弃智"，返璞归真，从而可达天人相融的本然境界。最早明确表述"天人合一"这一命题的是西汉的董仲舒，他在《春秋繁露》中提出"天人之际，合而为一"的主张。此后，"天人合一"一直都是中国传统哲学思想中的核心。

‖伦理、修养和品格‖

※ 人伦

人伦，是儒家伦理学说的一个基本概念。伦，为条理、顺序之义，《说文解字》中言："伦，辈也。"人伦，是指儒家思想中所特别重视的人与人之间的关系，又特别指尊卑长幼之间的辈分关系。《孟子·滕文公上》说："人之有道也，饱食暖衣，逸居而无教，则近于禽兽，圣人有忧之，使契为司徒，教以人伦：父子有亲，君臣有义，夫妇有别，长幼有序，朋友有信。"可见，在孟子看来，父子、君臣、夫妇、长幼、朋友之间的人伦关系是人与禽兽之别的一个基本方面。《管子·八观》言："背人伦而禽兽行，十年而灭。"这里表达了与孟子一致的观点。《汉书·东方朔传》载："上不变天性，下不夺人伦。"宋代周密《齐东野语·巴陵本末》言："人伦睦，则天道顺。"从这些表述中可以发现，人伦已经被提高到与天性、天道同等的位置，可见人伦在中国古代社会人们思想中的重要性。"只是父亲伯叔兄弟之伦，因是圣人遗训，不敢违忤。"这句话说的是贾宝玉。贾宝玉在《红楼梦》中以性格叛逆著称，但是对于人伦大道这样的圣人遗训还是甚为尊奉的，由此可以推知人伦思想对人的强大的约束力。

※ 礼义廉耻

"礼义廉耻"，语出《管子·牧民》："何谓'四维'？一曰礼，二曰义，三曰廉，四曰耻。"又言："国有四维，一维绝则倾，二维绝则危，三维绝则覆，四维绝则灭。"由此可观，礼义廉耻占有着作为国家纲纪的崇高地位。管子解释说："礼不愈节，义不自进，廉不蔽恶，耻不从枉。故不逾节则上位安，不自进则民无巧诈，不蔽恶则行自全，不从枉则邪事不生。"意思是，礼要求人们的行为不超越一定的界限，义要求人不自矜，廉要求人们不隐瞒自己的过错，耻要求人有羞耻之心，不跟邪恶者同流合污。做到了这四点，就可以避免种种社会问题的产生。欧阳修在《新五代史·冯道传》中对管子的这一论说大加激赏："善乎，管生之能言也！礼义，治人之大法；廉耻，立人之大节。盖不廉，则无所不取；不耻，则无所不为。人而如此，则祸乱败亡，亦无所不至，况为大臣而无所不取，无所不为，则天下其有不乱，国家其有不亡者乎！"

※　五伦

　　"五伦"，指的是君臣、父子、夫妇、兄弟、朋友这五种基本的人际关系，也是儒家思想中人伦关系的基本方面。《孟子·滕文公上》说："父子有亲，君臣有义，夫妇有别，长幼有序，朋友有信。"这就是孟子对五伦的简要的阐述。《礼记·礼运》中对孟子的五伦说做了进一步的阐释，解为"十义"，即"父慈，子孝，兄良，弟悌，夫义，妇听，长惠，幼顺、君仁，臣忠"。"五伦"是儒家所倡导的人际关系的基本准则，是中国传统社会伦理思想的核心内容。

※　三纲

　　"三纲"，即所谓"君为臣纲，父为子纲，夫为妻纲"。"纲"的本义为提网的总绳，其比喻义为事物中占据支配和控制地位的关键成分。"三纲"的提法并非出于儒家，而是始于韩非："臣事君，子事父，妻事夫，三者顺则天下治，三者逆则天下乱，此天下之常道也。"孔子对君臣关系的看法是："君使臣以礼，臣事君以忠。"而孟子则认为："君之视臣如手足，则臣视君如腹心；君之视臣如犬马，则臣视君如国人；君之视臣如土

"三纲""五常"

此长卷形象地展示了"三纲""五常"的内涵。①君为臣纲。②夫为妻纲。③父为子纲。④仁，仁者爱人，取材自谢安劝哥哥谢奕善待老翁的故事。⑤礼，取材自景公尊让的故事。⑥义、礼、信，取材自孔子化行中都的故事。当时，孔子制定制度：尊老爱幼、各行其道、路不拾遗、等价交换、童叟无欺等，这反映了儒家重义、明礼、诚信的伦理观。

芥，则臣视君如寇仇。"可见，孔子、孟子所言的君臣关系是相互的、双向的对等关系，而韩非所言的君臣关系以及父子关系、夫妻关系则是单向的、一方对另一方具有控驭权的服从关系。韩非将君臣完全对立起来，倡扬权术和法制的重要性，而儒家则强调亲情和仁义是维持社会关系的根本。"三纲"的正式提出者是西汉时期的董仲舒，他在《春秋繁露》中说："君臣、父子、夫妇之义，皆取自阴阳之道：君为阳，臣为阴；父为阳，子为阴；夫为阳，妻为阴。"又言："阴者阳之合，妻者夫之合，子者父之合，臣者君之合。""合"，是配合的意思，也就是被支配的一方。这也就是后来统驭中国社会思想两千余年的"王道三纲"。"三纲"虽然打着儒家的旗号，但与孔孟之学相去甚远，实则是后来君主专制社会的思想家为迎合政治需要而制定的伦理规范。

※ 五常

"五常"，指仁、义、礼、智、信这五种精神信念与行为规范，是儒家伦理思想的核心。"五常"的定称，出于董仲舒《天人三策》："仁、义、礼、智、信五常之道，王者所当修饬也。"之所以将仁、义、礼、智、信称作"五常之道"，是因为"常"表达的是永恒不变之义。后来，"五常"与"三纲"常常并称，成为中国传统社会的最高伦理准则，但是实际上

"五常"的观念比"三纲"早很多，在孔子之前就已经是社会上广为认同的德行规范，孔子继承了华夏文化的优秀传统，并将之发扬光大，泽于后世。可以说，"五常"作为一种思想理念，有着比"三纲"更为广泛的适应范围，当今虽不再有"五常"的提法，但是仁、义、礼、智、信这些基本理念仍在相当程度上影响着中国人的思想和行为。

※ 主敬

"主敬"是儒家思想中的一条重要的伦理规范。所谓的"丧主哀"、"祭主敬"，也就是强调在从事丧礼和祭礼的时候，要避免徒具形式，而一定要有悲哀和敬重的心理。"敬"的对象原为天地、鬼神、祖宗等，后来扩展到人事，通过一套繁复的礼仪来表达"敬"的心理。孔子对于"敬"的精神高度重视，有过"色难"的著名表述，也就是说，子女在侍奉父母的时候一直保持怡悦的表情这一点是很难做到的，这一点恰恰正是孔子所要强调的。他曾非常感慨地说道："今之孝者，是谓能养。至于犬马，皆能有养；不敬，何以别乎？"当今所谓的孝，也就是能够养活父母的意思罢了。可是对于犬马来说，它们也都能够得到养活；如果没有敬的态度，孝父母与养犬马又有什么区别呢？孔子的这种表述至今而言都有着极佳的借鉴意义。由于孔子对于"敬"的强调，"主敬"成为儒家思想的一个核心理念，宋代程颐在谈论儒家所崇奉的至为繁多的礼仪时曾说其精神可一言而蔽之："毋不敬。"一切的礼法都以一个"敬"字为依归。

※ 孝

孝，指的是子女对父母所应当尽到的职责和义务，包括尊敬、顺从、赡养、送终、守制等内容。在动物界中存在着"反哺"的现象，人类的孝在生物意义上来讲也是以这种"反哺"为基础的，但是人作为一种"道德动物"，这种"反哺"就具有了较之动物界的本能现象远为复杂的含义，并且升华为"孝"的概念。应当说，"孝"是全人类所共有的伦理行为，但是在中国有着尤为重要的意义。早在上古时期，孝的理念在中国人的意识中就已经相当强烈。这种理念的产生，或与原始的宗教情感有关，先民们认为祖先的在天之灵可以福佑子孙，因而对祖先产生一种敬畏的心理。另外，在中国古代的宗法制社会中，家国同构，宗统与君统合二为一，孝与忠紧密相连，这也加重了中国人孝的意识。在孝的内容中，"慎终追远"是尤为重要的一条，语出《论语·学而第一》："曾子曰：'慎终追远，民德归厚矣。'"其意为，慎重地办理父母的丧事，虔诚地祭祀远代的祖先，这样就可以令人民的品德归于忠厚。又如，孔子在解释孝的时候说："生，事之以礼；死，葬之以礼，祭之以礼。"这表明了孝不仅在于父母的生前，而且亦重于父母的身后。由于对父母葬祭格外重视，所以古代有"守制"的规矩，也就是父母亡故之后要在家守丧三年，而不得从事嫁娶、应官、交游等活动。关于此点，孔子说："子生三年，然后免于父母之怀。夫三年之丧，天下之通丧也。"守丧的礼法尤其展现出中国人在对待孝这一问题上的独特性。

※ 父慈子孝

父慈子孝，指父母对子女慈爱，而子女对父母孝顺，语出《礼记·礼运》："何谓人义？父慈，子孝，兄良，弟悌，夫义，妇听，长惠，幼顺，君仁，臣忠。"父慈子孝，是儒家伦理思想中父子关系的规范，这与后来"三纲"中所谓的"父为子纲"的提法是有差别的。"父为子纲"

强调的是子对父的绝对服从，父亲处于完全的支配地位，而"父慈子孝"在重视"子孝"的同时也言明了"父慈"的一面，表达的是父子之间双向的对应关系，是对父与子的共同的要求，而"父为子纲"表达的则仅仅是对于子女的要求。

※　身体发肤，受之父母

"身体发肤，受之父母"，语出《孝经》："身体发肤，受之父母，不敢毁伤，孝之始也；立身行道，扬名于后世，以显父母，孝之终也。"古人认为，自己的身体是父母所给的，应当倍加爱护，不敢有所损伤，这是孝道最基本的要求。曹操曾割发代首，割发之所以具有如此重要的意义，其原因就在于此。《三国演义》中描写的夏侯惇中箭后吞食眼珠之举也是基于此种理念，夏侯惇高呼的"父精母血，不可弃之"，说的也就是"身体发肤，受之父母，不敢毁伤"，当然不敢扔弃。

※　不孝有三，无后为大

"不孝有三，无后为大"，语出《孟子·离娄上》："不孝有三，无后为大，舜不告而娶，为无后也，君子以为犹告也。"其意为，不孝的表现有三种，其中以断绝后嗣这一点的罪过最大，舜没有禀告父母就娶妻，是怕没有后嗣，所以君子认为舜虽然没有禀告，也是相当于禀告父母了。关于"不孝有三"，《十三经注疏》中汉代经学家赵岐的解释为："于礼有不孝者三事，谓阿意曲从，陷亲不义，一不孝也；家贫亲老，不为禄仕，二不孝也；不娶无子，绝先祖祀，三不孝也。""不孝有三，无后为大"这一理念体现了中国人对于家族的绵延与继嗣的格外重视。在古时，孝的内容不仅有"生之以养"和"死之以葬"，而且还有极为重要的一点，就是要保持对于父母和先祖的祭祀的延续，而这种延续必然要以后嗣的承继不绝来实现，如果没有后人，相当于断了祭奉祖先的香火，这是一种大不孝。这种观念在当代不少中国人的心中仍然有着极深的影响。

※ 出则悌

"出则悌","出"是相对于父母的住处而言，由于子女与父母不在一起住，所以有"入"、"出"的说法，"入"，即入父宫，也就是进入父母住的地方，而"出"也就是指离开父母的住处；"悌"，是弟爱兄的意思，也引申为幼者对于长者的敬爱。"出则悌"，语出《论语·学而第一》："弟子，入则孝，出则悌，谨而信，泛爱众而亲仁。"这句话的意思是，年纪幼小的人，在父母面前要孝敬，在外时则要敬爱兄长，说话要严谨可信，要广泛地去爱众人而亲近有仁德的人。清代李毓秀所做的启蒙读物《弟子规》中有一篇即谓"出则悌"。与"入则孝"相应，"出则悌"是儒家思想中人伦规范的另一个基本方面。

※ 忠

忠，是中国传统社会中一项基本的道德要求。"忠"原初是指对别人尽心尽力的忠诚态度，而不是专指臣对君的道德规约和行为职责。《论语·述而第七》载："子以四教：文、行、忠、信。"忠，就是孔子的四项基本教育内容之一。在先秦时代，并没有后来那样的忠君观念，孔子关于臣对君忠的看法是："君使臣以礼，臣事君以忠。"也就是说不是单方面地要求臣对君的忠诚，首先提到的是君要以礼待臣。孟子更说："贼仁者谓之'贼'，贼义者谓之'残'。残贼之人谓之'一夫'。闻诛一夫纣矣，未闻弑君也。"由此可见，在孟子这里，暴虐之君如纣者，实为民贼独夫，杀掉这样的暴君，是无所谓弑君的。这样的话是完全没有死忠、愚忠的色彩的。而要求臣下绝对忠于君主的始作俑者还是法家的韩非。韩非认为，根本不存在所谓的共同的国家公利，君主和臣民之间的利害完全相反，因而绝无道义可言，彼此之间纯粹是相互利用的关系。但是，韩非是以君主本位来处理君臣关系的，他倡言："故人臣毋称尧舜之贤，毋誉汤武之伐，毋言烈士之高，尽力守法专心于事主者为忠臣。"这可以说是汉代大一统时期董仲舒的"君为臣纲"的理论渊源。自从"忠"被列入"三纲"之后，这一观念为封建统治者绝对化，皇帝作为万民之君，受命于天，受权于神，要求民众对皇帝无条件地履行忠诚，也就是所谓"君让臣死，臣不得不死"。另外，在帝制时代，皇帝往往是作为国家的代表被看待的，臣民效忠于皇帝常常与尽忠于国家是合在一起的，出于对国家的情感和职责，贤臣也要求自己尽到对皇帝的忠诚。

※ 仁者爱人

"仁者爱人"，语出《孟子·离娄下》："君子所以异于人者，以其存心也。君子以仁存心，以礼存心。仁者爱人，有礼者敬人。爱人者，人恒爱之；敬人者，人恒敬之。"其实在《论语》中就已经有了"仁者爱人"这样的表述，只是没有在字面上将其连接起来。"樊迟问仁。子曰：'爱人。'""仁"，是儒家思想的核心理念，《汉书·艺文志》在阐述儒家学派的特点时概括说："游文于六经之中，留意于仁义之际。"而早在孔子之前，"仁"就已经是华夏民族的一个重要的道德范畴，《尚书·商书·太甲下》中记载："民罔常怀，怀于有仁。"也就是说，唯有仁德才是民心的常归之所。孔子将"仁"这一为世人所崇尚的理念发扬为一种至高的人生境界。在《论语》一书中，有关"仁"的表述屡屡可见，诸如："志士仁人，无求生以害仁，有杀身以成仁。""士不可以不弘毅，任重而道远。仁以为己任，不亦重乎？死而后已，不亦远乎？""克己复礼为仁。一日克己复礼，天下归仁焉。""仁者先难而后获，可谓仁矣。"孔子对"仁"进行了多种不同角度的阐释，"仁"可以说是孔子心目中的道德极则。后来孟子继承和发展了孔子的"仁"的学说，积极倡导"仁政"，提出"仁者天下无敌"的观念，将"仁"看作是帝王为政的最高标准。孔孟之后，"仁"的思想更是深深地刻在中国人的头脑中，"仁"成为自我修养与评价他人的一项根本准则。

※ 克己复礼

"克己复礼"，语出《论语·颜渊第十二》："颜渊问仁。子曰：'克己复礼为仁。一日克己复礼，天下归仁焉。为人由己，而由人乎哉？'"这段话的意思是，颜渊向孔子请教仁的含义是什么。孔子说："克制自己，令自己的言行思想符合礼的要求，这就是仁。一旦做到了克己复礼，那么天下的人就都会称许你是仁人。实践仁德，全靠自己，难道还能凭借别人吗？"仁，是孔子道德思想的核心理念，在不同的时候，孔子对于"仁"的内涵有着不同的阐发，而在这次对颜渊的回答中说的是"克己复礼为仁"，回答得干脆而肯定，可见，孔子是将"克己复礼"视作"仁"的基本要求的。之所以说"克己复礼为仁"，是因为孔子强调礼治，在其思想中是有着一套严整的礼法规约的，而履行这种礼法，使自己的言行适宜自己的身份、符合礼法的约定，这对于人际的和谐与社会的稳定是至关重要的。因此，"克己复礼"，是儒家思想中对于自我人生修养的一项基本要求。

※ 信

信，是中国传统的核心价值范畴之一。信，就是诚，是无欺，是使人无疑。"信"不仅被奉为人际相处的起码准则，亦是治理国家的基本理念。孔子曾说："人而无信，不知其可也。大车无輗，小车无軏，其何以行之哉？"孔子将人没有诚信比做犹如车没有輗、軏（輗、軏，指车辕与横木相连接的关键部位）无法立足于世。孔子在回答子贡关于政事的提问时指出"足食"、"足兵"与"民信"这基本的三点，又言其中最为重要的是取信于民这一点，称："民无信不立。"另外，孔子的弟子子夏也说："与朋友交，言而有信。"曾子的每日三省其身中的一项重要内容同样是"与朋友交而不信乎"。在法家的治国之术中，尤其重视对人民的守信，商鞅"南门立木"就是重信的一个明证。到了汉代，"信"这一道德准则被奉为五常之一，更是确立了至高无上的地位和影响力。

※ 义

义，是中国传统的基本价值规范之一。"义"的本义是指合宜的行为表现，而这种合宜的判断标准是社会公认的准则，"义"的繁体字为"義"，在造字上含有群我关系的因素，也就是说令自己的言行符合群体的规范要求者乃称之为"义"。概而言之，"义"体现着一种超乎个人利益之上的道德范畴。孔子曾言："不义而富且贵，于我如浮云。"并且有"义然后取"、"见得思义"、"见义勇为"等关于"义"的行为要求，孔子是将"义"作为自身去就取舍的准则来看待的，如有所取，必当符合义的要求而后可；若有所去，亦当首先思考是否符合义的标准。孟子发扬了孔子的义的思想，言称："生，我所欲也；义亦我所欲也。二者不可得兼，舍生而取义者也。"由此人们常将"舍生取义"与"杀身成仁"相并述，"仁"、"义"二字也成为儒家思想的标志，作为中国传统的核心价值理念，传承千年，根深蒂固。

※ 礼

礼，是中国传统价值的一个核心范畴。礼最初是指祭神的宗教仪式，后来发展到人事方面，表示与人的身份地位相应的行为规范和仪式制度。《礼记·中庸》载："礼仪三百，威仪三千。"可见当时的礼仪是非常繁复的，礼制涉及到人们生活的方方面面，无大无小，细至举手投足之间都有相应的礼节来规范。如此繁缛的礼仪显然只有在物质生活余裕的贵族阶级才能施行，所谓"刑不上大夫，礼不下庶人"。根据传统的说法，西周初年，周公旦制订了严密的礼乐体系，奠定了以礼为治的教化传统。孔子对周公之礼极为尊奉，将礼视作修身与治国的基础，曾对其子孔鲤言："不学礼，无以立。"并且提出著名的"克己复礼为仁"的论说。礼之所以具有如此之重要的地位，是因为礼所反映的不仅仅是行为表面上的一套规矩，更是体现着言行规范的后面所蕴含的严肃的道德伦理基础，其严格的形式性承载着重要的实质性。

※ 智

智，是儒家的核心价值范畴之一。儒家思想中的"智"，指的并不是科学智慧，而是一种道德智慧，也就是辨别善恶、是非的能力，也就是孟子所言的人的与生俱来的"是非之心"。《论语·雍也第六》记载："樊迟问知（即智）。子曰：'务民之义，敬鬼神而远之，可谓知矣。'"孔子的解释是，致力于民众应当遵从的义德，尊敬鬼神但是并不亲近它，这就是可以叫作"智"了。又，《论语·宪问第十四》记载："子曰：'君子道者三，我无能焉：仁者不忧，知者不惑，勇者不惧。'子贡曰：'夫子自道也。'"孔子在这里将"知者不惑"作为君子所具有的基本美德之一，其后孟子进一步指出，所谓"智"，就是生而有之的"是非之心"，只要尽心将这种智慧来发扬，就能够做到知性，由知性而知天，知天则意味着达到超凡脱俗的人生之境，这是"智"的最高境界，也是儒家思想中作为一种道德智慧范畴的"智"的概念的本真之义。

※ 勇

勇，是儒家的重要道德范畴之一，指勇敢、果断的品格，孔子将勇看作是仁者所必备的条件，并且将勇与智和仁相并举，曰："知者不惑，仁者不忧，勇者不惧。"但是君子的勇是应当以义为前提的，"君子以义为上，君子有勇而无义为乱，小人有勇而无义为盗"。孔子又说"恶勇而无礼者"，可见，勇的品质的发扬是应当以对于礼和义的尊崇为基础的。孟子继孔子之后对勇的内涵做了更为详细的阐发，指出真正的勇是深明大义，能够通过自省而做出进退选择的"理性"之勇，是合于气节、道义，敢于担当的道德之勇，而不是逞强好胜的血气之勇、匹夫之勇。孟子以气养勇，以义配勇，崇尚"舍生取义"，其勇与"心"、"志"、"气"有着密切的关系，是一种体现情感与行动相统一的道德品质。孟子认为勇的培养需要立其志、养其气，从而最终形成具有"浩然之气"的理想人格。

※　内省

"内省"，是儒家所提倡的修养方法。《论语·颜渊第十二》载："子曰：'内省不疚，夫何忧何惧？'"也就是说，面向自己的内心来省察，如果没有可以愧疚的事，那么会有什么值得忧虑和畏惧的呢？孔子又说："见贤思齐焉，见不贤而内自省也。"这句话表明，在孔子这里，内省是一种重要的自我提升的方法。曾子所言的"吾日三省吾身"就是对内省方法的实践运用。后来，内省的修身方法一路传承，无论程朱理学，还是陆王心学，都极为强调"内省"的功夫。内省的基础是道德上的自律，这是其优点，也是其弊端。孟子说"反求诸己"，但这是建立在"性善论"的基础上的，也就是说，在确定人具备仁、义、礼、智等善端的情形下才是有效果的。孔子言："我欲仁，斯仁至矣。"这种"仁至"也是以"我欲仁"为前提的，而"欲仁"者则已经为君子，所以在某种意义上米讲，内省只可施于君子，而不能够奏效于非君子之流的。

※　持志养气

"持志养气"，是儒家提倡的修养方法，源出孟子，关于"持志养气"这一问题的论述，集中见于《孟子·公孙丑上》。孟子说："夫志，气之帅也；气，体之充也。夫志至焉，气次焉，故曰：'持其志，无暴其气。'"这段话的意思是，心志，是气的主宰；而气则支持着人的身体。心志是最为重要的，而气为其次，所以说："掌握了心志，就不会令气出现什么问题。"这表达了持志为首要，养气为根本的意义内涵。孟

食气养生图　清　黄慎

子还说："吾善养吾浩然之气。"孟子所言的"气"，指的是一种博大高深的精神状态和人格境界，其含义包括当今所言的"气质"，但是比普通的气质要更为高远，是一种难以具体形容的概念。孟子在向弟子解答何谓"浩然之气"时说："难言也。其为气也，至大至刚，以直养而无害，则塞于天地之间。其为气也，配义与道。"由此可知，在孟子看来，这种"浩然之气"意味着一种与天地同流、共道义同在的至高无上的修养境界。孟子也指出，这种境界的达到和养成是不能够一蹴而就的，并且以"揠苗助长"这则寓言来形象地说明。孟子"持志养气"的论说对有志于道德修养和获得自我提升的古人产生过极大的感召力。

※ 寡欲

"寡欲"，是儒家提倡的修身方法。《孟子·尽心上》："养心莫善于寡欲。"欲望本是一种生物本能，但在人的身上却有着特殊性，一方面因为人类世界较动物的世界远为复杂，相比于动物很单纯的欲望而言，人类的欲望呈现出纷繁之状。另一方面，动物的欲望追求仅限于几种基本的生理欲望的满足，而生理欲望一般而言都是有限度的，不会产生过度膨胀的问题，人类的欲望则不然。俗语说"人为财死，鸟为食亡"，这句话很好地表现出人的欲望与动物的欲望的区别。鸟为食而奔逐，人则为财而争斗，食者为一腹之欲，食量再大也是有限度的，有了一定的食物就可以满足；而财则是一种无限的欲望，人对财的追求是没有界限的，也就是说没有"满足"的可能，所以人类有贪得无厌之说，动物却不大可能出现这种情况。人类这种欲望的特殊性，决定了人常常要遭受欲望得不到满足之苦（事实上，从一定意义上来讲，人的欲望必然是永远不会获得满足的），与此同时，一些人为追逐欲望不择手段而给社会带来罪恶。这样，如何正确处理欲的问题就成为思想者所必然要认真面对的一大人生困局。思想家们常常不约而同地选择人要对自身的欲望进行限制，但是具体的提法却有所差别。与佛教的严格禁欲相比较，儒家对于人的欲望方面是很为开明的，认为饮食男女乃人之大欲，是完全应当追求和满足的，只是提倡"欲不可纵"，人对自身的欲望要有所节制，这也就是儒家的"寡欲"思想。宋代理学家所提出的"存天理，灭人欲"的主张，不应简单地按字面理解为禁欲主义，这里所说的"人欲"实际上指的是超出人的基本生理欲求的过分的欲望。寡欲虽然有倡导人们安于清心素朴的生活以免去诸多的扰攘纷争的积极的一面，仍未免失之于保守，如言"美味"即是应当革去的"人欲"，实在是过于严苛，另外，这种提倡如果达到有失分寸的过分化的地步，对于社会的发展前行也是有所不利的。更为正确的提倡应当是求欲而有道，也就是不应当只看一个人的欲望本身是处于一种什么样的程度，而且更要看其对欲望的追求是否是以遵守既定的道德规范与公认的行为准则并且不为害于他人为前提的。同时，应倡导对于欲望不要过分地热衷，也就是说，"寡欲"依然是人们持身的一种重要参照，只是不必机械地去一味尊奉。

※ 知耻

"知耻"是儒家思想中的一个重要的道德范畴，指的是个人通过自己内心的省察而产生羞恶感。孔子曾以"行己有耻"来表述士人之行，也就是说要以羞耻之心来约束自己的行动，自己认为羞耻的事就不会去做。这是知耻的重要意义。知耻则有所不为，若不知耻则无所不为，知耻是君子之行的一条基本的道德约规。孔子言："知耻近乎勇。"朱熹对此的解释是，"勇"指"勉力而行、自强不息"的精神，是君子必当具备的美德。孟子将"知耻"称作"羞恶之心"，将其作为人皆有之的"良知"。荀子继承和发展了孔孟的知耻观念，并且对荣辱问题进行了详细的阐述，将"知耻"作为人生修养的要则。明末清初的思想家顾炎武提出："朝廷有教化，则士人有廉耻；士人有廉耻，则天下有风俗。"并且说："士大夫之无耻，是谓国耻。"可见，知耻与否不仅关乎个人之善恶，亦系于国家之荣辱兴衰。

▮儒家▮

※ 大同

"大同"，是儒家所提出的最高范畴的社会理想，《礼记·礼运》中记载孔子对大同世界的描绘："大道之行也，天下为公。选贤与能，讲信修睦，故人不独亲其亲，不独子其子，使老有所终，壮有所用，幼有所长，矜寡孤独废疾者，皆有所养。男有分，女有归。货，恶其弃于地也，不必藏

壁画中宁静的尧舜时代
《史记》载，舜在 20 岁时就以孝闻名。30 岁时，尧询问可用的人才，四岳诸侯都推荐舜。经过一番长期的考察，尧对舜很满意，就把帝位禅让给了舜。

于己；力，恶其不出于身也，不必为己。是故谋闭而不兴，盗窃乱贼而不作，故外户而不闭，是谓大同。"清末康有为为宣传变法改制而将孔子的大同理想与西方的近代社会制度相比附，并亲著数十万字的《大同书》来表述自己的政治理想。孙中山对大同世界的理想描述也是十分推崇，并将"天下为公"作为自己的政治格言。"大同"是孔子对人类理想社会的构想，表达了自己对"天下为公"的大同世界的向往，只是没有同时指出人类走向大同社会的可由之径。

※ 小康

"小康"，是儒家所描述的一种社会状态，《礼记·礼运》中记载孔子在讲述"大同"之后接着说道："今大道既隐，天下为家。各亲其亲，各子其子，货力为己。大人世及以为礼，城郭沟池以为固，礼义以为纪，以正君臣，以笃父子，以睦兄弟，以和夫妇，以设制度，以立田里，以贤勇知，以功为己。故谋用是作，而兵由此起，禹汤文武成王周公，由此其选也。此六君子者未有不谨于礼者也，以著其义，以考其信。著有过，刑仁讲让，示民有常。如有不由此者，在势者去，众以为殃，是谓小康。"在孔子看来，禹汤文武成王周公之时的社会可以称作"小康"，"小康"虽不及"大同"，却也是一种比较好的社会风貌。康有为根据《春秋公羊传》的"三世"说，将"小康"比作"升平世"，将"大同"比作"太平世"，社会的发展规律是由"据乱世"走向"升平世"，再进入"太平世"。

※ 礼乐征伐自天子出

"礼乐征伐自天子出"，语出《论语·季氏第十六》："天下有道，则礼乐征伐自天子出；天下无道，则礼乐征伐自诸侯出。自诸侯出，盖十世希不失矣；自大夫出，五世希不失矣；陪臣执国命，三世希不失矣。天下有道，则政不在大夫。天下有道，则庶人不议。"这段话的意思是，天下有道的时候，礼乐的制作和战争的发动都是由天子决定的；天下无道的时候，礼乐和战争的事宜便由诸侯来决定。由诸侯来决定礼乐和战争，很少有能维持十代而不乱的；如果制作礼乐和发动战争的权力落到了大夫的手中，那就很少有能维持五代而不乱的；如果大夫的家臣把持了国政，就很少有超过三代而不发生动乱的。天下有道，国家的政权不会掌握在大夫的手中。天下有道，老百姓就不会有非议。孔子的这段话是经过对历史的考察而得出的结论，春秋时期，自齐桓公开始，"礼乐征伐自诸侯出"，而天子则失去了号令权；齐国从桓公称霸到简公为陈恒所杀，经历十代；鲁国自季友专政，到季桓子时政权让于阳虎，经历五代；而季氏的家臣阳虎、南蒯、公山弗扰等都是当身而败，未及三代。"礼乐征伐自天子出"之所以为"天下有道"的标志，是因为"自天子出"意味着政令的统一，意味着国家政治活动的清明有序，而若自诸侯出，自大夫出，乃自家臣出，则意味着纷争与混乱，意味着激烈的权力争夺，而在这种争夺的过程中必然会产生种种丑陋的事件，同时也给人民带来危害，也就是"天下无道"。

※ 尊尊与亲亲

"尊尊"与"亲亲"，是周朝的基本政治思想，其意是尊重应当尊重的人，亲近应当亲近的人。"尊尊"与"亲亲"所体现的是一种严密的尊卑与亲疏的等级关系。周朝统治者认真地总结了商朝灭亡的教训，认为商朝在纣王时覆灭的一个基本原因就是众叛亲离，在国都遭受危险的时候，没有地方上的势力进行有效的支援。因此，周朝建立了以分封制和宗法制为基础的政治制度，周王将自己的家族成员分封到各地，成为诸侯，诸侯之下再有大夫，权力层层下递，都选择关系亲近者来担任，同时，这种受封的爵位又是世袭的。这就是"尊尊"与"亲亲"的思想在政治制度上的具体呈现。"尊尊"与"亲亲"的观念落实到最后，其目的就是要任何人都遵守由这种原则所确定的制度，各安其位，不存妄想，百姓做顺民，百官做顺臣，这样国家就会长治久安。到了春秋特别是战国时期，"尊尊"与"亲亲"的原则在相当大的程度上被打破了，官吏的任用不再唯亲是举，秦朝建立之后，世袭制也被废除，而以任命制代之。

※ 穷则变，变则通

"穷则变，变则通"，语出《易经·系辞传下》："神农氏没，黄帝、尧、舜氏作，通其变，使民不倦，神而化之，使民宜之。《易》穷则变，变则通，通则久。"其意为事理到了窘困穷竟的时候就应当有所变动，变动之后即可于事通达，通达之后即可行于长久。清末梁启超在倡导维新时在《变法通议》中引用这段话说:"《易》曰:'穷则变,变则通,通则久.'伊尹曰:'用其新,去其陈,病乃不存.夜不秉烛则昧,冬不御裘则寒,渡河而乘陆车者危,易证而尝旧方者死.'""穷则变,变则通"强调的是不可拘泥于成法,行事的法则当因时而异,与时俱进,这才是成功之法.

※ 礼治

"礼治",是一种以礼仪制度作为国家的基本政治秩序的执政理念."礼治"的基本确立是在西周初年,周公旦在确定礼制的过程中起到了重要的作用.周初的"礼治"是以"亲亲"和"尊尊"观念为基础的,"亲亲",就是按照血缘关系的远近来区分亲疏,再由亲疏来确定贵贱;"尊尊",就是地位低的人要尊重地位高的人,不得有所僭越.由此,君、臣、父、子各具其名,尊卑、亲疏、高低、贵贱各有其分,依此而行,整个社会便会建立起一套严明的秩序,国家的政治生活也不会出现纷乱,这就是"礼治"的核心意涵.与"礼治"的思想内涵相配合,统治者创立了一套繁复而精微的礼仪制度,令"礼治"的形式与内容相为呼应,以起到良好的实践效果.但是,"礼治"未能使国家的运行长治久安,统治者并不能借此而可高枕无忧,延递至东周时期,"礼治"的规则便为礼崩乐坏的乱世局面所打破.

※ 君君,臣臣,父父,子子

"君君,臣臣,父父,子子",语出《论语·颜渊第十二》:"齐景公问政于孔子.孔子对曰:'君君,臣臣,父父,子子.'公曰:'善哉!信如君不君,臣不臣,父不父,子不子,虽有粟,吾得而食诸?'"这段话表达的意思是,齐景公向孔子询问治理国家的方略,孔子回答的对策是,要令做君主的像个君主的样子,为臣的要像个臣的样子,当父亲的要像个父亲的样子,而做儿子的要像个儿子的样子,也就是说,要各自都按照自己的身份行事,各就其位,名副其实.齐景公对孔子的论述非常地肯定,并且说如果不这样的话，即使国家有很多的粮食，自己都会吃不上的，非这样做不可，否则国家就会大乱的。孔子的这种关于君臣父子的表述被后世演化为"君为臣纲，父为子纲，夫为妻纲"的伦理准则，而其实这与孔子的原意是相去甚远的，孔子强调的是每个人都应当依照礼法来做符合自己身份的事情，而"三纲"强调的是

臣子拜见皇帝图

图中皇帝高坐于堂上，左右有太监、仕女侍候，堂下一臣子匍匐在地上毕恭毕敬地叩头，似乎在等待皇帝的吩咐。这幅图表现了封建社会臣子对皇帝的绝对服从。

君对臣、父对子、夫对妻的统领，两者的目的都是实现国家与社会的安定有序，但办法却是不同的。

※ 民为贵，君为轻

"民为贵，君为轻"，这是孟子提出的思想观念，语出《孟子·尽心下》："民为贵，社稷次之，君为轻。"孟子接着还说了这样的话："是故得乎丘民而为天子，得乎天子为诸侯，得乎诸侯为大夫。诸侯危社稷，则变置。牺牲既成，粢盛既洁，祭祀以时，然而旱干水溢，则变置社稷。"意思是，所以得到民众的拥护就能做天子，得到天子的信任就能做诸侯，得到诸侯的信任就能做大夫。诸侯危害了土谷之神，那就改立诸侯。祭祀用的牲畜是肥壮的，谷物是清洁的，又是按时祭祀的，然而还是干旱水涝，那就改立土谷之神。孟子"民贵君轻"的思想内涵是，人民是天下的根本，国家（社稷）是为了给人民谋求福利才建立的，而君主则是为了治理国家才设立的，归根结底，也是为了给人们带来更多的福利才会有君主这个位置的，也就是说，君主以国家为基础，而国家又以人民为基础，所以说，"民为贵，社稷次之，君为轻"。

※　王道与仁政

"王道"与"仁政"，是儒家所主张的政治理念，"王道"，就是圣王之道，是符合仁义准则的治国之道，而"仁政"，是将仁义作为基本的政治观念治理国家，"仁政"是"王道"在政治措施上的具体实现，而"王道"则是"仁政"的思想内涵。"王道"的概念发端于孔子的仁的思想，孟子进行了明确阐述。孟子说："仁也者，人也；合而言之，道也。"这句话言简意赅，指出了仁与道的基本关系。孟子在谒见梁惠王的时候，具体地阐述了自己的"王道"理想："谷与鱼鳖不可胜食，材木不可胜用，是使民养生丧死无憾也。养生丧死无憾，王道之始也。五亩之宅，树之以桑，五十者可以衣帛矣；鸡豚狗彘之畜，无失其时，七十者可以食肉矣；百亩之田，勿夺其时，数口之家可以无饥矣；谨庠序之教，申之以孝悌之义，颁白者不负戴于道路矣。七十者衣帛食肉，黎民不饥不寒，然而不王者，未之有也。""王道"是孟子极力提倡的以仁义治天下的政治主张，可是在孟子所生活的时代，通行于世的却是与"王道"截然相反的"霸道"。"霸道"，也就是凭借武力、刑法和权势对外征伐和对内管理的政治思想，这是法家积极主张的施政理念。战国中后期，各国政治是沿着"霸道"的方向前进的，《史记·孟子荀卿列传》说："当世之时，秦用商君，富国强兵；楚、魏用吴起，战胜弱敌；齐宣王用孙子、田忌之徒，而诸侯东面朝齐。天下方务于合纵连横，以攻伐为贤；而孟轲乃述唐虞三代之德，是以所如

孔子圣迹图页　清　焦秉贞　绘本

图中湖石峻挺，绿意浓深，孔子正与国君相对而谈。此画当源自孔子周游列国，游说诸王，宣扬儒家"仁政"，"以德治国"的典故。

者不合。"《史记·十二诸侯年表·序》还记载："孔子明王道，干七十余君，莫能用。"这都表明当时孔孟所主张的"王道"与"仁政"的理想是屡屡碰壁，不被当时的统治者采纳。

※ 使民不饥不寒

"使民不饥不寒"，是孟子的"仁政"理想中的一项基本内容，《孟子·梁惠王上》说："七十者衣帛食肉，黎民不饥不寒，然而不王者，未之有也。"孟子的观点是，如果能够做到使人民免于饥寒之苦，而同时申之以孝悌之义，进行良好的道德教化，那么这个国家还不称王于天下就是不可能的事情了。"使民不饥不寒"，现在看起来似乎是一个比较低级的社会发展标准，但是在孟子所生活的时代，农业生产力非常低下，加之频繁的战乱又对人民正常的生活和生产秩序有着相当严重的破坏，能够做到使一个国家的人民不饥不寒已经是一件很不容易的事情了，而"黎民不饥不寒"又是"申之以孝悌之义"的基础，用现代的话来讲，孟子所阐述的政治理想就是物质文明与精神文明两手抓，这是一个国家实现富强的根本途径，也是必由之路。

※ 心之四端

"心之四端"，是孟子提出的人性观念，"恻隐之心，仁之端也；羞恶之心，义之端也；辞让之心，礼之端也；是非之心，智之端也。"孟子讲："人之有是四端也，犹其有四体也。有四端而自谓不能者，自贼者也；谓其君不能者，贼其君者也。凡有四端于我者，知皆扩而充之矣，若火之始然、泉之始达。能充之，足以保四海；不充之，不足以事父母。""心之四端"，是孟子的性善论的基本立足点，在孟子看来，恻隐、羞恶、辞让、是非这四种情性，与仁、义、礼、智这四种美德，是人与生俱来的，人只要努力地将这些善端进行扩充，就能够达到一种完善的人生修养境界，这是人能够实现自我完善的前提存在。

※　忠孝如何两全

"忠"，指的是报效于国家，尽忠于君主；"孝"，指的是能够很好地实现对父母的赡养和孝敬。忠孝两全，被视为一种人生理想，元代高明的《琵琶记·高堂称寿》中说："人生须要忠孝两全，方是个丈夫。"可是忠与孝时常会发生矛盾，以致有"忠孝不并"，"忠孝难两全"的说法。"忠"与"孝"是人所应当具有的两种最为基本的品德，而且二者之间又是密切相关的，在家国一体的中国传统社会，孝于父母和忠于国家两者具有一致的思想内涵，孝是忠的基础，忠则是孝的延伸，那么又为什么常常说"忠孝难两全"呢？当然，这并不是说忠和孝这两种品德难以同时存在，而是说尽忠和尽孝这两件事难以同时做好，照顾周全。因为人无分身之术，在一定的生命过程中，时间和精力都是有限的，用于报效国家，则相应地用来照顾父母的就会有所减少，而用于孝敬父母，则用来尽忠于国家的就会受到影响，从社会学的角度讲，这是一种角色冲突。一种极端的情况是，如果一个人为国捐躯，就再也不能对父母尽孝了，可是在关键的时刻，如果考虑到还要尽孝于父母而怜惜自己的生命，则必然失之于对国家的忠诚。对于如何做到忠孝两全，只能是辩证地来看，从积极的一面来讲，忠于国家和孝于父母两者之间实质上是统一的，所以有"尽忠于国"是"至孝于家"的说法，不宜将两者完全地对立；而从消极的一面来讲，忠与孝之难以两全，又是一种不能够消除的冲突，是一种必然的存在，人们只能是选择在具体的事务中进行一定程度的协调，做到两者之间的平衡。当然，主流的价值观仍是倡导个人当以大局为重，在特别的时刻，宁舍孝而毋失于忠。

※　移风易俗

"移风易俗"，指的是某种行为所具有的扭转社会风气和改变人民习俗的教化作用。《荀子·乐论》说："乐者，圣人之所乐也，而可以善民心，其感人深，其移风易俗，故先王导之以礼乐而民和睦。"又说："故乐行而志清，礼修而行成，耳目聪明，血气和平，移风易俗，天下皆宁，美善相乐。"荀子在此表达的是礼乐教化对于形成良好的社会风气所具有的巨大作用。《吕氏春秋·先识览第四》记载了这样的事："鲁国之法：鲁人为人臣妾于诸侯，有能赎之者，取金于府。子贡赎鲁人于诸侯而让其金。孔子曰：'赐失之矣。夫圣人之举事，可以移风易俗，而教导可施于百姓，非独适己之行也。今鲁国富者寡而贫者多。取其金则无损于行，不取其金，则不复赎人矣！'子路拯溺者，其人拜之以牛，子路受之。孔子喜曰：'鲁人必多拯溺者矣！'"这段话的意思是，鲁国有一条法律，鲁国人在国外沦为奴隶，有人能把他们赎出来的，可以到国库中报销赎金。有一次，孔子的弟子子贡（端木赐）在诸侯国赎了一个鲁国人，回国后拒绝收下国家赔偿金。孔子说："赐呀，你采取的不是好办法。圣人所做的事，可以改变风俗习惯，影响老百姓的行为，并非个人的事情。现今，鲁国富人少而穷人多，你收取国家的补偿金，并不会损害你的行为的价值；而你不肯拿回你抵付的钱，从今以后，鲁国人就不肯再替沦为奴隶的本国同胞赎身了。"子路救起一名落水者，那人感谢他，送了一头牛，子路收下了。孔子高兴地说："这一来鲁国人一定会勇于搭救落水的人了。"孔子强调"圣人之举事，可以移风易俗"，是告诫人们在做事的时候不要只考虑一己的范畴，而应当更广阔地想一想，自己采取这种选择的后果是什么，会给他人、社会带来什么样的影响，是对"移风易俗"作用的看重。

※ 制天命而用之

"制天命而用之"，这是荀子提出的思想命题，语出《荀子·天论》："大天而思之，孰与物畜而制之？从天而颂之，孰与制天命而用之？"这段话的意思是，与其推崇天而思慕它，怎么比得上将天当作物质而加以控制呢？与其顺从天而歌颂它，怎么比得上掌握它的规律而利用它呢？荀子在《天论》里集中阐述了自己天人观念，指出："天行有常，不为尧存，不为桀亡。应之以治则吉，应之以乱则凶。强本而节用，则天不能贫。养备而动时，则天不能病。修道而不贰，则天不能祸。故水旱不能使之饥，寒暑不能使之疾，妖怪不能使之凶。本荒而用侈，则天不能使之富。养略而动罕，则天不能使之全。倍道而妄行，则天不能使之吉。故水旱未至而饥，寒暑未薄而疾，妖怪未至而凶。受时与治世同，而殃祸与治世异，不可以怨天，其道然也。故明于天人之分，则可谓至人矣。"又说："天不为人之恶寒也辍冬，地不为人之恶辽远也辍广，君子不为小人之匈匈也辍行。天有常道矣，地有常数矣，君子有常体矣。"在天人问题上，荀子立场鲜明地坚持天命有常、天人相分的观点，人的祸福全是因为自身的行为而得来，是与天数无关的，天人之间并不能够相互感应，人对待天的正确态度应当是知晓天所运行的规律，从而合理地利用它，让它为人更好地造福，也就是所谓的"制天命而用之"。

※ 君权神授

"君权神授"，意即君主的权力是神所赋予的，这是对君主的一种神化。统治者宣扬自己的地位是上天所赋予的，从而强调自身统治的合法性，增强人民的认同和服从。《尚书·召诰》说："有夏服天命。"这是有关君权神授思想的最早记载，也说明，自夏朝开始，君权神授就已经成为一种有关政权的重要理念。商朝的统治者创造了一种"至上神"的观念，宣称"帝"或"上帝"是上天和人间的最高主宰，又是商王朝的宗祖神，因此，人民应当服从商王的统治。周朝统治者则用"天"代替了"帝"或"上帝"的概念，周王称为"天子"。周朝毛公鼎上面的铭文记载："丕显文武，皇天宏厌厥德，配我有周，膺受天命。"这是对"君权神授"思想的明确宣扬。到汉朝，董仲舒提出"天意"、"天志"的概念，并且提出了"天人相与"的命题，认为天是有意志的，是最高的人格神，是自然界和人类社会的最高主宰，天和人之间是相通的，人应当按照天的意志来行动。董仲舒以"天人相与"作为理论基础，系统地发展了君权神授的思想，强调君权的天然合理性和神圣不可侵犯性。君权神授的思想在中国古代有着非常深远的影响，历代帝王以至造反的农民领袖，无不假托天命，自称"奉天承运"，或者说"替天行道"，虚构神迹，利用谶纬迷信，把自己的活动说成是受上天的指使，从而达到神化自己及其活动的目的。陈胜和吴广在谋划起义时，先用丹砂在丝绸上写"陈胜王"，将其放在别人用网捕获的鱼的肚子里面，然后又暗中潜伏到戍卒驻地旁边丛林里的神庙中去，在晚上用竹笼罩着火装作鬼火，像狐狸一样叫喊："大楚兴，陈胜王！"这就是君权神授的迷信思想深入人心的一个鲜明的例证。

※ 罢黜百家，独尊儒术

"罢黜百家，独尊儒术"，是董仲舒所提出的主张，汉武帝元光元年（公元前 134 年），召集各地贤良求问治理天下的策略，董仲舒在进策中提出："《春秋》大一统者，天地之常经，古今之通谊也。"他认为当时执政者的理念无法统一，而百姓也莫知所从的原因是"师异道，人异论，百家殊方，指意不同"，于是他倡导进行文化上的统一，尊崇孔子的学说，而罢黜其他各家的思想观点，也就是独尊儒术。董仲舒的这一建议为汉武帝所采

董仲舒像

纳，儒学自此取得中国官方正统学术的地位，并且绵续两千余年，对中国古代的意识形态和社会生活都有着极大的影响。"罢黜百家，独尊儒术"为汉武帝政治上的大一统创造了思想基础，这一方面加强了君主专制制度，另一方面对统一的民族国家的形成和巩固也产生了巨大的积极作用。

※ 存天理，灭人欲

"存天理，灭人欲"，这一说法的提出习惯上被归于朱熹的名下，而

实际上，类似的提法早有渊源，《礼记·乐记》中说："人化物也者，灭天理而穷人欲者也，于是有悖逆诈伪之心，有淫佚作乱之事。"意思是讲，人为外物所诱惑而丧失了天理、纵容人的欲望，于是有了各种邪恶的想法和恶劣的行为。这里已将"天理"和"人欲"相对立，"天理"，也就是孟子所说的人的与生俱来仁、义、礼、智等良知，而"人欲"则是对"天理"的违背，是为所欲为的不善之举。程颐说："人心私欲，故危殆。道心天理，故精微。灭私欲则天理明矣。"这也是将"人欲"和"天理"相对立的表述，说的也就是"存天理，灭人欲"。朱熹传承了这种思想，说道："孔子所谓'克己复礼'，《中庸》所谓'致中和'，'尊德性'，'道问学'，《大学》所谓'明明德'，《书》曰'人心惟危，道心惟微，惟精惟一，允执厥中'，圣贤千言万语，只是教人明天理，灭人欲。"朱熹实际上并非"存天理，灭人欲"的首倡者，但是他将此看作是儒家思想的精髓之所在，并且对其进行了详细的阐发，极大地提高了这一观念的影响力。值得注意的是，朱熹并非是一概反对人的任何欲望，他所说的"人欲"是指那些超出了正当要求以及违反了社会规范的欲望，是属于"非分之想"一类的欲求，只是后来人们脱离了具体的语境对字面的含义发生了误解，因而严厉地抨击朱熹对于人欲的否定。事实上，朱熹的这种倡导之于纷杂混乱的社会实际乃及乱世之中人的行为操守也并非是毫无积极意义的，但不可否认的是，朱熹的这种表述对后来的社会思想产生了很为不良的影响，以致出现了"以理杀人"的现象。"存天理，灭人欲"的错谬的根本之处不在于对"人欲"的否定，而在于将"天理"和"人欲"相对立，使"理"和"欲"之间不是相和谐的关系，而是此生彼灭的相冲突的关系。

※　王守仁格竹

王守仁早年笃信朱熹的学说，曾对朱熹"格物致知，即物穷理"的方法付诸实践，去"格"亭子前面的竹子，也就是对着竹子进行观察，结果苦思竭虑，坚持了 7 天，竹子之理没有"格"出来，自己反而病倒了。

王守仁当时以为这是由于自己没有做圣贤的能力，之后方才明白，"天下之物本无可格者，其格物之功，只在身心上做"，这就是"王守仁格竹"的故事。王守仁在《传习录》下卷中讲述了自己格竹的这件事，意在表明朱熹"格物致知"的理论是错误的，进而阐述了自己"致良知"的心学理论，认为求知明理的方法当是面向自我的内心，发扬自己本心的良知，将之推广到身外的万事万物上面。

※ 知行合一

"知行合一"是王守仁的哲学观念，明武宗正德三年（1508年），王守仁在贵阳文明书院讲学时首次提出"知行合一"的说法。王守仁所讲的"知行合一"，指的并不是实践与认识相符合的含义，这里的"知"，是一种良知，也就是指人的道德意识和思想理念，而"行"，是指人的道德践履。王守仁指出，"知"与"行"二者之间，互为表里，不可分离，知必然要表现为行，不行不能算真知。而良知，无不行，自觉的行，也就是知。在王守仁看来，知决定着行，道德意识是人之行为的指导思想，按照道德的要求去行动就是达到良知的工夫，在道德指导下产生的良知是行为的开始，符合道德要求的行为则是良知的完成。

※ 经世致用思潮

经世致用思潮，是清代初年由顾炎武、王夫之、黄宗羲等知名学者的提倡而掀起的一股思想潮流。经世致用，就是说要将学术理论同社会实践结合起来，运用自身所掌握的理论知识积极地致力于解决现实社会中的各种问题。南宋时期，吕祖谦、叶适、陈亮等思想家就提倡经世致用，反对当时的理学家只谈心性命理的空疏之学。清朝初年，由于明朝灭亡、清军入关的沉重打击，理学的统治地位被强烈地撼动，一批有识之士深切地感受到明朝空疏不实的学风对国家和民族所造成的巨大灾难，因而积极提倡经世致用的真学问和以实为宗的新学风。他们以社会问题为中心，在救世济时的思想指导下，提出了解决当时社会问题的各种方案：在政治上，猛烈地批判封建专制制度，揭露专制君主的罪恶，提出了一些带有初步民主启蒙因素的主张，如黄宗羲的"公其是非于学校"、顾炎武的"庶民干政"的主张等；在经济上，针对封建的土地兼并，提出了解决土地问题的各种办法，这些办法都贯串着"均田"的精神，表现出对农民问题的关心和同情；在教育上，激烈地批判束缚思想的科举制度和八股文，要求注重学校教育，从而培养出真正有学问有实际能力的有用人才……由于这些杰出思想家的积极号召和清朝初年特殊的社会与政治环境，一股以经世致用为标志的思想潮流应时而起。

▋道家▋

※ 老子之道

　　"道"，是老子思想理论体系的基础，是一个本原性的最高的哲学范畴，既是世界的本体，又是万物运行的根本规律。《老子》第二十五章讲："有物混成，先天地生。寂兮寥兮，独立而不改，周行而不殆，可以为天地母。吾不知其名，强字之曰道，强为之名曰大。"这段话是说，有一个浑然一体的东西，它先于天地而存在，又独一无二；它永远不依靠外在的力量，周流运行，永不停歇，因此，它可以看作是天地产生的根本。由于不知道它应该叫作什么名字，姑且给它起个名字叫作"道"，勉强再给它起个名字叫作"大"。老子又说，它统率着一切，主导着万事万物的发展，可是它做的这些又看不见，所以称之为"逝"；它运行不息，遐而无所不及，又须臾不离开万物，因此称之为"远"；而它运行不息，伸展遥远又返回本原，因而称之为"反"。"大"、"逝"、"远"、"反"，是老子对"道"所具有的各种品性的表述。"大"，说的是"道"涵盖一切，至高至上；"逝"，说的是"道"神妙莫测，不可见其形；"远"，说的是"道"运行不息，无时不存，

紫气东来　清　任颐

图中老子身着赤衣，须眉皆白、高额、凸颧、阔耳、长颌、笑意盈盈、童颜鹤发。

亦无处不在；"反"，说的是"道"所具有的万物归宗的本原性。

※ 道生一，一生二，二生三，三生万物

"道生一，一生二，二生三，三生万物"，语出《老子》第四十一章："天
下万物生于有，有生于无。道生一，一生二，二生三，三生万物。"这段话
讲述的是，天下万物来源于有，有则来源于无，这就是"无中生有"的
道理。根据这个道理，最早的那个"有"必定是从"无"中而来的，而
这个原初的"无"，也就是"道"，所以说"道生一"；而一旦有了第一个
"有"，那么这第一个"有"就会产生第二个"有"，这就叫作"一生二"；
接着，有了第一个"有"和第二个"有"的出现，第三个"有"也就会
产生出来，即"二生三"；以此类推，继之以无穷，则万物化生，也就是
"三生万物"。老子这段话讲的是"道"的本源性和万物由来的原理。

※ 无为而治

"无为而治"，是道家的基本思想，首先是由老子提出来的。老子认
为天地万物都是由道化生的，而且天地万物的运动变化也都遵循着道的
规律，而道所遵循的又是自然的规律，也就是"道法自然"。既然道以自
然为本，那么对待事物就应该顺其自然，无为而治，让事物按照自身的
必然性自由地发展，使其处于符合道的自然状态，不对它横加干涉，不
以有为影响事物的自然进
程，只有这样，事物才能正
常地存在和健康地发展。老
子说："是以圣人处无为之
事，行不言之教。""上德无
为，而无以为；下德有为，
而有以为。""为学日益，为
道日损，损之又损，以至于

道教养生追求无为、飞升、得道成仙。图中所表达的
正是这种思想。

无为。无为而无不为。"这些讲的都是"无为而治"的好处。当然，所谓"无为"，并不是一无所为，不是说什么都不做，而是不妄为，不随意而为，不行违反自然规律之为。

※ 治大国若烹小鲜

"治大国若烹小鲜"，语出《老子》第六十章，意思是治理大国就如同烹制美味的小鱼一样，这是老子所崇尚的治国方法。据说上古时期的贤君汤曾向伊尹询问治国的主张，伊尹用这样的比喻来说明："做菜既不能太咸，也不能太淡，要调好作料才行；治国就如同烹饪，既不能操之过急，也不能松弛懈怠，只有恰到好处，才能把事情办好。"老子取用了伊尹的这个说法来表达自己的政治方略，强调治理国家要依照规律循序行事，一切有条不紊，长此以往，国家必定和谐而昌盛。

※ 小国寡民

"小国寡民"出自《老子》第八十章："小国寡民，使民有什佰之器而不用，使民重死而不远徙。虽有舟舆，无所乘之；虽有甲兵，无所陈之，使民复结绳而用之。至治之极，甘其食，美其服，安其居，乐其俗。邻国相望，鸡犬之声相闻，民至老死不相往来。""小国寡民"是老子对自己的社会理想所做的阐述，这种社会生活状态，颇有桃花源式的意境，也是一种只能形诸书面的空想，无论在既往，还是在未来，都是不可能出现的情形。有人批判老子的这种思想表现的是一种后退的意识，而其实这是老子有感于当时社会纷争扰攘的混乱局面所提出的一种以寡欲思想出发的、人民世代安居乐业的美好愿望，不宜过分地奢求和妄评。

※ 民不畏死

"民不畏死"出自《老子》第七十四章："民不畏死，奈何以死惧之？若使民常畏死，而为奇者，吾得执而杀之，孰敢？向使民常畏死，常有司杀者杀。夫代司杀者杀，是谓代大匠斫，夫代大匠斫者，希有不伤其手矣。"这段话说的意思是，民众不畏惧死亡，又怎能用死亡来威吓他们呢？如果民众一贯都畏惧死亡，那么对个别的胆敢胡作非为的人我们抓来杀掉，还有谁敢妄动呢？就算民众一贯都畏惧死亡，那也应该由专司诛杀的人去杀。代替专司诛杀的人去杀，就像代替高明的木匠去砍伐一样。而代替高明的木匠去砍伐，很少有人不会伤到手的。老子在此提倡的是一种慎用刑法的施政观念。这段话反复谈论着民众是否畏惧死亡的问题，民众到底畏不畏惧死亡呢？很显然，恋生恶死是人的一种本能（也是一切生物的本能，人也不例外），但是人不畏惧死亡的情况也是存在的。孟子曾言"所恶有甚于死者，故死有所不避也"，人之所以连死亡都不怕了，是因为有比死亡让人所更不能够容忍的。对于民众来讲，统治者的过分的昏庸和残暴就是比死亡都更不能忍受的事情，是谓"苛政猛于虎也"。在这种情况下，再用死亡来威慑民众也就是没有效力的了，刑法即使再过严厉，都不能制服民众了，陈胜吴广在准备起义时所说的"今亡亦死，举大计亦死，等死，死国可乎"表明的也就是这个道理。老子的论说是在劝诫统治者治理国家应当依靠政治的清明有序，而不可以依靠严刑峻法，使用酷刑要有章可循，谨慎从事，这样才可以令刑罚起到威慑的作用，才有利于国家的长治久安。

※　祸福相倚

"祸福相倚"，语出《老子》第五十八章："祸兮福之所倚，福兮祸之所伏。"祸福相倚表达的是祸与福相互依赖，相互转化的辩证观念，《淮南子·人间训》中记载的"塞翁失马，焉知非福"的典故就是对祸福相倚的具体而生动的说明。祸福相倚，告诫的是人们在面对幸福之时，不可盲目乐观，应当要敏感地意识到眼下的好景中可能存在的背反因素；面对灾祸之时，也不要盲目地悲观，应当在不幸之中看到幸运的一面，要在不利之中提取出有利的因素，使事情的发展向着对自己有益的方向转化。居安思危、有备无患等行事的法则，其思想依据也就是祸与福之间的互有依存又相为转变的关系。

※ 功成身退

"功成身退"，语出《老子》第九章："持而盈之，不如其已；揣而锐之，不可长保。金玉满堂，莫之能守；富贵而骄，自遗其咎。功成名遂身退，天之道。""功成身退"说的是大功告成之后，自行隐退，而不再贪恋于名位，这是合于天道的做法。《庄子·天运》中有这样的话："以富为是者，不能让禄；以显为是者，不能让名。亲

范蠡像

权者，不能与人柄，操之则栗，舍之则悲，而一无所鉴，以窥其所不休者，是天之戮民也。"一味贪图而不知休止的人是要遭受上天的刑戮的。"飞鸟尽，良弓藏；狡兔死，走狗烹"，说的也就是这个道理。勾践灭吴之后，范蠡与文种的不同结局就是一个具体的事例。

※ 上善若水

"上善若水"，语出《老子》第八章："上善若水。水善利万物，而不争；居众人之所恶，故几于道。居善地，心善渊，与善仁，言善信，政善治，事善能，动善时。夫唯不争，故无尤。"老子用水的特点来表达至善的人的品性，水具有两大优点，即"善利万物"和"不争"，而这两个方面又是统一的。因其"不争"，才可"善利万物"；而"善利万物"的一种基本的表现就是"不争"。老子指出，正是由于不争，才会没有什么过错，在老子看来，这是一种接近于道的品性。

※　庄子的齐物论

　　"齐物论"是庄子的一种哲学思想，也是《庄子》一书中一篇文章的名字。关于"齐物论"的解读，基本上有两种，一种解为"齐物"之论，一种解为"齐"之"物论"。按照前一种理解，"齐物论"讲的是对万物的齐一；而按照后一种理解，"齐物论"讲的就是对于各种看待事物之观点的齐一。其实这两种理解是有着相通的一面的，虽然前一种说法的重点是齐"物"，而后一种说法的重点是齐"论"，但是这种"论"也是"物之论"，可以说是间接地齐"物"。庄子在《齐物论》中提出了"吾丧我"这一著名的表述，"吾丧我"，说的就是自己忘掉了自己，准确地讲，是自己的心神忘却了自己的形体，这是"天地与我并生，而万物与我为一"的物我皆忘的精神状态，也就是一种齐一的超然境界。庄子说："忘年忘义，振于无竟，故寓诸无竟。"意思是忘掉死生，忘掉是非，到达无穷无尽的境界，因此圣人总把自己寄托于无穷无尽的境域之中。这就是对"吾丧我"的一种讲解。庄子还讲述了自己梦蝶的故事，说道："不知周之梦为胡蝶与，胡蝶之梦为周与？周与胡蝶，则必有分矣。此之谓物化。"物化，也就是物我之间的交合变化，因为这种变化，而万物之间浑然为一，是故"众人役役，圣人愚，参万岁而一成纯，万物尽然，而以是相蕴"。众人总是一心忙于去争辩是非，圣人却好像十分愚昧无所觉察，糅合古往今来多少变异、沉浮，自身却浑然而一不为纷杂错异所困扰，万物全都是这样，而且因为这个缘故相互蕴积于浑朴而又精纯的状态之中。

※　逍遥游

　　"逍遥游"，就是一种没有任何束缚而自由自在的生命状态，是一种"乘天地之正，而御六气之辩，以游无穷"的高渺境界，是一种"肌肤若冰雪，绰约若处子，不食五谷，吸风饮露，乘云气，御飞龙，而游乎四海之外"的仙人之姿，是庄子所崇尚的一种绝对自由的精神修养。《逍遥游》

一篇集中地表现了庄子的这一思想理念。这篇文章一开始就进行了这样的表述："北冥有鱼，其名为鲲，鲲之大，不知其几千里也；化而为鸟，其名为鹏，鹏之背，不知其几千里也，怒而飞，其翼若垂天之云。是鸟也，海运则将徙于南冥。南冥者，天池也。"这是一种非常之恢弘深远的景象和境界。庄子在进行了一番异常生动的形象描绘后，将逍遥游的精神实质归结为："至人无己，神人无功，圣人无名。"这是讲道德修养高尚的"至人"能够达到忘我的境界，精神世界完全超脱物外的"神人"心目中没有事业和功名，思想修养臻于完美的"圣人"从不去追求名誉和地位，只有做到了如此，才可为逍遥之游。

▌法家、墨家和其他思想▌

※ 法先王

"法先王"，是儒家所崇尚的政治主张，意为效法先古的圣明君王的言行和制度。"先王"，一般指的是尧、舜、禹、汤、文王等，儒家的经典《尚书》中记载了这些先王的德政，这些先王的做法也成为后世君王的楷模。孔子"祖述尧舜，宪章文武"，孟子"言必称尧舜"，指出："规矩，方圆之至也；圣人，人伦之至也。欲为君，尽君道；欲为臣，尽臣道。二者皆法尧舜而已矣。不以舜之所以事尧事君，不敬其君者也；不以尧之所以治民，贼其民者也。"当然，儒家所谓的"法先王"，并不是说要拘泥于先王的一言一行，而是"五帝殊时，不相沿乐；三王异世，不相袭礼。"也就是说，所遵法的不是具体的形制，而是其思想精神和政

商汤网开一面

汤经常出外巡视农业生产和畜牧情况。有一次，他驾车来到郊外山林，看见一个狩猎者正在张挂捕捉飞禽走兽的网。他的网在东西南北四面都张开了，结得严严实实，并且跪在地上祈祷："我的网已在四面张好。求上天保佑，凡是天上飞下来的，从地上跑出来的，从四面八方来的鸟兽，都钻到我的网中来吧。"汤看了这个狩猎者所布的网，听了他的祈祷，笑着说："啊，如此张网，一定会把鸟兽全部捉尽。那岂不是太残酷了吗？只有夏桀才会如此啊！"于是汤命人撤下三面的网，而只留下一面。

治理念。"法先王"的观点对中国古代的社会思想有着非常深远的影响，形成了中国人"信古"的思想传统，历代屡屡出现的托假先贤的伪作就是一种显然的说明。

※ 法治

"法治"，即依靠法律来治理国家，是法家的基本政治主张。儒家提倡的是"德治"和"礼治"，孔子说："道之以政，齐之以刑，民免而无耻；道之以德，齐之以礼，有耻且格。"对于人民，如果用政法来引导，用刑罚来整顿，人民虽然会免于罪过，但是没有羞耻之心；如果用道德来引导，用礼仪教训来整顿，人民就会有羞耻之心，就会在心理上归服。与其用外在的法令来约束人民，孔子更加看重于人民内在的自律的作用，认为通过道德礼教的引导，发挥人民自身的向善的精神，这才是实现政治清明有序的根本所在。法家的思想出发点则是否定人所具有的这种自律向善的品质，认为人与人之间都是依靠利益而联系的，是相互利用的关系，实现天下的治理，只能够靠外在的约束，因而提倡"法治"。我们应当看到的是，法家所倡导的"法治"，与现代的"法治"精神是有所区别的，法家虽然强调法律在国家政治中的根本作用，但是"法治"的立足点是君主专制，这种"法治"是为君主的统治服务的，制定什么样的法律，最终还是要看君主的心思，而且法律对君主并不具有约束力，所以说，法家所主张的"法治"在君主专制制度之下，只能是一种不彻底的"法治"。

※ 公私之交，存亡之本

"公私之交，存亡之本"，意为公与私的区分问题关乎国家存亡的根本，语出《商君书·修权》："公私之分明，则小人不疾贤，而不肖者不妒功。故尧舜之位天下也，非私天下之利也，为天下位天下也。论贤举能而传焉，非疏父子，亲越人也，明于治乱之道也。故三王以义亲，五霸以法正诸侯，皆非私天下之利也，为天下治天下。是故擅其名，而有其功，天下乐其政，而莫之能伤也。今乱世之君臣，区区然皆擅一国之利，而管一官之重，以便其私，此国之所以危也。故公私之交，存亡之本也。"这段话讲述的意思是：只有公私的界限分明，小人才不嫉妒贤人，无能的人才不嫉妒有功的人。尧舜治理天下，并不是独占天下的利益，乃是为了天下人而治理天下，所以选拔贤能，而且把天下传给他。尧舜并不是疏远自己的儿子，亲近外人，乃是明晓治乱的道理。三王用道义来爱护天下人，五霸用法度来纠正诸侯，都不是独占天下的利益，乃是为了天下人而治理天下。因而才能取得名誉，建立功业，天下人都喜欢他们的政治，没有人能够伤害他们。现在乱世的君臣很渺小地独占一国的利益，或掌握一官的职权，从而就追求个人的私利，这就是国家危险的原因。可见公私的分界就是国家存亡的根源。"公私之交"，之所以为"存亡之本"，是因为统治者如果持政以公，做事以公众的利益为出发点，在行为取向上以国家和人民的利益为重，那么他的统治就是有益于国家和人民的，人民就会因此而得到好处，国家也会因此而富强。反之，统治者做事全是为了满足一己的私欲，一切以自身的利益得失为裁夺，那么结果必将是足一人而寡天下，人民的利益就会受到侵害，国家也就因此日益削弱。统治者为政的利益出发点的问题，也就是为公还是为私的问题，是关系到国家之兴亡的大事。

※ 法、术、势

"法"、"术"、"势"，是韩非所总结的帝王术。"法"，指的是作为国家政治之根本的法律；"术"，指的是君王统治的手段和策略；"势"，指的是君王所具有的权力和威势。韩非认真地总结了此前法家的思想，成为法家理论的集大成者，形成了一套以君王的统治为出发点，以法为本，法、术、势相辅相成的严整的政治理论体系。在韩非之前，法家人物以商鞅、申不害和慎到为代表，商鞅重视法的作用，申不害崇尚术的长处，慎到则推尊势的威力，韩非将法、术、势三者有机地结合起来。关于法，韩非提出"以法为本"、"以法为教"、"立法于君"等具有纲领性的政治主张。韩非还非常强调法的稳定性和平等性，指出："法也者，常者也。""法之所加，智者弗能辞，勇者弗敢争。刑过不避大臣，赏善不遗匹夫。"关于术，韩非指出："术者，因任而授官，循名而责实，操生杀之权，课群臣之能者也，此人主之所执也。"就是说，要根据每个人的能力给他相应的官职，按照名称来考察实际内容，要求名实相符，用自己手中的生杀大权，考察臣子的才能，这是君主所掌握的。韩非认为，术是应当隐藏起来而不露于外的，这与法不同，他说："人主之大法，非法则术也。法者，编著之图籍，设之于官府，而布之于百姓者也。术者，藏之于胸中，以偶众端，而潜御群臣者也。故法莫如显，而术不欲见。"关于势，韩非指出："君持柄以处势，故令行禁止。柄者，杀生之治也；势者，胜众之资也。"就是说，君主掌握了权柄来处理权势，所以下达的命令就能贯彻执行。权柄，是控制臣民生死的一种法定职分；威势，是制服民众的一种资本。在论述势的重要性时，韩非指出了：圣人具有尧舜那样的贤德和伯夷、叔齐那样的懿行，可是如果不依靠势，也就会无法立功成名。君王能够统治天下的首要原因并不在于其能力高强、品德出众，而是因为他拥有势而位尊权重。韩非由此提出"法势合一"的主张，声言"抱法处势则治"。依照韩非的理论，身为君主，只要将法、术、势三者加以完美地运用，则天下可运于掌。

※ 法后王

"法后王"，是荀子首先提出的政治理念，意味取法于当今圣贤的君王。荀子说："故人道莫不有辨。辨莫大于分，分莫大于礼，礼莫大于圣王；圣王有百，吾孰法焉？曰：文久而灭，节族久而绝，守法数之有司，极礼而褫。故曰：欲观圣王之迹，则于其粲然者矣，后王是也。"这段话讲的意思是，对各种事物的界限加以区别没有比确定名分更重要的了，确定名分没有比遵循礼法更重要的了，遵循礼法没有比效法圣明的帝王更重要的了。可是圣明的帝王有上百个，我们效法哪一个呢？回答是：礼仪制度因为年代久远而湮没了，音乐的节奏因为年代久远而失传了，掌管礼法条文的官吏也因与制定礼法的年代相距久远而使礼法有所脱节了。所以，要想观察圣明帝王的事迹，就得观察其中清楚明白的人物，而这样的人物就是后代的君王。"法后王"是与"法先王"相对的提法，荀子并非是反对"法先王"，而是批评只知"法先王"而不知"法后王"的观念，并且认为，"法后王"实际上也就是"法先王"，是在新的时代对先王之道的最为合宜的遵法。荀子所言的"后王"，指的是那些在时代急剧变化的历史环境中变法自强的君王，"法后王"就是要取法这些君王所施行的那些在现实政治中产生了积极有效影响的措施与方略，从而令儒家的政治理想与切实可行的制度结合起来，把外在制度的匡正作用与孔孟所倡导的自律和教化的作用结合起来，进而引导人们走向君子的人格，进而形成安定有序的社会局面。

※ 自相矛盾

"自相矛盾"，指自己说话、做事前后抵触，典出《韩非子·难一》："楚人有鬻盾与矛者，誉之曰：'吾盾之坚，莫能陷也。'又誉其矛曰：'吾矛之利，于物无不陷也。'或曰：'以子之矛陷子之盾何如？'其人弗能应也。夫不可陷之盾与无不陷之矛，不可同世而立。""自相矛盾"说的是一个逻辑学问题，即矛盾律的问题，矛盾律是指两个互相矛盾或互相反对的命题不能同时为真，其中至少有一个是假命题，这样，在两个互相矛盾或互相反对的命题中就不能两个都肯定，否则，就会犯"自相矛盾"的逻辑错误。矛盾律所体现的是思维的一致性和相容性。在这个故事中，卖矛和盾的楚人前后说出了两个命题，先说他的盾坚固得没有矛能够攻破。而后又说他的矛锐利得没有盾不能够攻破，后一个命题是对前一个命题的否定，如果肯定了后者，前者就被否定了；如果肯定了前者，则后者就被否定了。换一个角度来讲，一个命题本身不可能既是真的又是假的，这个人所说的这两个命题不可能同时为真。也就是说，如果他说的前一个命题是真的，那么后一个命题就不是真的，反之亦然。

※ 明故、辨类、是非之理

"明故"、"辨类"、"是非之理"，是墨子的逻辑学思想的重要体现，在中国古代逻辑学史上也有着重要的意义。"明故"，指的是对原因的明确；"辨类"，指的是对类属的辨别；"是非之理"，指的是对是与非的判断。"类"与"故"，在墨子的论述中是两个具有重要逻辑学意义的概念，"类"的概念把握的是事物的关联性；"故"的概念把握的是事物的因果性。墨子以"明故"出发来"辨类"，又进而定"是非之理"，体现了论说的较强的逻辑性。举一例而言："圣人以治天下为事者也。必察乱之所自起，焉（乃）能治之，不察乱之所自起，则不能治。譬之如医之攻人之疾者然，必知疾之所自起，焉（乃）能攻之，不知疾之所自起，则弗能攻……圣人……当察乱何自起……臣子之不孝君父，所谓乱也……此何（故）也？皆起不相爱。"这就是墨子在论辩之中对于"故"这一逻辑概念的出色运用。

※ 兼相爱，交相利

"兼相爱"、"交相利"，是墨子的基本思想理念。墨子认为，诸如争抢杀伐盗寇劫掠等，社会上的一切不合理的现象，都是因为人与人之间不相爱而引起的，因此提倡"兼爱"，也就是视人如己，"视人之国若视其国，视人之家若视其家，视人之身若视其身"，如此一来，则"天下之人皆相爱，强不执弱，众不劫寡，富不侮贫，贵不傲贱，诈不欺愚"，这也就实现了"交相利"，即人与人之间互惠互利，而绝无损己利人之事的存在。

※　非攻

"非攻"，是墨子的重要思想主张，墨子从"兼爱"观念出发，极力反对发动战争，《墨子·非攻》有这样的表述："今攻三里之城，七里之郭……杀人多必数于万，寡必数于千。"战争使百姓生活在"居处之不安，食饭之不时，饥饱之不节"的张皇无措的境地，而战争对人民生活的破坏远不止于此，"入其国家边境，芟刈其禾稼，斩其树木，堕其城郭，以湮其沟池，劲杀其万民，覆其老弱，迁其重器，卒进而柱乎斗……"这一切都是战争所带来的罪恶。墨子指出："此其为不利于人也，天下之厚害矣，而王公大人乐

墨子像
墨子是中国思想史上第一位为劳动阶级呐喊的思想家。他并不停留在对下层人民的同情上，而是见义勇为，身体力行，以致不论他的追随者，还是他的论敌，都佩服他苦志劳身以救天下的献身精神，就连激烈批评他的孟子，也承认他是"摩顶放踵，利天下而为之"的利他主义者。

而行之，则此贼灭天下之万民也，岂不悖哉！"这说的是战争为天下最大的祸害，可是统治者们为了各自的利益争夺却乐于战争，不惜发动战争而置万民的生死于不顾。墨子所生活的时代正是诸侯之间的兼并战争愈演愈烈之际，战火所过之处，生灵涂炭，乐土化作废墟，墨子对战争给社会与民生所带来的巨大的破坏性有着极其强烈的心灵触动，因而痛心疾首地倡导"非攻"。这是一种和平主义的理想，但在当时的历史情境下却是不可能实现的。

※　尚贤与尚同

"尚贤"与"尚同"，是墨子提出的政治主张。"尚贤"，说的是取用

人选的时候当以贤能为准。墨子指出："官无常贵，而民无终贱，有能则举之，无能则下之。"又说："不辨贫富、贵贱、远近、亲疏，贤者举而上之，不肖者抑而废之。"墨子关于"尚贤"的论说突破了宗法等级制度的约缚，显示出彻底的平等色彩，可以说是后来任人唯贤之主张的滥觞。"尚同"，说的是统一人们的思想之意，墨子认为天下之乱是因为人们的思想不同而起的，"一人一义，十人十义，百人百义"，每个人行事都有不同的准则，而彼此的思想相互冲突，这就导致了天下的混乱。墨子提出的解决办法是："选择天下贤良、圣知、辨慧之人，立为天子，使从事乎一同天下之义。"由最贤明的人做天子，用最为高尚和智慧的思想来统一天下人的思想，由此人人心理相同不二，社会的运行也就会井井有条。墨子的"尚同"的愿望是一种不可能实现的空想。

※ 非命论

"非命论"是墨子的重要思想，表达的是这样的观念：人自身的祸福是由自己的行为而导致的，并非是由天命所决定的。墨子说："存乎桀纣而天下乱，存乎汤武而天下治。天下之治也，汤武之力也；天下之乱也，桀纣之罪也。若以此观之，夫安危治乱存乎上之为政也，则夫岂可谓有命哉！"墨子进而指出，有一些人不能好好地对待亲戚和君长，嫌恶恭敬俭朴而喜好简慢粗陋，贪于饮食而懒于劳作，所以衣食财物不足，导致自身有饥寒冻馁的忧患，可是他们却不说："因为我疲沓无能，不能努力地劳作，所以才成了现在这样凄惨的景象。"而是说："我命里本来就穷的，这不是我的问题，是命的问题啊。"墨子的表述将"固命"者的荒谬披露无遗，指出其为自己的恶劣习性进行辩解的虚伪本质，指出人要对自身的遭遇进行负责的正确性和必要性。

※ 不战而屈人之兵

"不战而屈人之兵"，语出《孙子兵法·谋攻第三》："是故百战百胜，非善之善者也；不战而屈人之兵，善之善者也。"屈，指的是使人屈服的意思。"不战而屈人之兵"讲的就是不通过兵戎相见的战争而使对方的军队屈服，这才是战争的最高境界。在战争

孙五（武）子演阵教美人战　版画
图中孙武作道士装束，举旗于城上教宫女演习战术，吴王坐于对面的台上，俯视两队演武的阵容。

中，迫使对方屈服的直接手段和基本途径就是作战，然而作战则必然要给自己造成损失，虽然可制服对方，也对自身有所伤害，这样的胜利就不能称之为完善的结果。而不通过直接的交手，令对方在投入战争之前就先放弃了作战的意志，从而屈服于己，既达到了作战的目的，又没有令自己的力量受到损伤，如此才是最好的选择，是所谓善之善者也。一般而言，欲做到不战而屈人之兵，是要以己方强大的实力为基础的，当双方的实力对比达到了相当程度的反差时，才会有不战而胜的效果。当然，这种强大的实力不一定完全体现在军事方面，而还有着更为广阔的内涵。

※ 离坚白

"离坚白"是公孙龙的另一个重要的辩题。所谓"离坚白"，说的是一块白色的坚硬的石头放在人的面前，人知道到这块石头是又白又硬的，但是人用手只能感觉到其"坚"，而不能感觉到其"白"；人用眼只能感觉到其"白"，却不能感觉到其"坚"，这也就是说，"坚"与"白"并非同时存在于石头之中，两者是相分离的。"离坚白"也被称为"坚白石二"。"坚白石二"说的是"坚"、"白"与"石"这三者之间不能够同时存在，而只能是"坚"与"石"或者"白"与"石"两者一同存在。公

孙龙的这一论题显示了单凭感性无法察知事物内部所具有的实质关系的哲学意涵，但"离坚白"的思想基础是将事物的不同方面的属性相割裂，以人的直接感官认知为事物存在的标准，不仅片面，而且具有唯心主义的色彩。

第三篇

天人之学

‖天文历算‖

※ 观象授时

观象授时，即通过观察天象来确定时间和创制历法。因为节令的测定与农业生产直接相关，所以制定准确的历法是农业社会的一件大事，而考察时序的基本途径就是观测天象，因此古人对其极为重视。《尚书·尧典》在叙述尧治理天下的具体活动时，所记载的首要一项就是派人观测天象，制定历法："乃命羲、和，钦若昊天，历象日月星辰，敬授民时……期三百有六旬有六日，以闰月定四时成岁。"这段话还表明，在尧的时期，观象授时的方法已经成熟，原始的历法在那个时期也已经形成，人们在从事农业生产的时候可以不再依凭直觉，或者随机行事，而是有了可靠的指导，这意味着农业生产已经进入了一个相对发达的阶段。

※ 受天命，改正朔

正，指的是一年之首；朔，指的是一月之首。"正朔"合称，代指历法。"受天命，改正朔"，说的是每当改朝换代的时候要取用新的历法，而这种改变是秉承天意的。《礼记·大传》记载："立权度量，考文章，改正朔，易服色，殊徽号，异器械，别衣服，此其所得与民变革者也。"讲的是立朝之初新王所要进行的一系列改革内容，改正朔是其中之一。孔颖达注疏说："改正朔者，正谓年始，朔谓月初，言王者得政，示从我始，改故用新，随寅、丑、子所建也。周子，殷丑，夏寅，是改正也；周夜半，殷鸡鸣，夏平旦，是易朔也。"之所以要进行这些改革，是因为这意味着新王朝的建立是一个新的开始，也就是所谓的"革故鼎新"。夏代是以寅月为正的，也就是当今所讲的正月；而商代是以丑月为正的，即夏历的十二月；周代又以子月为正，就是夏历的十一月；到了秦代，又改为以夏历的十月为正。汉初袭用秦代的正朔，汉武帝元封六年（公元前 104 年），改用太初历，取夏正，此后历代都沿用夏正，仅在武则天称帝时取用周正。

※ 日、气、朔

日、气、朔，是中国古代历法的三种基本元素。"日"，就是一个太阳日，为 24 小时。"气"，指的是二十四节气，也就是从冬至开始，到下一个冬至，是一个回归年，一个回归年划为 24 份，称为二十四节气。其中，冬至和其后依次相隔一位的节气，如大寒、雨水、春分等叫作"中气"，相应地，小寒、立春、惊蛰等则叫作"节气"（有时为了简洁，也将中气称为"气"，而将节气称为"节"）。"气"又分作两种，按时间等分的叫"平气"，按一年中太阳所走的路程等分的叫"定气"。"气"体现着历法中阳历的成分，而"朔"则体现着历法中阴历的成分。"朔"指的是日、月的黄道经度相同的时刻，也就是阴历每月初一的时候日、月之间的位置关系所体现出来的月相。月亮绕地球运动的速度是不均匀的，太阳周年视运动的速度也是不均匀的，因此，朔出现的时间也是不相等的，但是凭借长期的观测统计，可以求得一个相对稳定的平均值，这个平均值就称为一个朔望月。根据朔望月推算出来的朔，叫"平朔"；对平朔由日、月不均匀运动所造成的偏差进行修正而得到的真实的朔，称为"定朔"。中国古代历法自有"气"、"朔"以来，从春秋、战国时代到唐初，使用的是平气和平朔；从唐初到明末，使用的是平气和定朔；清代以后，使用的就是定气和定朔。

※ 干支计时纪年

干是指天干，支是指地支。天干共 10 个，所以又称为"十干"，顺序为：甲、乙、丙、丁、戊、己、庚、辛、壬、癸；地支共 12 个，顺序为：子、丑、寅、卯、辰、巳、午、未、申、酉、戌、亥。其中甲、丙、戊、庚、壬是阳干，乙、丁、己、辛、癸是阴干。子、寅、辰、午、申、戌是阳支，丑、卯、巳、未、酉、亥是阴支。

在夏历中，干支用来编排年号和日期。具体方法为以一个天干和一个地支相配，天干在前，地支在后，天干从甲开始，地支从子开始，阳干对阳支，阴干对阴支（阳干不配阴支，阴干不配阳支），60 年一周期，称为"六十甲子"或"花甲子"。天干表示年、月、日、时的次序，地支用来纪月、纪时。地支纪月就是把冬至所在的月称为子月，以下依次排列。地支纪时就是把一日分为 12 个时段，分别以十二地支表示，称十二时辰。

古人就是以六十甲子循环来纪年、纪月、纪日、纪时。

※ "天文志"与"五行志"

"天文志"和"五行志"为正史之中志类的两种，开创于《汉书》，为后代史书所继承。

"天文志"是对包括星运、日食、月食等各种天文现象的记录，而在《汉书》之前，《史记》中就已经有了《天官书》，系统地总结了汉代以前的天文知识和天文事件。《汉书》中的"天文志"秉承而来，保存了上古至汉哀帝元寿年间的丰富的天文资料，具有极高的史学和科学价值。此后的史家也保持了这一优秀的传统，使得历代的"天文志"一脉相承，使中国成为世界上古代天文学文献最为丰富的国家。

"五行志"记载的是各种自然灾害和奇异现象，配以五行学说进行论述，具有浓厚的迷信色彩，因而遭致了猛烈的批评，可是这并不能掩盖"五行志"的宝贵价值，虽然其中的论说有相当大的一部分是虚妄的，但是这些论说都是以事实为依托的，也就是说，"五行志"保存了大量的自然科技史的原始材料，其中涉及到地震、水灾、旱灾、雹灾、蝗灾、怪雨、日食、彗星、太阳黑子、陨石、奇异的生命现象、冶炼事故等十分广泛的内容，许多为后世所重视的科学现象最初都是记载于"五行志"中的。另一方面，"五行志"还具有重要的思想史价值，从一个特别的角度为人们研究各个时期的社会思想提供了宝贵的文献资料。

※　三垣与四象

"三垣"，即紫微垣、太微垣和天市垣，是中国古代划分星空的星官，每垣都是一个比较大的天区，内含若干小的星官（或称为星座）。紫微垣是三垣的中垣，包括北天极附近的天区，在北斗东北，居于北天中央，所以又称中宫，或紫微宫，即皇宫的意思；以北极星为中枢，有星15颗，东西排列，成屏藩形状，各星多数以官名命名。它的天区大致相当于现今国际通用的小熊、大熊、天龙、猎犬、牧夫、武仙、仙王、仙后、英仙、鹿豹等星座。太微垣是三垣的上垣，位居于紫微垣之下的东北方，在北斗之南，轸宿和翼宿之北，有星10颗，以五帝座为中枢，成屏藩形状。太微即政府的意思，星名亦多用官名命名，它的天区包含室女、后发、狮子等星座。天市垣是三垣的下垣，位居紫微垣之下的东南方向，在房宿和心宿东北，有星22颗，以帝座为中枢，成屏藩形状，它的天区包括蛇夫、武仙、巨蛇、天鹰等星座。"四象"，即青龙（又称苍龙）、白虎、朱雀、玄武，分别代表东、西、南、北四个方向，用来划分天上的星区。这是古人把二十八宿中每一个方位的七个星宿联系起来加以想象而成的四种动物的形象而得来的。

※　星野

星野指的是与天上的星象相对应的地面的区域。《史记·天官书》说："天则有列宿，地则有州域。"人们用天上二十八宿的方位来对照地面的区域，某个星宿对着地面的某个区域，叫作某地在某星的分野。王勃在《滕王阁序》中说："豫章故郡，洪都新府。星分翼轸，地接衡庐。""翼"和"轸"分别是南方朱雀七宿中的第六宿和第七宿，"星分翼轸"的意思就是洪州属于翼、轸二宿所对应的地面区域。李白的《蜀道难》中有"扪参历井仰胁息"的句子，其中的"参"和"井"指的是星宿，参宿是秦的分野，井宿是蜀的分野，

二十八宿铜镜 唐

此铜镜约铸于8世纪，中心是蛙钮，自内往外由五个圈饰组成，边饰为朵云图案。无论作为古铜镜艺术品，还是古天文学的文物，这都是一件难得的珍品。

李白由秦入蜀，所以说"扪参历井"。二十八宿是人们对于天空星区的划分，东西南北四个方向各有七宿，而又将其更为具体地分成九野。即中央钧天：角宿、亢宿、氐宿，东方苍天：房宿、心宿、尾宿，东北变天：箕宿、斗宿、牛宿，北方玄天：女宿、虚宿、危宿、室宿，西北幽天：壁宿、奎宿、娄宿，西方颢天：胃宿、昴宿、毕宿，西南朱天：觜宿、参宿、井宿，南方炎天：鬼宿、柳宿、星宿，东南阳天：张宿、翼宿、轸宿。这九野的方位分别对应于地上的方位，就构成了星野的划分，如前面提到的翼、轸二宿，属于东南阳天，洪州位于中国的东南，正与翼、轸二宿相对应，而参、井二宿则属于西南朱天，与秦、蜀地区相对应。

※ 古代的星图

星图是观测恒星的一种形象记录，是天文学上用来认星和指示位置的一种重要工具。我国古代天文学非常先进，有绘制星图的传统。

世界上最早的星图是唐中宗时期（公元705～710年）绘制的敦煌星图，上面绘有1350多颗星。1907年被斯坦因盗走，现藏于英国伦敦博

物馆。

　　最早的石刻星图是从五代（公元 907 ～ 960 年）吴越王钱元瓘的墓中出土的。石刻星象图刻有二十八宿和拱极星等星宿。1247 年，南宋天文学家根据北宋年间的观测结果，刻制了一幅比较齐全的石刻星图，图中共有 1440 颗星，以及银河和二十八宿距星的经线 28 条，现藏于江苏苏州市博物馆。

　　现在发现的最早的彗星图是 1973 年从湖南长沙马王堆三号汉墓中出土的一部帛书。在这部帛书中，绘制了 29 幅不同形状的彗星图。每幅彗星图下面都写有占卜的文字，每条占卜文字的开头都写着彗星的名称。这部帛书距今已有 2200 多年，是世界上最早的彗星图。

※ 彗星、行星的运行记载

　　彗星，在中国古代称为星孛、蓬星、长星等，据《春秋》记载，鲁文公十四年（公元前 613 年）"秋七月，有星孛入于北斗"。这是世界上最早的关于彗星的记载，此星孛即哈雷彗星。哈雷彗星的运行周期为 76 年，从秦王嬴政七年到清宣统二年（公元前 240 ～ 1910 年）的两千多年间，哈雷彗星共回归过 29 次，每一次中国都进行了记录，并且记录得很详切。如《汉书·五行志》对出现于汉成帝元延元年（公元前 12 年）的彗星做了这样的记载："元延元年七月辛未，有星孛于东井，践五诸侯，出河戍北，行轩辕、太微，后日六度有余，晨出东方。十三日，夕见西方……南游度犯大角、摄提，至天市而按节徐行，炎入市中，旬而 2 后西去；五十六日与苍龙俱伏。"据统计，中国古代对彗星的记载多达五百次以上，是世界上古代彗星记录资料最为完备的国家。

　　在古代，行星指的就是金星、木星、水星、火星和土星。中国对行星的观测也有着久远的历史，在甲骨文中就有了关于木星的记载，而到了秦汉时期，人们已经观测和推算出五大行星的运行周期。马王堆汉墓出土的帛书《五星占》中详细地记载着从秦王嬴政元年（公元前 246 年）至汉吕后元年（公元前187年）这60年间木星的位置和从秦王嬴政元年至汉文帝三年（公元前177年）这70年中土星与金星的位置，还记录了五大行星的回合周期。例如，土星"日行八分，卅日而行一度……卅岁一周于天"，意思是说，土星的会合周期为377日，这比当今的测量值378.09日小1.09日；再如，帛书上记载的金星的会合期折算之后为584.4日，这比现在的精确数据只多了0.48日。总之，史籍中关于彗星和行星的记载标志着中国古代天文学卓越的成就。

※ 黄道与黄道吉日

黄道，指的是一年当中太阳在天球（即一个假想的与地球同心的无限大半径的圆球）中的视路径，或者说是太阳在天空中穿行的视觉轨迹的大圆，从另一个角度来说，也就是地球公转轨道面在地球上的投影。平常所说的12星座，指的就是黄道十二宫，即位于黄道带上的十二个星座，人们可以根据太阳处于黄道上的何种位置来判断季节和日期。古时，星象不仅用来推算历法，还用来预测吉凶，人们把日辰的十二地支分别与十二星宿天神相配，称之为某神值日。即子日青龙、丑日明堂、寅日天刑、卯日朱雀、辰日金匮、巳日天德、午日白虎、未日玉堂、申日天牢、酉日玄武、戌日司命、亥日勾陈，其中青龙、明堂、金匮、天德、玉堂、司命这六个星宿是吉神，称其为"六黄道"，其余的则为"六黑道"。当"六黄道"值日之时，诸事皆宜，不避凶忌，也就是所谓的"黄道吉日"。黄道吉日后来又泛指宜于办事的好日子。

※ 二十八宿

二十八宿是中国古人认识星辰和观测天象对天上恒星的划分，类似西方的星座，又称为二十八星或二十八舍。"宿"表示日月五星所在的位置。古时候的人们根据它们的出没和中天时间定四时，安排农事活动。

二十八宿分成四组，与东、北、西、南四宫和动物命名的四象相配。

它们是东宫青龙，包括角、亢、氐、房、心、尾、箕七宿；西宫白虎，包括奎、娄、胃、昴、毕、觜、参七宿；南宫朱雀，包括井、鬼、柳、星、张、翼、轸七宿。北宫玄武，包括斗、牛、女、虚、危、室、壁七宿。与它们关系密切的一些星官（意为一组星），如坟墓、离宫、附耳、伐、钺、积尸、右辖、左辖、长沙、神宫等，分别附属于房、危、室、

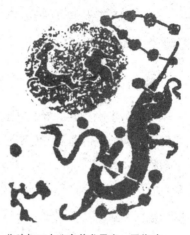

北斗与二十八宿苍龙星座　画像砖

毕、参、井、鬼、轸、尾等宿，称辅官或辅座。唐朝时，包括二十八宿和辅官在内的星共有 183 颗。

最早记录二十八宿的是春秋时期的《尚书·尧典》。现存对二十八宿最完整的记录发现于湖北随县战国古墓（葬于公元前 433 年）的漆箱盖上，它记录了二十八宿的全部名称。

※ 二十四节气

古人根据季节更替和气候变化的规律，把一年天分为 24 个节气。

立春：即春季的开始。雨水：降雨开始。惊蛰：指春雷惊醒了蛰伏在土中冬眠的动物。春分：表示昼夜平分。清明：天气晴朗。谷雨：雨生百谷。立夏：夏季开始。小满：麦类等作物籽粒开始饱满。芒种：麦类等有芒作物成熟。夏至：夏天来临。小暑：气候开始炎热。大暑：一年中最热的时候。立秋：秋季开始。处暑：暑天结束。白露：天气转凉，露凝而白。秋分：昼夜平分。寒露：露水以寒，将要结冰。霜降：开始有霜。立冬：冬季开始。小雪：开始下雪。大雪：降雪增多。冬至：冬天来临。小寒：气候开始寒冷。大寒：一年中最冷的时候。

为了便于记忆，人们编了二十四节气歌诀：春雨惊春清谷天，夏满芒夏暑相连。秋处露秋寒霜降，冬雪雪冬小大寒。

二十四节气最早出现在商朝，是中国历法的独创，几千年来对中国农业发展起了重要作用。

※ 黄历

黄历，即黄帝历，相传为黄帝创制，为中国最早的历法。因为黄历的使用范围很广，在上古时期通行时间又很长，所以人们以后也把其他历书习称为"黄历"，并且这一称呼一直沿用下来。黄历的制定以天象观测和农时经验为基础，是一种阴阳合历，将一年分为春、夏、秋、冬四季，以子建月，也就是以阴历十一月为岁首。黄历对于指导人们的农业生产有着重要的作用，也奠定了后世历书的基础，但是在流传过程中也加入了诸如吉凶、宜忌、冲煞、方位、流年、太岁等迷信的内容，尽管在历史上曾被禁止，然而这些内容在当今的历书中依然流行。在历法中还有一个"皇历"的概念，经常与"黄历"相混淆，"皇历"指的是官方颁布的历书。唐文宗大和（又作"太和"）九年（公元 835 年），皇帝下令编制了中国最早雕版印刷的历书宣明历，并且规定今后历书必须由皇帝亲自审定，同时由官方印刷。从此，历书就被称为"皇历"。"黄历"与"皇历"的原本含义截然不同，但是由于都用作历书的代称，两者读音又相同，所以以后来就被混同起来，当今提起传统历书的时候，有时写作"黄历"，有时又写为"皇历"，但是都脱离了原来的含义，变得不易区分了。

※ 阴历与阳历

按月相周期来排定的历法，叫作太阴历，简称为阴历；以太阳视运动为依据而设置的历法，叫作太阳历，简称阳历。阴历定月的依据是月球的运动规律：月球运行的轨道，叫作白道；太阳在地球上的周年视运动轨迹，叫作黄道。白道与黄道以五度九分而斜交，月球绕地球一周，出没于黄道两次，用时二十七日七小时四十三分十一秒半，这是月球公转一周所需的时间，天文学上称为"恒星月"。而当月球环绕地球运动的时候，地球的位置因公转也发生变动，因此，月球从朔到望，实际所需的时间是二十九日十二时四十四分二秒八，这一时间称为"朔望月"，也就是阴历的一个月。现在通常所说的阴历指的是夏历，因与农时密切相关，所以又叫农历，但是夏历有闰月的设置，并不是一种纯粹的阴历。阳历是根据太阳直射点的运行周期而制定的，其平均历年为一个回归年，分为平年和闰年两种，闰年比平年多出一天。通常所说的阳历，即格里历，是现代国际通行的历法，因而又称之为公历。阳历的一年实际上并非刚好是 365 日，而是 365.242199174 日，因此每四年设置一次闰年，这样就将年度的平均时间修正为 365.25 日，但仍有一定的误差，因此每一百年再减少一个闰年，而每四百年再加回一个闰年，最后修正为 365.2425 日，这样出现一天时间的误差大约需要 3000 年，可以说是已经相当精确的了。

※　夏历、周历和秦历

夏历，即夏朝制定和应用的历法，习惯上也称为农历、阴历，但实际上属于一种阴阳合历，因为夏历在朔望月这一方面取用的是阴历的原则，而在设置闰月以使平均历年为一个回归年这一方面则显示出阳历的成分。当今仍在使用的阴历常常被认为是夏历，而实际上取用的只是夏正，也就是一年的开始一天与夏历是一致的，至于每月的设置情况与夏历是有着一定差异的，即使称之为夏历，也并非是 4000 年前夏朝时候历法的原初面貌的，而是经过修正和改订过的夏历。周历和秦历与夏历基本上是一致的，区别在于岁首的不同，周历以夏历的十一月为岁首，而秦历则以夏历的十月为岁首。先秦时期，几种历法并用，所以在古籍中常常会见到因所依历法不同而产生的记月的差异，这是值得注意之处。

※　太初历

太初历创制于西汉，是中国第一部完整的历法，也是当时世界上最先进的历法。元封六年（公元前 104 年），经司马迁等人提议，汉武帝下令改定历法，将先前沿用的误差较大的颛顼历改为太初历。太初历由天文学家落下闳、邓平等人制订，这部历法规定，一年为365.2502日，一月为29.53086日，将原来的以十月为岁首改为以正月为岁首，开始采用有利于农业生产的二十四节气，以没有中气（即雨水、春分、谷雨等二十四节气中偶数位的节气）的月份为闰月，由此调整了太阳周天与阴历纪月不相合的矛盾，并且根据天象实测和多年来史官的记录，推算出135个月的日食周期。太初历在刚刚行用时，受到一些人的反对，为了验证太初历是否符合实际的天象，朝廷组织了一次为期3年的天文观测，同时校验太初历和古六历（即黄帝历、颛顼历、夏历、殷历、周历和鲁历）的数据，结果表明，太初历更具优越性，于是得以长期沿用，直至汉章帝元和二年（公元85年），前后应用了189年。

※ 授时历

元世祖至元十七年（1280年），郭守敬（1231～1281年）与王恂、杨恭懿、许衡等人于编写完成授时历。

授时历通过对前代40多部天文历法著作的细致研究，推算出一年有365.2425天，与地球绕太阳一圈的时间仅差26秒，与现在实行的公历所采用的平均年的长度是一样的。书中还废除了前代采用的上元积年以及采用复杂分数表示天文资料的办法，而是精简了计算方法，大大提高了准确度。计算方法上，授时历采用3次差分的内插法来计算太阳、月亮的不均匀运动；同时，还运用了类似球面三角法的数学方法计算黄道和赤道宿度之间的转化以及太阳视赤纬的转化。

授时历是我国古代最优秀，以及实际实施时间最长的一部天文历法，从元末颁布实行开始直到清朝中期，共实施了364年。

※ 浑天仪

浑天仪是浑仪和浑象二者合一的总称，东汉张衡所创。浑仪是测量天体球面坐标的一种仪器，它模仿肉眼所见的天球形状，把仪器制成多个同心圆环，整体看犹如一个圆球，然后通过可绕中心旋转的窥管观测天体。浑象是古代用来演示天象的仪表，最早为西汉耿寿昌所创制，张衡对其进行了改进，它的构造是一个大圆球，上面刻画或镶嵌星宿、赤道、黄道、恒稳圈、恒显圈等天象标志，类似于现今的天球仪。张衡制造的浑天仪，几乎囊括了当时所有先进的天文学知识，能够把天象变化形象地演示出来，人们可以从浑天仪上面观察到日月星辰运行的现象，代表着中国古代天文学发展的卓越成就。

※ 北斗

北斗在我国是家喻户晓的七星，北斗七星是：天枢、天璇、天玑、天权、玉衡、开阳和摇光，因为这七星连在一起的形状，像是一个舀酒的斗形，所以古人就形象地称它为北斗。天枢、天璇、天玑、天权四星组成

天象图

斗身，古代叫魁；玉衡、开阳、摇光三星组成斗柄，古代叫杓。北斗七星属于大熊星座的一部分。

北斗最大的作用，是可以辨别方向，确定季节。那么，北斗是怎么用以辨别方向的呢？我们只要把天璇、天枢连成一条直线，并顺势把这条直线延长大约五倍的长度，就是北极星，而北极星是北方的标志，这样北方就找到了。北斗又是怎么确定季节的呢？当季节、夜晚的时段不同时，北斗星出现在天空中的位置也不同，看起来是在围绕着北极星运转，所以初昏时北斗斗柄所指的方向，就成了古人决定季节的依据：斗柄指向东，就是春天；斗柄指向南，就是夏天；斗柄指向西，就是秋天；斗柄指向

北，就是冬天。

※ 季节与十二次

十二次是为了方便说明日月和水金木火土五星的运行、节气的变换而产生的。古人按照由西向东的顺序，把黄道附近一周天，平均分成星纪、玄枵、诹訾等十二个等分，这十二个等分，就叫十二次。

由于十二次和二十八宿都是划分黄道附近一周天的，所以十二次中的每一次，都能有二十八宿中的某些宿和它对应，成为它的标志，例如，星纪的标志是斗宿和牛宿二宿，玄枵的标志是女宿、虚宿和危宿三宿。不过，由于十二次是等分的，而二十八宿各宿的大小不一，所以十二次各次起始和终止的界限，和二十八宿中宿与宿的分界，就不是完全重合的，某些宿可以跨属相邻两个次。

古人发明十二次，有什么作用呢？主要有两个方面。首先，可以用来指示四季太阳所在的位置，根据太阳的位置，说明节气的变换。其次，可以用来说明岁星每年所在的位置，根据岁星的位置，进行纪年，例如说某年"岁在星纪"，下一年"岁在玄枵"，等等。

※ 分野

古人观察天象，俯察地理，常会把天上和地上的事理联系起来。所谓分野，是古人把地上的州域和天上的星宿联系起来而形成的一个概念。根据资料可知，早在春秋战国时期，人们就已经开始根据地上的州域来划分天上的星宿了。古人把天上的星宿分别指配到地上的州国上，这样，星宿和州国就有了对应关系，古人再根据这种对应关系，说某星是某国的分星，某星宿是某州国的分野。这就是分野的基本内涵。

星宿分野的依据，通常是列国，或者是各州，有时也以十二次作为纲领，把列国逐个相应分配上去。

古代作家常常提到某些星宿，这些星宿，往往是在分野的意义上说的，如王勃《滕王阁序》中的"星分翼轸"，李白《蜀道难》中的"扪参历井"，这里所谓"翼轸"、"参井"，就都是。

※ 闰月

阴历是以朔望月作为单位的历法，阳历是以太阳年作为单位的历法。古人的历法，既非纯阴历，更非纯阳历，而是阴阳合历。在古人的历法里，年分为平年和闰年。平年共有十二个月，有六个小月、六个大月，每个小月二十九天，每个大月三十天，这样全年算下来，是 354 天。而一个太阳年大约是 365 天，两者比较，前者一年大概要少掉 11 天，这样累积经过三年，就会相差一个月余的时间，所以古人每三年，就要配置一个闰月，使历年的平均长度能够大致和一个太阳年相当，这样，也方便和自然时令相配合。

三年一闰，那么按理来说，六年两闰，但六年两闰，又少了些，于是古人有时就来个五年两闰，但五年两闰，又多了些，所以后来就规定，十九年里共闰七个月。

早在殷周时代，古人就已经置闰了，当时的闰月一般放在年末，叫作"十三月"，但当时置闰，并没有定制，有时一年再闰，所以甚至会有"十四月"。春秋时，一年再闰的状况就没有再发生了。汉初沿用秦制，把十月作为一年的开头，把九月作为一年的结束，所以汉初置闰，是在九月之后，叫作"后九月"。

※ 纪日法

古人纪日，用的是干支。干指天干，支指地支。天干有十个：甲、乙、丙、丁、戊、己、庚、辛、壬、癸。地支有十二个：子、丑、寅、卯、辰、巳、午、未、申、酉、戌、亥。十干和十二支一共可以排列组合成六十个单位，叫作六十甲子：

甲子	乙丑	丙寅	丁卯	戊辰	己巳	庚午	辛未	壬申	癸酉
甲戌	乙亥	丙子	丁丑	戊寅	己卯	庚辰	辛巳	壬午	癸未
甲申	乙酉	丙戌	丁亥	戊子	己丑	庚寅	辛卯	壬辰	癸巳
甲午	乙未	丙申	丁酉	戊戌	己亥	庚子	辛丑	壬寅	癸卯
甲辰	乙巳	丙午	丁未	戊申	己酉	庚戌	辛亥	壬子	癸丑
甲寅	乙卯	丙辰	丁巳	戊午	己未	庚申	辛酉	壬戌	癸亥

以上六十个单位，每个单位表示一日。有了这六十个单位，日子就可以记录了。例如昨日是甲子日，那么今日就是乙丑日，明日就是丙寅日，往后的日子依次顺推；甲子日的前一日，就是癸亥日，往前的日子依次逆推。六十个单位轮完一圈后，再周而复始。

古代有些日子，有特定的称呼。例如，每个月的第一天称为朔，最后一天称为晦，小月的十五日、大月的十六日称为望，望后紧挨着的日子称为既望。鲍照《玩月城西门廨中诗》说："三五二八时，千里与君同。"这里的"三五"和"二八"就是指望日，三五等于十五，"三五"指小月的望日，二八等于十六，"二八"指大月的望日。苏轼《前赤壁赋》说："壬戌之秋，七月既望。"这里则说到了"既望"。

一天之内的时间，又是怎么记录的呢？

从大的方面来说，古人是依据天色，以昼夜为单位，分成若干个时段。例如，日出时称为旦、早、朝、晨等，日落时称为夕、暮、昏等。太阳升到天空正中时称为日中，将近日中的时辰称为隅中，太阳西斜时称为昃。古人一天两餐，前面的一餐，是在日出之后隅中之前，这一节时间，称为食时；后面的一餐，是在日昃之后日入之前，这一节时间，称为晡时。日入之后，就是黄昏了，黄昏之后，就是人定了，人定之后呢，就是夜半了。夜半以后，就是黎明。天将亮的时间，称为昧旦，昧旦又称昧爽。此外表示天亮的时间的，还有平旦、平明等。至于鸡鸣，是指昧旦前的一段时间。鸡鸣和昧旦先后相续出现。《诗经》说："女曰鸡鸣，士曰昧旦。"这里就说到了鸡鸣和昧旦。

从小的方面来说，随着时辰概念的形成，古人把一天分为十二个时辰，十二个时辰用十二地支表示。每个时辰正好和我们现代的两小时相等。这是能一一对照上的，例如夜半十二点（即二十四点）是子时，所以古人说夜半是子夜；凌晨两点是丑时，四点是寅时，上午六点是卯时，其他依次顺推。

近代时，近人又把古人的十二个时辰中每个时辰细分为初、正。例如原来晚上十一点和十二点都是子时，分出初、正之后，晚上十一点就是子初，夜半十二点就是子正，等等。这样，也就等于用古代的概念，把一昼夜分成和现代相等的二十四小时了。

※　纪月法

古人纪月，一般用的是序数，从 月开始，一直记到十一月、十二月。一年开始的第一个月份，称为正月。每个月在先秦时代，大约都是有特定的称呼的，例如，《楚辞》把正月称为孟陬，《诗经》把四月称为除，十月称为阳，《国语》把九月称为玄，等等。

"月建"是古人的另一种纪月方法。所谓"月建"，就是把十二个月份配上十二地支，一般是把冬至日所在的夏历十一月，配上十二地支中的子，叫作建子之月，由建子之月顺推，就可以记录月份了。

※　漏刻、日晷和圭表

漏刻、日晷和圭表，都是古代用于计量时间的工具。漏刻，"漏"指漏壶，"刻"指刻箭。人们专门制造出一种有小孔的漏壶，把水注入漏壶内，水便从壶孔中流出来，再用一个容器收集漏下来的水，在其中放置一根刻有标记的箭杆，也就是刻箭，相当于现代钟表上显示时刻的钟面。刻箭被一个竹片或木块托着浮在水面上，从容器盖中心的小孔中穿出，随着容器内收集的水逐渐增多，刻箭也逐渐地往上浮，从盖孔处看刻箭上的标记就能知道具体的时刻。后来人们发现漏壶内的水多时，流水较快，水少时则较慢，这显然会影响计量时间的精度，于是在漏壶上再加一只漏壶，水从下面漏壶流出去的同时，上面漏壶的水又同步地补充进来，使下面漏壶内的水均匀地流入箭壶，从而取得比较精确的时刻。

日晷，又称日规，原理是利用太阳投射的影子来测定和划分时刻。日晷通常由铜制的晷针和石制的圆盘状晷面组成。晷针垂直穿过晷面中心，而晷面安放在石台上，南高北低，平行于天赤道面，这样，晷针的上端正好指向北天极，下端正好指向南天极。在晷面的正反两面刻出12个大格，每个大格代表一个时辰。当太阳光照在日晷上时，晷针的影子就会投向晷面，太阳由东向西移动，投向晷面的晷针影子也慢慢地由西向东移动，移动着的晷针影子和晷面就分别相当于现代钟表的指针和表面。

圭表，由"圭"和"表"两个部件组成，正南正北方向平放的测定表影长度的刻板，叫作"圭"，直立于平地上测日影的标杆和石柱，叫作"表"。圭表的发明是由人们对事物在太阳光下影子的变化规律的感知而得来的。正午时的表影总是投向正北方向，而且此时的表影最短，对于一年之中各日中午的表影，又以夏至日最短，而冬至日最长，通过这种观察，人们就可以确定节气的日期和一年的长度。

※ 张衡

张衡（公元 78 ~ 139 年），字平子，南阳西鄂（今河南南阳县石桥镇）人，东汉科学家、文学家。他早年发奋苦读，17 岁去长安和洛阳一带游历。永元十二年（公元 100 年）出任南阳太守的主簿。永初五年（公元 111 年）任郎中和尚书侍郎，后任太史令。晚年曾任河间相、尚书等职。

张衡是一个全才，他在天文学、地震学、机械制造、数学、文学、绘画等方面都取得了极高的成就。在天文学方面，他主张浑天说，提出天犹如一个鸡蛋，地犹如蛋黄那样居于中心，认为天外有天，宇宙无限。他提出具有朴素辩证法思想的天地起源说，并且正确解释了月食现象，认为中国地区肉眼能看到的星星有 2500 颗，还制成了浑天仪。他在天文学方面代表作是《浑天仪图注》和《灵宪》。

在地震学方面，他制造了世界上第一台地震仪——地动仪，能准确地侦测到地震。在数学上，他的代表作是《算罔论》，算出了圆周率 $\pi \approx 3.1466$ 和 $\pi \approx 3.1623$ 两个近似值。在思想领域，他坚决反对封建迷信思想。在文学上，他创作了《东京赋》《西京赋》等。他还擅长绘画，被认为是当时六大名画家之一。

※ 祖冲之与圆周率

祖冲之（公元 429 ～ 500 年），字文远，祖籍范阳郡遒县（在今河北涞水县），生于南京，南北朝时著名的数学家、天文学家和机械制造家。

他从小就聪明好学，青年时期就赢得了博学多才的名声。祖冲之的主要成就在数学、天文历法和机械制造三个领域。在数学方面，他取得的最大成就是圆周率。求算圆周率的值是数学界中一个非常困难的研究课题，古代许多数学家都为研究这个课题付出了大量心血。祖冲之在吸收了前人研究成果的基础上，经过 1000 多次的计算，将圆周率推算到 3.1415926 和 3.1415927 之间，成为世界上最早把圆周率推算到小数点后七位的数学家。这在当时世界上非常先进，直到一千年以后，西方数学家才打破了祖冲之的纪录。因此，日本数学史家三上义夫建议将 3.1415926 称为"祖率"，以纪念祖冲之的研究成果。

祖冲之关于圆周率的研究成果和其他重大贡献写成《缀术》一书，可惜这部数学专著现在失传了。除了数学以外，祖冲之在天文历法和机械制造方面也取得了很大成就。他曾编制了《大明历》，设计和制造了计时用的漏壶、指南车、水推磨和千里船等。

※ 沈括

沈括（约 1033 ～ 1097 年）字存中，钱塘（今浙江杭州）人，北宋科学家。至和元年（1054年），沈括任海州沭阳县（今属江苏）主簿，颇有政绩。熙宁年间，王安石变法，沈括积极参与。熙宁五年（1072年），沈括任提举司天监，职掌观测天象，推算历书。王安石变法失败后，沈括被贬，晚年定居润州（今江苏镇江东）梦溪园。

沈括资质聪颖，勤于思考，在物理学、数学、天文学、地学、医学、化学、工程学等方面都做出了重要的成就和贡献。沈括研究并改革了浑仪、浮漏和影表等旧式的天文观测仪器，还制造了测日影的圭表，改进了测影方法。在《浑仪议》《浮漏议》和《景表议》等3篇论文中，沈括介绍了他的研究成果，阐发了自己的天文学见解，这3篇论文在我国天文学史上具有重要地位。晚年，沈括总结自己一生的经历和科学活动，写出了科学巨著《梦溪笔谈》和《忘怀录》等。

※ 郭守敬

郭守敬（1231～1316年），字若思，顺德邢台（今河北邢台）人，元代天文学家、水利专家。他自幼在祖父郭荣的指导下，刻苦学习天文、数学、水利学等方面的知识。中统三年（1262年），郭守敬受到元世祖忽必烈的召见和赏识。至元十五年（1278年），郭守敬恩同知太史院事，负责建造天文台。郭守敬参与制定了新历法，负责制仪和观测。经过三年努力，在至元十七年（1280年）终于编出新历，忽必烈定名为授时历。另外，郭守敬设计和监制的新天文仪器有简仪、高表、候极仪、浑天象、玲珑仪、仰仪、立运仪、证理仪、景符、窥几、日月食仪，以及星晷定时仪12种，大大提高了观测精度，对我国天文研究有很大帮助。

晚年，郭守敬致力于河工水利，兼任都水监。至元二十八年（1291年），郭守敬领导开辟汇集大都附近水源的白浮堰，主持了大运河最北一段——由通州到大都积水潭的通惠河的修建工程。他根据地形地貌解决了通惠河的水源问题，而且在运河中设闸坝、斗门，解决了河水的水量和水位问题。

‖独特的中医‖

※ 中医

中医作为国粹已有几千年的历史，它是一个以朴素的唯物主义和自发的辨证法为指导思想，以阴阳五行学说为说理工具，以脏腑经络学说为理论核心，以辨证论治为临床特色的独特、完整的医学体系。

中医的最大特点是整体观念，也就是说，中医将人本身看作一个整体，人与自然相统一，人天相应，天人合一。中医始终将人作为 个整体看待，无论是病机、病理，还是诊断、治疗，时时处处着眼体现出这一观点。中医认为人与自然界息息相通，具有不可分割的密切联系，自然界对人体的影响无时无刻无处不在，人与自然气候、地理、环境、饮食、起居、习俗等有千丝万缕的联系，许多疾病与季节、时间、生活条件、环境、心情等有关。中医的另一特点是辨证施治。辨证是在整体观念指导下，将四诊收集的资料，根据阴阳、五行生克制化、经络、脏腑、多种辩证的规律全面分析，辨别疾病的证候，从而判断疾病的病因、部位、性质、邪正盛衰有病变趋势；施治就是根据辨证的结果，确定治疗的手段和方法。另外，中医还具有恒动观念，认为人体，以及宇宙万物都是连续不断、无限永恒地运动和变化着，将物质的运动形式概括为升降出入，即认为生理活动每时每刻都在人体内部和内外交换两方面进行，人体各部分组织、器官、脏腑、气血津液通过经络周而复始地维系在一起，相互依存、相互联络；在病理过程中相互影响、互为因果，一旦这种活动停止则生命

157

即告终结。

※ 中医的起源

中医起源于华夏先民长期的劳动实践，到原始社会末期，中医已具雏形，但由于缺乏文字的记载，只留下了一些传说，其中最为著名的就是神农尝百草和伏羲制九针，根据这种说法，神农和伏羲分别是中药学和针灸学的开创者。灸熨、针刺和汤药是中医的三大基本治疗方法，灸熨源自于人们对火的应用，针刺出自于对石器的使用，而汤药则产生于对食物的寻找过程，这些在初始阶段都是不自觉的偶然发现，后来则逐渐发展为一种确定的知识，形成了中医发展的源头。上古时期，人们对自然的认

神农采药图

识还处于蒙昧阶段，因此巫术盛行，而疾病的治疗更是与巫术密切地结合在一起，所以当时巫、医为一职，而最初的中医知识也于此时形成，在甲骨文中已经有了对确定病名的记载。进入周代，就出现了专业的医师，并且医学开始分科，也建立了医政制度。到春秋战国及至秦汉时期，随着一批医学大家和医学经典著作的出现，中医就已经进入全面成熟的阶段了。

※ 中医的理论基础

精气学说、阴阳学说和五行学说是中医的理论基础。精气学说认为气是生命的本源，人体机制的正常运行需要精气的调和，故凡为疾病，都是由人体之气的升降出入失调所致。在阴阳学说中，阴和阳分别代表着两种对立的事物或者事物对立的两面，阴阳之间对立而又统一，相互间存在

着交感、制约、消长、转化等彼此依存而又斗争的关系。五行学说则认为世界上一切事物都可按其基本属性分为五类，分别以金、木、水、火、土命名，五者之间存在着相生相克的关系。这三种学说涵盖了中医学中关于人体的组织结构、生理功能、病理变化的基本观点，并且构成了对疾病的诊断和防治的最终的理论依据。例如，在中医学理论中，表证、热证、实证可归属于阳证的范畴；里证、寒证、虚证可归属于阴证的范畴。再如，中医认为，金、木、水、火、土在人体中分别对应着肺、肝、肾、心、脾五脏，五行平衡、五脏调和，人体才能维持健康和气血旺盛。

※　四诊八纲

四诊八纲指的是中医诊断疾病的手段。四诊即望、闻、问、切四种诊察疾病的方法，是搜集临床资料的主要方法。

四诊即望、闻、问、切。"望"就是观察病人的精神状态、体质情况、皮肤或其他部分的色泽，以及五官、舌苔等。"闻"一是听病人发出的声音（言语、呼吸、咳嗽等），一是闻病人的气味（呼吸、口腔、分泌物，排泄物等）。"问"就是询问病人发病经过和症状。"切"就是号脉和触诊。脉诊虽然排在最后，但它是中医诊断学中最重要、起决定性作用的一环。八纲即表、里、寒、热、虚、实、阴和阳。它是在四诊的结果的基础上概括出来的，用来明确疾病的主要矛盾或矛盾的主要方面。中医认为，人之所以得病是因为六因，即风、寒、暑、湿、燥、火，但这些都是属于外因，是致病的条件，至于是否发病与否，主要取决于内因，即人的身体状况。

※　辨证施治

辨证施治就是从病人的整体进行考虑和治疗，而不是头痛医头、脚痛医脚。它既不同于对症治疗，也不同于西医的辨病治疗，它把人体的状况和疾病的发展变化规律联系起来，综合考虑进行治疗，可以说是病因疗法。

辨证的辨包括辨别与分析两方面内容。证就是对一组症状的综合与归类。辨证就是运用四诊所获得的客观资料（即证候），用中医的方法（三因、四诊、六经、八纲、脏腑、气血，等等）进行辨证分析，得出人生病的原因，同时注意病情的发展趋势。施治就是在辨证的基础上，根据不同症状，采用与之相应的治疗方法和用药。辨证是施治的依据，施治是治疗的目的。辨证的主要方法有：辨病位、辨病因、辨病机。

※ 邪从外来，病由内起

邪从外来，病由内起，这是中医的病因学理论。在中医看来，风、寒、暑、湿、燥、火等都是外界的致病因素，人无时无刻不在进行着与外界的物质交换，由此而引发体内的各种运动变化，即所谓的"升降出入"。正常的情况下，这种过程是平衡的，如果相关因素发生了某种反常的变化，例如，气温的骤降，就会造成人体升降出入的失衡，从而导致疾病。这就是所谓的"邪从外来"。在这种失衡的情况下，并不是所有的人都会生病，可见疾病的发生还受到另外因素的影响，这就是人体自身的状况，即人体对外界致病因素的抵抗能力，只有当人体内部的防御机制遭到破坏的情况下，疾病才会发生，也就是说，病发与否最终取决于人体内部的状况，即所谓的"病由内起"。

明切脉罗汉塑像

四川新津观音寺明代重修大雄宝殿中，有一对切脉诊病罗汉十分生动传神。病僧平伸左手微笑待诊，医僧凝神定气，圆睁双眼，全神贯注地沉浸在诊脉之中。表现中医诊脉的古代艺术品不多，遗存今日实属罕见。

※ 望闻问切

望闻问切，是中医传统的四种基本诊察方法，合称"四诊"，相传最早为扁鹊总结发明。成书于汉代、托名为扁鹊所著的《难经》记载："望而知之谓之神，闻而知之谓之圣，问而知之谓之工，切脉而知之谓之巧。"又解释说："望而知之者，望见其五色，以知其病；闻而知之者，闻其五音，以别其病；问而知之者，问其所欲五味，以知其病所起所在也；切脉而知之者，诊其寸口，视其虚实，以知其病，病在何脏腑也。经言，以外知之曰圣，以内知之曰神，此之谓也。"望、闻、问、切的诊察方法在中医学中具有统领性的地位，明代徐春甫在《古今医统大全》中说："望闻问切四字，诚为医之纲领。"

※　辨证与辨病

辨证与辨病都是以病人的临床表现为依据来认识疾病的过程，区别在于，辨病是对疾病的辨析，以确定疾病的诊断为目的，从而为治疗提供依据；辨证则是对证候的辨析，以确定证候的原因、性质和病位为目的，据此来确立治疗方法。辨病的重点在于疾病的判断，而辨证的重点在于证候的掌握。辨证论治是传统中医的一个基本特点，主要体现于同病异治和异病同治。同病异治，就是说同一种病，发病的时间、地域不同，或所处的疾病阶段、类型不同，或病人的体质不同，导致反映出的病证不同，因而治疗也就有差异。异病同治，是说几种不同的疾病在其产生过程中，有着大致相同的病机，表现出相类似的病证，就可以采用大致相同的方法和药物来治疗。但是辨证方法只考虑疾病的阶段性和类型性，不考虑疾病的全过程，在对病情的总体认识上是有着偏颇之处的，所以现代中医强调辨证与辨病相结合。

※　未病先防，有病防变

未病先防和有病防变体现的是中医强调的防重于治的观念。《素问·四气调神大论》中说："圣人不治已病治未病；不治已乱治未乱……夫病已成而后药之，乱已成而后治之，譬如渴而穿井，斗而铸锥，不亦晚乎。"未病先防是指在人体未发生疾病之前，应当在生活中的各个方面予以注意，养成良好的生活习惯，增强体质，提高免疫力，远离致病因素，杜绝疾病的发生。有病防变是说在疾病既已发生的情况下，当及时治疗，防止出现进一步的病变，也指疾病初愈的时候要注意调养，避免病症的复发。

※ 扶正祛邪

"扶正祛邪"是中医的重要治疗方法。"扶正"，即扶助正气，也就是提升人体对疾病的抵抗力和对环境的适应力；"祛邪"，即祛除邪气，也就是除掉致病的因素。依照中医理论，疾病的发生酝酿于人体中正气与邪气相斗争的过程，正气增长，病情就向好的方面发展，邪气增长，病情就向坏的方面发展，所以治疗就要从扶正和祛邪下手，促使正气战胜邪气，从而消除疾病，令人体变得健康。

※ 中药与方剂

中药，即中医用药，大体可分为植物药、动物药和矿物药三类，又可依据加工程度而分为中成药和中药材。中药学是中华民族经过长期的精心探索而总结出来的宝贵成果，经过数千年的发展历程而不断得到丰富和完善。现存的最早的中药学著作为成书于汉代之前的《神农本草经》，书中记载了中药 365 种（植物药 252 种，动物药 67 种，矿物药 46 种），同时对每一味药的产地、性质、采集时间、入药部位和主治病症都进行了详细介绍，并且对各种药物的配合应用以及服药方法和药物的制剂类型也都做了概述。及至明代，李时珍撰写的《本草纲目》载药 1892 种，附方一万多个，成为古代中药学的一部集大成之作。方剂是中药学的具体应用，指的是按照中医用药规则经过适宜的选择、酌量而制成的包含药物加工与服用方法在内的药方，简称为"方"。最早记载方剂的医书是汉初的《五十二病方》。东汉张仲景的《伤寒杂病论》将理法方药融于一体，共载方剂 314 种，被后世誉为"经方"，这表明方剂学此时已发展成熟。

※ 人体的经络网

经络是经脉和络脉的总称，人体运行气血的纵行的干线称为经脉，而遍及全身各个部位的经脉的分支称为络脉，经脉与络脉共同构成了人体的经络网，将人体内外、脏腑和肢节联结成为一个有机的整体。经络系统以阴、阳来命名，分布于肢体内侧面的经脉为阴经，分布于肢体外侧面的经脉为阳经，一阴一阳衍化为三阴三阳，相互之间具有相对应的表里相合关系，即肢体内侧面的前、中、后，分别称为太阴、厥阴、少阴，肢体外侧面的前、中、后分别称为阳明、少阳、太阳。在人体经络网中，十二经脉和十五络脉尤为重要。十二经脉发挥着主体性的作用，其名称分别是：手太阴肺经、手厥阴心包经、手少阴心经、手阳明大肠经、手少阳三焦经、手太阳小肠经、足太阴脾经、足厥阴肝经、足少阴肾经、足阳明胃经、足少阳胆经和足太阳膀胱经。十二经脉和任、督二脉各自别出一络，加上脾之大络，共计十五条，称为十五络脉，分别以十五络所发出的腧穴命名，如手太阴之别络、足太阳之别络、任脉之别络、脾之大络等。十五络脉加强了十二经脉中表里两经的联系，补充了十二经脉循行的不足。经络理论在中医学中占有着基础性的地位，对指导中医的各种诊疗实践有着决定性的作用。

※ 穴位

穴位，学名为腧穴，通常也称为穴、穴道，在中医学上指人体上可以针灸的部位，多为神经末梢密集或较粗的神经纤维经过的地方。中国古人很早就发现了穴位，成书于西汉之前的《黄帝内经》就指出"气穴所发，各有处名"，并且记载了 160 个穴位名称。魏晋时期的皇甫谧在《针灸甲乙经》中对人体 340 个穴位的名称、位置及其主治功能都进行了详切的论述。按照中医学理论，人体穴位是经络之气输注于体表的部位，又是疾病反映于体表的部位，还是针灸、推拿、气功等疗法的施术部位。长期的实践证明，穴位具有"按之快然"、"驱病迅速"的神奇功效，但是穴位的实质究竟如何，人们尽管采用了种种现代的技术和理论去测定与分析，依然没有得出确论。

※ 针灸疗法

针灸是针法和灸法的合称。针法是把毫针按一定穴位刺入患者体内，灸法是把燃烧着的艾绒、艾条等按一定穴位熏灼皮肤。针灸是中医学中重要的治疗方法，而且起源极为久远。远古时期，人们偶然发现身体表面的某个部位碰撞到一些尖硬物体的时候会有意外的疼痛减轻的现象，于是逐渐开始有意识地用一些尖利的石块来刺激身体的某些部位，以期减轻疼痛。这就是针法的由来。最初使用的针是石制的，称为"砭石"，后来则发展为金属针，针的形制也有多个种类。灸法的发现则是人们在用火的过程中发现身体某部位的病痛经过火的烧灼、烘烤会得到缓解，于是取用兽皮或树皮来包裹烧热的石块或沙土对身体进行热熨，用点燃的树枝或干草来烘烤以治疗疾病，后来艾叶则成为灸治的主要材料，因为艾叶具有易于燃烧、气味芳香、资源丰富、易于加工贮藏等优点。针灸疗法的原理是中医特有的人体经络理论，在治疗过程中，经过诊断，确定病变属于哪一经脉、哪一脏腑，然后制定相应的配穴处方，进行针灸，以达到通经脉、调气血的目的，从而使人体阴阳归于相

针灸画像石拓片（局部）东汉

画像石于山东微山市出土，为墓室内装饰图案。图左面有一个人面鸟身的神医，手执砭石正为病人做针刺治疗。把医者比作成鸟像，正是为了象征战国名医扁鹊。

对平衡，脏腑功能也趋于调和，也就获得了防治疾病的效果。

※　中医推拿术

中医推拿，又称"按摩"、"按跷"、"导引"、"案"、"摩消"等，是依据中医理论对体表特定部位施以各种手法，有时也配合某些肢体活动以恢复或改善身体机能的方法。推拿按摩属中医学的重要组成部分，也是人类最古老的疗法之一。据《汉书·艺文志》记载，秦汉时期已经有了关于推拿按摩的专著《黄帝岐伯按摩经》十卷，虽然该书已经失传，但是在同一时期完成的《黄帝内经》一书中记录了许多关于推拿的内容。东汉张仲景在《伤寒杂病论》中最先提出"膏摩"疗法，即将配制好的膏药涂抹在患者体表，然后运用特定手法进行抚摩擦揉。这就将推拿按摩与药剂应用结合在了一起，在提高治疗效果的同时也使推拿方法的应用变得更为广泛。魏晋南北朝时期，推拿疗法进一步发展，葛洪在《肘后备急方》中首次对膏摩的理论和应用进行了系统的总结，而陶弘景则在《养性延命录》中阐发了啄齿、熨眼、按目、牵耳、梳头、摩面、擦身等成套的推拿按摩动作。隋唐时期，宫廷太医署正式设立按摩专科，此时的按摩基础理论、诊断技术和治疗方面都已发展到相当水平。至明代，按摩成为13个医学科目之一，尤为引人注目的是，这一时期形成了独有的小儿推拿体系，产生了《小儿按摩经》《小儿推拿方脉活婴秘旨全书》《小儿推拿秘诀》等专著。"推拿"这一名称也是得于此时。清代虽然未在太医院设按摩或推拿科，但没有影响这一疗法的进一步发展和更为广泛的应用。乾隆年间由太医吴谦负责编修的《医宗金鉴》中对运用推拿手法治疗骨伤疾病做了系统的总结，将摸、接、端、提、按、摩、推、拿列为"伤科八法"，确立了正骨推拿的分科。这标志着古代中医推拿术发展的最后成就。

※　药膳

药膳就是将某些具有药用价值的食物经过特定的烹调方法制作而成

的一类特别的食品。药膳寓医于食，既将药物作为佳肴，又将食物赋以药用，从而在享用美味的同时又获得了医疗的效果。药膳营养价值和药用价值兼备，相比较服用单纯的药剂而具有明显的优点，因此有"药补不如食补"之说。远古时期，人们寻找各种可利用的植物和动物，有些动植物可供人们果腹，有些动植物可供人们治疗疾病，对于大多数动植物来说这两种作用是分开的，人们发现其中有一部分兼具食用和药用两种价值，这就是最初的药膳。"药膳"一词在史籍中最早见于《后汉书·列女传》，其中有"母亲调药膳思情笃密"的句子，早在东汉之前药膳作为一种实际应用就已经长期存在了。到汉代，则形成了非常丰富的药膳知识，东汉末年成书的《神农本草经》中记载了大枣、人参、枸杞、茯苓、生姜、杏仁、乌梅、鹿茸、蜂蜜、龙眼等多种具有药性的食物，这些食物已经成为配制药膳的原料。东汉名医张仲景在《伤寒杂病论》《金匮要略方论》中更是提出了大量的饮食调养方法配合药剂的治疗。至唐代，"药王"孙思邈在《备急千金要方》中设立了《食治》专篇，这标志着药膳已发展成为一个专门的学科。而后药膳的理论知识得到持续的完善，药膳的应用也从宫廷到民间，遍及千家万户。

※ 中医十大流派

中医历史源远流长，在长期的发展过程中形成了多种流派，其中主要有 10 个派别。

医经学派：以研究古代医学经典的基础理论为主，古代记载的医经有七家，但是仅有《黄帝内经》流传下来，对《黄帝内经》的研究也就奠定了中医学理论的基础。医经学派的著名人物和代表作品有扁鹊和《难经》、华佗和《中藏经》、皇甫谧和《针灸甲乙经》、全元起和《内经训解》、杨上善和《太素》、王冰和《素问注释》、吴琨和《素问吴注》、张介宾和《类经》等。

经方学派："经方"即经验方，宋代以后因为张仲景的《伤寒杂病论》

被尊为经典著作，所以"经方"就用来专指《伤寒杂病论》中记载的"经典方"。经方学派明清最盛，代表人物有方有执、柯琴、徐大椿、喻嘉言、张锡驹等。

伤寒学派：专门研究张仲景的《伤寒论》和《伤寒杂病论》中有关伤寒论的一部分，形成于晋代，绵延至清代，著名人物有王叔和、孙思邈、巢元方、王焘、庞安时、常器之、郭雍等。

河间学派：由金代河间人刘完素开创，以阐发火热病机为中心内容，擅长运用寒凉的治疗手法。河间学派在发展的过程中又衍生出攻邪学派和丹溪学派。

攻邪学派：以金代张从正为代表，强调"病由邪生，攻邪已病"的学术思想，在继承了河间学派善用寒凉的特点之外，又发展出了用汗、吐、下来驱邪的方法，这种方法也影响到后来的温病学派。

丹溪学派：以元代朱震亨为代表，因其家乡有一条溪流叫作丹溪，所以人们称之为丹溪先生。朱震亨是河间学派刘完素的第二代弟子，继承河间学派的同时，在医学理论上把外感火热引向内伤火热，主在阐发滋阴降火。朱震亨之后，丹溪学派中最有成就的人物为戴思恭、王履、王纶和徐彦纯。

易水学派：创始人为金代易州人张元素，以研究脏腑病机为中心，在诊断和治疗脏腑病症方面建立了较为系统的理论和方法，也为温补学派的建立奠定了基础。张元素的弟子李杲和王好古继之成为易水学派的中坚人物。

温补学派：形成于明代，薛已是此派的先导，主要人物有孙一奎、赵献可、张介宾、李中梓等。这一学派以研究脾肾及命门水火的生理特性及其病理变化为中心内容，进一步发展了易水学派的脏腑病机学说。

温病学派：由伤寒学派与河间学派所派生，以研究和治疗温热病而著称，又称为"瘟疫学派"。清代中晚期，叶天士、吴鞠通、薛生白、王孟英等温热学派的代表人物创建了卫气营血辨证和三焦辨证的理论，为中医学理论的丰富做出了重要贡献。

汇通学派：明末清初开始出现，持中西医汇合融通的观点，代表者有汪昂、金正希、王学权、朱沛文、唐宗海、张锡纯等，这一学派开启了现代中西医结合的先声。

※ 扁鹊

扁鹊，生卒年不详，约生于春秋晚期和战国早期，齐国渤海郡人（今河北任丘）。又说为齐国卢邑人（今山东长清），姓秦，名越人，"扁鹊"本是黄帝时代的名医，因为秦越人医术高明，所以人们称誉其为"扁鹊"。扁鹊是中国历史上第一位有确切记载的名医，被认为是中医学的鼻祖。扁鹊最大的贡献是创造了望、闻、问、切的诊断方法，还广泛地应用砭刺、针灸、按摩、汤液、热熨等多种方法治疗疾病，奠定了中医临床诊断和治疗方法的基础。《史记·扁鹊仓公列传》记载："扁鹊名闻天下。过邯郸，闻贵妇人，即为带下医；过洛阳，闻周人爱老人，即为耳目痹医；来入咸阳，闻秦人爱小儿，即为小儿医，随俗为变。"扁鹊遍游各地行医，擅长各科，在邯郸为妇科医生，到洛阳为五官科医生，入咸阳则又为儿科医生。但是到秦国后，秦太医令李醯因为自己的医术不如扁鹊，而将扁鹊刺杀。扁鹊著有《内经》和《外经》，都已失佚。

※ 张仲景

张仲景（约公元 150～219 年），名机，东汉南阳（今河南南阳市）人，著名医学家，史称"医圣"。东汉末年，军阀混战，瘟疫流行，张仲景家族 200 多人因伤寒病死了 100 多人。张仲景非常难过，立志"勤求古训，博采众方"，为人民治病。他在前人的医书《素问》《九卷》《八十一难》《阴阳大论》《胎胪药录》的基础上，结合自己的医疗经验，写成了《伤寒杂病论》（伤寒指的是急性传染病，杂病指的是外科、妇科等方面的疾病）。全书除病理论证外，系统地分析了伤寒的原因、症状和处理方法，奠定了理、法、方、药的理论基础。书中还精选了300多种方剂，为中医方剂学提供了发展的依据，后世很多药方都是从它发展变化而来的。这部书还传到了日本、朝鲜、越南、蒙古等国。经后人整理校勘，《伤寒杂病论》被编为《伤寒论》和《金匮要略》。张仲景创造的六经分证、中医诊断病情的八纲（阴阳、表里、虚实、寒热）和辨证施治的原则，为中医治疗学奠定了基础。

※ 华佗

华佗（公元145～208年），字元化，沛国谯（今安徽亳州）人，东汉著名医学家。《后汉书·华佗传》说他"兼通数经，晓养性之术"、"精于方药"，医术高超，被人们称为"神医"。他精通内、外、妇、儿、针灸各科，尤以外科著称，他一生主要在今安徽、江苏、山东、河南一带行医。曹操患头风病，华佗以针刺法治疗，很快治愈。曹操想留他做侍医，遭到华佗的拒绝，因而被曹操杀害。

刮骨疗毒图

《三国志》上载有华佗治疗的20多个病例，如传染病、寄生虫病、妇产科病、小儿科病、皮肤病、内科病等。华佗首创了中药全身麻醉剂——麻沸散，并应用于腹部外科手术，这在全世界是第一例，对后世影响极大。后世的中药麻醉都是在麻沸散启发下发展起来的，在世界麻醉学和外科手术史上，也有很大影响。华佗长于养生，模仿动物动作发明了"五禽戏"，进行医疗体育锻炼。他曾把自己医疗经验写成一部医学著作，即《青囊经》，可惜失传。

※ 孙思邈

孙思邈（公元 581 ~ 682 年），京兆华原（今陕西耀县孙家塬）人，隋唐时期著名医药学家，被后人尊为"药王"。孙思邈自幼体弱多病，家人为给他看病几乎耗尽家财。因此，他从小就立志要从事医学研究。他认真阅读了《黄帝内经》《伤寒杂病论》《神农本草经》等古代医书，钻研民间方药，向经验丰富的医生学习。到二十多岁时，孙思邈已经成为一个有名的医生了。隋文帝、唐太宗、唐高宗都请他出来做官，但都遭到了他的拒绝。

孙思邈长期生活在民间，广泛搜集民间药方，积累了丰富的医疗经验。孙思邈不但精通内科，而且擅长外科、妇产科、儿科、五官科等，还掌握了针灸技术和渊博的药物学知识。他最早描述了下颌骨脱臼的手法复位，一直沿用到现在。在长期的医疗实践中，孙思邈深切感到过去的方药医书浩博庞杂，分类也不科学。因此他一方面阅读医书，一方面广泛搜集民间方药，编成《备急千金要方》和《千金翼方》，这两本是供家庭备用的医药卫生手册。之所以用"千金"命名，是因为孙思邈认为人命比千金还要贵重。

※ 金元四大家

金元四大家是指刘完素、张从正、李杲和朱震亨四位医学家，他们开创了四大医学流派，对后世影响很大。

刘完素（约 1110 ~ 1200 年），字守真，号通元处士，河间人。在医学上，他大力提倡运气说，宣扬五运六气盛衰之理。刘完素的学说流派称"寒凉派"。著有《图解素问要旨》等。

张从正（约 1156 ~ 1228 年），字子和，睢州考城（今河南民权西南）人。他非常推崇刘完素，用药也多寒凉，创制了"张子和汗下吐法"。张从正的学说称"攻下法"。

李杲（约 1180 ~ 1251 年），字明之，号东垣先生。镇州（今河北正定）人。少时好医药，师从名医刘完素。李杲用药与张元素相同，主张以脾土为主，认为土为万物之母。他的学说流派称"补土派"。著有《伤寒会要》《脾胃论》等。

朱震亨（1281 ~ 1358 年），字彦修，婺州义乌人。拜刘完素徒弟罗知悌为师，他主张"因病以制方"，反对拘泥于"局方"，主张重在滋阴。他的学说流派称"养阴派"。著有《格致余论》《局方发挥》《伤寒辨题》《本草衍义补遗》《外科精要》等。

※ 李时珍

李时珍（约 1518 ~ 1593 年），字东璧，蕲州（今湖北蕲春）人，明代医药学家。出身于世医家庭，受家庭的熏陶，李时珍从小就喜爱医药，立志悬壶济世。经过刻苦学习和实践，在 30 岁时李时珍已经成为当地名医。后楚王聘李时珍到王府掌管良医所事务，3 年后，又推荐他上京任太医院判后经举荐补太医院之阙，一年后辞职回家。在此期间，李时珍阅读了王府和太医院里大量的医书，医学水平大增。

在李时珍之前，中国医学书上记载的药物有 1558 种，这些药物不仅品种繁杂，而且名称混乱。医生们在行医时非常不方便，有时候还会开错药。李时珍决心把这些药物整理出来，重新编定一本药典。他深入民间，向农民、渔民、樵民、药农请教，查阅医书 800 多部，对药物一一鉴别和考证，纠正了古书中的许多错误，还搜集许多新药物，历时 30 多年，写成了《本草纲目》一书。《本草纲目》对药物进行了分类，首先为纲，其次为目，再次是药名、产地、形色、药用等。《本草纲目》对后世医学影响很大，还传至日本、朝鲜、越南等国。

※ 《灵枢经》

又称《灵枢》《针经》《九针》，是我国现存最早、最系统的中医理论著作。约成书于战国时期，共九卷八十一篇。自汉魏后，由于长期抄传，《灵枢》出现不同名称的多种传本。直至南宋医学家史崧，于绍兴二十五年（公元 1155 年），将《灵枢》九卷八十一篇参照诸古书，重编为二十四卷，重新校正，并在书后附加校译及音译，镂版刊行。《灵枢》传本基本定型，取代各种传本，一再刊印，流传至今。

《灵枢经》涵盖内容十分丰富，此书以整体观念为指导，分别从阴阳五行、天人相应、五运六气、脏腑经络、病机、诊法、治则、针灸等方面，结合当时哲学和自然科学的成就，对人体生理、病理、诊断、治疗和养生的有关问题，做出了比较系统的理论概括。全面阐述了五脏六腑、精神气血津液、人体气质类型等内容，成为中医基本理论的渊薮，迄今在诊疗学上仍具有指导意义。此书对经络腧穴理论和针刺方法有更为翔实的记载，例如对针法的论述，不仅强调说明了守神、候气的重要性，而且提出了数十种针刺方法，详细介绍了针具使用、针刺部位、深浅、禁忌、针刺与四时的关系等实用内容，为后世针灸学的发展奠定了坚实的理论基础。

※ 《黄帝内经·素问》

简称《素问》。原九卷，早散失，后经修订补编为二十四卷，共计八十一篇。大约成书于战国时期，历代医学家对其不断进行一些补充、修改，到西汉才逐渐完成，所以也有人认为成书于西汉。关于本书的作者，说法不一。书名中冠有"黄帝"字样，但由于黄帝时还没有文字，所以后世猜测它可能是由当时一些不知名的医家集体完成。

《素问》涵盖内容丰富、论证

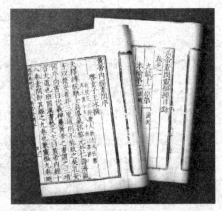

《黄帝内经·素问》明刊本

该书在实践基础上总结出脏腑学说和病因学说，奠定了中医的理论基础，是中国历史上第一部系统的医学著作。

科学，以人与自然统一观，阴阳学说、五行学说、脏腑经络学说为主，论述脏腑、经络、病因、病机、治则、药物及摄生、养生防病等各方面的关系，甚至已涉及到现代医学中关于人体发育、生理、解剖、治病原则、时间医学和预防医学等内容，集医理、医论、医方于一体，强调人体内外统一的整体观念，是中医基本理论的渊源。其中，书中提出的人体血液是在脉管内不停地流动，而且是"如环无端"的循环状态，这被世界科技史学界公认为是血液循环概念的萌芽。其他如体内各脏器的解剖结构，以及放腹水术、灌肠法、物理疗法等内容，在世界医学史上，都属于首次记载。《素问》问世后，成为当时乃至后世中医学中影响最大的经典著作。

※ 《神农本草经》

又称《神农本草》，是我国现存最早的药物学专著，是对我国早期临床用药经验的第一次系统总结，被誉为中药理论的经典著作。全书分三卷，载药365种，其中植物药252种，动物药67种，矿物药46种，分上、中、下三品，文字精练古朴。书中对每味药的产地、性质、采集时间、入药部位和主治病都有详细记载。每味药的药物性味也有详尽的描述。对各种药物怎样相互配合应用，以及简单的制剂，都做了概括。更可贵的是早在两千年前，我们的祖先通过大量的治疗实践，已经发现了许多特效药物。如麻黄可治疗哮喘，大黄可泻火，常山可以治疗疟疾，等等。这些都已被现代科学分析方法所证实。

此书作者不详。因为在我国古代，大部分药物都是植物药，所以"本草"成了它们的代名词，这部书也以"本草经"命名。汉代托古之风盛行，人们尊古薄今，为了增强人们的信任感，它借用"神农遍尝百草"的传说，定名为《神农本草经》。其成书年代有多种说法，原书早佚，现行本为后世从历代木草书中集辑而成，又因其中大部分内容反映先秦时期我国药物学的水平，所以一般均认为成书于汉代。

※ 《肘后备急方》

《肘后备急方》，我国第一部临床急救手册。中医治疗学专著。作者东晋葛洪，将其原著《玉函方》，摘录其中可供急救医疗、实用有效的单验方及灸法汇编而成。经南朝梁陶弘景、金代杨用道补录，即现存《肘后备急方》，简称《肘后方》。今本存八卷，分五十一类。

该书主要记述各种急性病症或某些慢性病急性发作的治疗方药、针灸、外治等法。并略记个别病的病因、症状等。书中对于恙虫病、疥虫病之类的寄生虫病的描述，是世界医学史上出现时间最早，叙述最准确的，尤其是倡用狂犬脑组织治疗狂犬病，被认为是中国免疫思想的萌芽。

《肘后备急方》中收载了多种疾病，其中很多成为珍贵的医学资料。例如，这部书上描写的天花症状，以及对天花的危险性、传染性的描述，都十分精确，是世界上最早的记载。书中还对结核病的主要症状做了描述，并提出了结核病"死后复传及旁人"的特性，还涉及到了肠结核、骨关节结核等多种疾病，其论述的完备性可以说并不亚于现代医学。另外，对于流行病、传染病，书中更是提出了"疠气"的概念，否认了以往鬼神作祟的说法，这种科学的认识方法在当今来讲，也是十分有见地的。

※ 《千金方》

全称《备急千金要方》，简称《千金要方》或《金方》，三十卷。我国古代综合性临床医学著作，唐代医学家"药王"孙思邈根据自己数十年的临床实践经验编著而成，集唐代以前诊治经验之大成，对后世医家影响极大。

该书第一卷为总论，内容包括医德、本草、制药等；再后则以临床各科辨证施治为主，计妇科二卷，儿科一卷，五官科一卷，内科十五卷（内中十卷按脏腑分述），外科三卷，解毒急救二卷，食治养生二卷，脉学一卷及针灸二卷，共二百三十三门，方论五千三百首。

　　《千金要方》总结了唐代以前医学成就，书中首篇所列的《大医精诚》《大医习业》，是中医学伦理学的基础；其妇、儿科专卷的论述，奠定了宋代妇、儿科独立的基础；其治内科病提倡以脏腑寒热虚实为纲，与现代医学按系统分类有相似之处；其中将飞尸鬼疰（类似肺结核病）归入肺脏证治疗，提出霍乱因饮食而起，以及对附疽（骨关节结核）好发部位的描述、消渴（糖尿病）与痈疽关系的记载，均显示了相当高的认识水平；针灸孔穴主治的论述，为针灸治疗提供了准绳，"阿是穴"的选用、"同身寸"的提倡，对针灸取穴的准确性颇有帮助。因此，素为后世医学家所重视，并流传到国外，产生了一定的影响。

※　《本草纲目》

　　中国古代重要的药物学著作，《本草纲目》是明代伟大的医药学家李时珍为修改古代医书的错误而编。全书共 52 卷，190 余万字，载有药物1892 种，收集医方 11096 个，绘制精美插图 1160 幅。是作者在继承和总结以前本草学成就的基础上，结合作者长期学习、采访所积累的大量药学知识、经过实践和钻研，历时数十年而编成的一部巨著。分为十六部六十类。每种药物分列释名（确定名称）、集解（叙述产地）、正误（更正过去文献的错误）、修治（炮制方法）、气味、主治、发明（前三项指分析药物的功能）、附方（收集民间流传的药方）等项。全书收录植物药 881 种，附录 61 种，另有具名未用植物 153 种，共计达 1000 多种。占全部药物总数的百分之五十八。

　　作者李时珍（1518~1593 年），字东璧，号濒湖，湖北蕲州人。他出生于中医世家，其父为当地名医，从小受到家庭熏染，对医学特别是本草学十分热爱。他以毕生精力，亲历实践，广收博采，实地考察，向有实践经验的农夫、渔人、猎户、手工业者了解，亲自解剖动物、观察动物生活习性，分析各种药用植物的形态和培植方法。经过数十年孜孜不倦的努力，终于著成不朽的本草学巨著《本草纲目》。

《本草纲目》不仅考证了过去本草学的若干错误，提出了较为科学的药物分类方法，而且融入了先进的生物进化思想，并丰富了临床实践经验，是对几千年来祖国药物学的总结，也是我国医药宝库中的一份珍贵遗产，被誉为"东方药物巨典"，对近代科学，以及医学影响甚大。

※ 《黄帝八十一难经》

《黄帝八十一难经》简称《难经》，相传是秦越人（扁鹊）所著，成书年代大约在秦汉之际，至少也在东汉之前。这部著作以基础理论为主，又以脉诊、经络、脏腑为重点，全书以设问答疑的形式解释了 81 个难题，其中第一至第二十二难论脉，第二十三至第二十九难论经络，第三十至四十七难论脏腑，第四十八至第六十一难论病证，第六十二至六十八难论穴位，第六十九至第八十一难论针法，其阐述简要，辨析精微，不但推演了《内经》的微言奥旨，发挥至理，剖析疑义，垂范后学，而且有不少独到见地，如首创独取寸口和分寸关尺的三部按脉法，此法一直沿用至今，成为中医一大特色；还系统阐述了奇经八脉的循行线路和功能，弥补了《内经》中经络学说的不足；又提出了与《内经》不同的三焦、命门学说。在临床方面明确提出"伤寒有五"（伤寒、中风、湿温、热病、温病），并对五脏之积泄多有阐发，这些都对中医学的发展产生了深远的影响。宋代大诗人苏轼曾称颂此书："句句皆理，字字皆法，后世达者，神而明之。"因此，《难经》像《内经》一样被置于至尊和绝无异论的位置，至今仍被奉为中医重要的古籍之一。

※ 《伤寒杂病论》

《伤寒杂病论》是东汉末张仲景所撰，它确立了中医学重要的理论支柱之一——辨证论治的思想。后来几经战乱散轶、编次，该书被一分为二，成为《伤寒论》和《金匮要略》二书。

《伤寒论》全书 10 卷，以六经辨证为纲，以方剂辨证为法，是一部论治外感热病的专著。它将外感疾病所表现出的各种规律性病证归纳为太阳、太阴、少阳、少阴、阳明、厥阴六经病症，三阳经病多属实热，三阴经病多属虚寒；每经贯串运用四诊八纲，对伤寒各阶段的辨脉、审证、治则、立方、用药规律以条文形式进行了全面的阐述，论析主次分明、条理清晰，在认识和处理疾病的方式方法上，强调运用多种诊法，综合分析；还制定出了许多简要实用的药

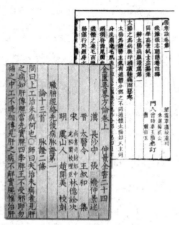

《伤寒论》与《金匮要略》内页

方，如对六经病各立主证治法（"太阳伤寒"用麻黄汤，"太阳中风"用桂枝汤，阳明经证用白虎汤，阳明腑证用承气汤，少阳病用小柴胡汤），是第一部理论与实践并重，理、法、方、药有机结合的临床医学用书。

《金匮要略》是奠定中国临床医学基础的重要典籍之一，全书共 25 篇，以内科为主，涉及外科和妇科，对各种杂病的因、证、脉、治均有介绍。该书诊断重视四诊合参，辨证上以脏腑、经络为重点，结合卫气营血、阴阳五行理论，看重预防和早期治疗，论述精要，治法灵活，制方严谨，颇有实用价值，尤其是该书强调了整体观念，也提醒注意治病的轻重缓急；书中述及的急救人工呼吸法，方法合理，注意事项也颇周全。

作为在临床医学方面有重大贡献的一代宗师，张仲景提倡"精究方术"，他在《伤寒论》中实际立方 112 首，《金匮要略》立方 262 首，这些方剂具有药味精炼、配伍严密、主治明确、疗效确凿的特点，被后世誉为"众方之祖"或"经方"，其中大部分是后世方剂学发展和变化的重要依据，至今仍被广泛用于临床。

※ 《温病条辨》

《温病条辨》系温病学著作，全书 6 卷，清代吴瑭（鞠通）受吴又可、

叶天士影响，在多年临证实践基础上撰于 1798 年。与汉代张仲景感于宗族数百人死于伤寒而奋力钻研极其相似，吴鞠通也是因多个家人死于温病而发奋读书，精究医术，终成温病大家，创造了温病学派最高成就的。他认为温病有 9 种，吴又可所说的瘟疫只是其中最具传染性的一种，另外还有 8 种温病，可以从季节及疾病表现上加以区分，这是对于温病很完整的一种分类方法。该书建立的温热学说体系，其特点是以三焦来区分温病整个发展过程的三个阶段，以此归纳病机转变，以分辨阴阳、水火的理论为主导思想，采用三焦辨证纲领，倡导养阴保液。在温热病的病机、辨证、论治、方药等方面，均有精辟论述。这种新的归类方法，十分适用于温热病体系的辨证和治疗，并确立了由上而下的正常三焦"顺传"途径，由此决定了治则："治上焦如羽，非轻不举；治中焦如衡，非降不安；治下焦如沤，非重不沉。""三焦辨证"是在中医理论和辨证方法上的又一创举。与张仲景的六经辨证、叶天士的卫气营血辨证虽名称不同，但实际应用时相辅相成，互为羽翼。书中还列出了清络、清营、育阴的各种治法，仅上中下三焦就载入治法 238 个，含方 201 首，如将银翘散辛凉平剂，将桑菊饮辛凉轻剂，将白虎汤辛凉重剂等，对温病用方卓有贡献。《温病条辨》的另一重大贡献，就是经精心化裁，为后人留下了许多优秀的实用方剂，像银翘散、桑菊饮、藿香正气散、清营汤、清宫汤、犀角地黄汤等等，现在临床使用的方剂，十之八九出自该书。

※ 奇经八脉

　　奇经八脉是除人体十二经脉以外，人体经络走向的一个类别。它包括任、督、冲、带、阴跷、阳跷、阴维、阳维八条经脉。它们与十二正经不同，既不直属脏腑，又无表里配合关系，"别道奇行"，故称奇经。

　　奇经八脉与十二经脉纵横交互，八脉中的督、任、冲脉皆起于小腹中，同出于会阴，其中督脉行于背止中线，任脉行于前正中线，冲脉行于腹部会于足少阴经。奇经中的带脉横行于腰部，阳跷脉行于下肢外侧及肩、头部，阴跷脉行于下肢内侧及眼，阳维脉行于下肢外侧、肩和头项，阴维脉行于下肢内侧、腹和颈部。

奇经八脉交错地循行分布于十二经之间，它的作用有两方面：其一，沟通了十二经脉之间的联系。奇经八脉将部位相近、功能相似的经脉联系起来，达到统摄有关经脉气血、协调阴阳的作用；其二，奇经八脉对十二经气血有蓄积和渗灌的调节作用。当十二经脉及脏腑气血旺盛时，奇经八脉能加以蓄积，当人体功能活动需要时，奇经八脉又能渗灌供应。

※　拔罐

拔罐法又名"火罐气"、"吸筒疗法"，古称"角法"。这是一种以杯罐作工具，借热力排去其中的空气产生负压，使吸着于皮肤，造成郁血现象的一种疗法。拔火罐与针灸一样，也是一种物理疗法，而且是物理疗法中最优秀的疗法之一。古代医家在治疗疮疡脓肿时常用它来吸血排脓，后来又扩大应用于肺痨、风湿等内科疾病。

拔罐法，是我国医学遗产之一，最早在晋、唐时代就已在民间广泛流行。在晋朝葛洪的《肘后备急方》中就有角法记载。所谓角法，是把挖空的兽角角内烧热后，吸附在皮肤上，拔除脓疮的方法。后来，角法所用的动物角，逐渐由竹筒、陶瓷所代替，并演化为近代的玻璃罐、抽气罐。

由于它简便，便于操作，不需特殊训练；并且具有行气活血、祛风散寒、消肿止痛的功效，对腰部肌肉劳损、头痛、咳嗽、气喘、腹痛等许多疾病颇具疗效，所以在民间极受欢迎。新中国成立以后，经过不断改进，拔罐疗法有了新的发展，治疗范围进一步扩大，逐渐成为现代中医治疗中的一种重要疗法。

※　导引

导引是古代一种养生术和健身方法，它通过调整呼吸和活动肢体达到保健的目的。导引术起源于上古，原为古代的一种养生术，春秋战国时期就已非常流行，为当时神仙家与医家所重视。后为道教将其继承和发展，使之更为精密，将"真气"按照一定的循行途径和次序进行周流，作为炼身的重要方法，以达到调营卫、消水谷、除风邪血气、疗百病以至延年益寿的功效。1972—1974年在长沙马王堆汉墓（西汉初期诸侯家族墓地）出土的帛画，是世界现存最早的导引图谱。每图式为一人像，男、女、老、幼均有，或着衣，或裸背，均为工笔彩绘。其术式除个别人像做器械运动外，多为徒手操练。其中涉及动物姿态与华佗的五禽戏相近。导引法作为我国古代医学上一种重要的治疗方法，从医疗意义上来说，它充分发挥、调动内在因素，积极地防病治病；从保健意义上来看，它则可以锻炼身体，增强体质，保持朝气，焕发精神。

《导引图》帛画复原图

《导引图》长100厘米、宽50厘米。1973年在长沙市马王堆三号墓出土。在这幅棕色绢上，用红、蓝、褐、黑色绘有44个不同姿式的男女，他们正在做导引术式，旁边写有该术式名称。这幅导引图形象反映了古人与衰老、疾病做斗争的情景。

第四篇

文　学

‖古代文体‖

※ 神话传说

神话传说是在人类探索世界，以及人类来源的过程中形成的一种文学式样。它题材广泛、内容丰富、形式多样，是人类关于文学最早的艺术创作。最初，人类将很多没有办法解释的现象归结为神灵掌控。一些笃信神话传说的人便将神话传说演变为一种信仰，并在此基础上，形成了一种特殊的文化形式。神话故事大都采取真实与虚构相结合的手法，以神、鬼、仙、妖、龙、凤等形象为故事主角，结合客观存在的人、事、物，加以丰富绮丽的想象，看似荒诞离奇，却或多或少与客观存在有着千丝万缕的联系。

对中国文明影响较为深远的神话传说有盘古开天、女娲造人等天地神创、人类神造神话传说式样，这类神话传说体现了人类对未知奥秘探索与自由幻想。在民间，较流行的神话传说有八仙过海、牛郎织女等人修炼成仙的神话式样，这种神话是以社会现实为

伏羲女娲图　唐

伏羲与女娲是中国古代神话中人类的始祖。这件出土于新疆吐鲁番的墓幡由绢制成，悬挂在墓室的顶部。图中伏羲女娲人首蛇身，以手相抱，伏羲执矩，女娲攀规，以示天地方圆。画面满布圆点代表天宇星辰，上部绘着内有三足乌的太阳，下部绘着内有玉兔、桂树、蟾蜍的月亮，表现了人类始祖遨游于日月苍穹间的情景。早期人们认为，文学起源于人类对自然和社会生活的模仿。

底本，借助人仙角色的转变，寄予人类渴望摆脱现实枷锁的愿望。神话传说是人类在不自觉的过程中，加工创作出来的，具有很高的美学价值，以及历史文化价值，对于后世研究早期的人类社会具有重要的意义。这种文学式样的存在，直接推动了文化创作的产生，其虚构的艺术手法、浪漫主义的创作方法都对后世的文学创作有深远的影响。

※ 诗

诗是我国古代文学的大宗，也是正统。最早的诗歌是与音乐舞蹈一体的，所以《尚书·舜典》说"诗言志，歌永言"。《国语》也说"诗所以合意，歌所以咏诗也"。

作为一种有韵律的文体，诗会随着节奏韵律的变化而生成不同的诗体，而诗体通常会与诗句的字数和句式相关，所以，就有了四言诗、五言诗、七言诗，以及包含各种句式的杂言诗。先秦时期，我国主要的诗歌形式是以《诗经》为代表的四言诗。两汉时期，五言诗和七言诗发展起来，并成为魏晋以后的主要流行体式。南朝时期，人们发现了四声，诗歌创作开始按照音调来遣词造句，以求读来铿锵悦耳。于是，格式严整的近体诗发展起来，到隋唐时期逐渐成熟，并推动诗歌创作进入黄金时代。

作为独特的文学样式，诗歌其主要特征有 4 个，一是饱含丰富的想象力和情感，这是诗歌最基本、最显著的特征；二是集中反映社会生活；三是节奏鲜明、语言凝练、音调和谐，这是诗歌形式上最大的特征；四是不以句子为单位，而以行为单位。

※ 楚辞

楚辞和《诗经》一样构成了中国诗歌的源头，出现于战国时期的楚国，具有浓郁的地域文化色彩，是继《诗经》之后出现的另一种韵文形式，古称南风，南音。

它是在楚国民歌的基础上经过加工、提炼而发展起来的，既是楚文化自身发展的产物，又是楚文化与中原文化融合的产物。由于楚国地处南方，所以楚文化始终保持着强烈的自身特征，充满了奇异瑰丽的浪漫色彩。楚辞多用长短句，章法多变，充满了奇异的想象，常常取材于楚国的神话、传说、鬼神、山水等，充满了浪漫色彩。楚辞是用楚国方言来吟唱的，隋唐以后楚音失传。楚辞的代表诗人是屈原，他的代表作是《离骚》，同时也是我国古代最长的一首抒情诗，所以楚辞又被称为"骚"或"骚体"。除了屈原外，楚辞的代表人物还有宋玉、景差等。楚辞在中国诗史上占有重要的地位，开创了我国诗歌的浪漫主义流派。它打破了《诗经》以后两三个世纪的沉寂，因此后人将《诗经》与楚辞并称为风、骚。

※ 乐府诗

乐府诗是指汉朝的音乐管理部门——乐府搜集整理的汉朝诗歌。汉武帝时，乐府除了组织文人创作朝廷所用的诗歌外，还广泛搜集各地的民

《孔雀东南飞》图
《孔雀东南飞》是汉乐府中最杰出的篇章。

歌。据《汉书·艺文志》记载，西汉时乐府采集的民歌共有138篇，但流传至今的只有三四十篇，加上东汉民歌和文人的作品，现存汉乐府有100多篇。当时没有一部专门收集乐府的书籍，乐府诗散见于《汉书》《后汉书》《文选》和南朝《玉台新咏》等书。宋朝时，郭茂倩编的《乐府诗集》将其全部收录。

汉代的乐府诗，最大的特色是可以配乐演唱。后来，由于乐府音乐失传，乐府诗便演化为一种独立的诗体。魏晋以后的乐府诗，除了题名之外，已经和汉代乐府没有什么关系

了。另外，乐府诗的句式杂乱，四言、五言、六言、七言、八言乃至杂言，种类繁多。有时，即便是同一题目，句式也不相同。

《乐府诗集》是根据音乐类别将汉乐府分为四类，其中《郊庙歌辞》是西汉文人为宗庙祭祀作的乐歌；《鼓吹曲辞》《相和歌辞》和《杂曲歌辞》基本上都是西汉民歌。《杂曲歌辞》收录的文人作品中有一些出自东汉。从内容上看，乐府诗包罗万象，有的反映富贵人家奢侈豪华的生活，如《鸡鸣》《相逢行》《长安有狭斜行》等；也有反映底层人民饥寒交迫的悲惨生活，如《东门行》《妇病行》《孤儿行》等；以爱情为题材的乐府诗占很大比重，代表作有《孔雀东南飞》《上邪》《有所思》等。乐府诗受《诗经》和《楚辞》的影响很深，并对后世的诗歌创作有深刻影响，在文学史上占有重要地位。

※ 古体诗

古体诗也叫古风，是区别于唐代以后兴起的格律诗的一种古典诗体。古体诗从形式上分，有四言古体、五言古体、六言古体、七言古体、乐府体（也叫杂体）等。四言古体的特点是通篇以四言为主（一句4个字），五言古体通篇以五言为主（一句5个字）、六言古体和七言古体以此类推，乐府体则每一句的字数不限。

与格律诗比起来，古体诗不讲究平仄，对押韵的要求也很宽松。在一首古体诗中，作者可以根据自己的需要随意转韵，因此通常在一首古体诗中可能会有不同的韵脚，很少出现一个韵脚贯穿到底的情况。此外，古体诗不但每一句字数没有限定，就是整篇的句数也不限定。古体诗不像格律诗那样对仗工整、句式新颖，但更讲求立意。

虽然古体诗对押韵没有限制，但还是有一些规律可循：在意思转折处转韵。当叙述的内容有所变化时，往往会转为其他韵部来押韵，这样一来便使得整篇诗的层次更加分明，语气也得到了加强。作者在叙述中要表示令人兴奋的感情时，往往会使用平声韵；当要表达悲怨、愤怒的感情时，往往使用仄声韵。与格律诗（格律诗除了首句入韵以外，奇数句是不能押韵的）比起来，古体诗不但偶数句可以押韵，奇数句也可以押韵。

※ 近体诗

隋唐时期，人们将周、秦、汉、魏形式比较自由，不受格律束缚的诗体称为"古体诗"。近体诗是与古体诗相对，流行于齐梁以后的一种诗体，又称今体诗或格律诗。它根据汉语一字一音，音讲声调的特点和诗歌对音乐美、形式美、精炼美的特殊要求而产生，分为绝句（五言四句、七言四句）和律诗（五言八句、七言八句）。其中律诗还包括排律，即十句以上的律诗。它以律诗的格律为基准，讲究平仄、对仗和押韵。其基本要求主要包含有3点：除首尾两联外，中间两联一定要对仗，一般绝句不受这个要求束缚；必须讲究平仄，其平仄分布规律可以总结为"句内相间，联内相对，联间相粘"；律诗是平起还是仄起，是平收还是仄收，都要看第一句第二字和该句末一字，其特点通常是一韵到底。近体诗在中国诗歌史上有着重要的地位，是唐代以后最主要的一种诗体。

唐代是近体诗发展的黄金时代，唐代以诗歌成就彪炳千古。其发展可以分为几个阶段：初唐是唐诗繁荣的准备阶段，诗歌的内容从宫廷台阁开始转向关山大漠，诗人也从帝王贵族的文学侍从扩大到一般的文人。初唐的代表诗人是"初唐四杰"——王勃、杨炯、卢照邻和骆宾王。盛唐时期，诗歌出现了全盛局面，出现了以王维、孟浩然为代表的山水田园派诗人，以高适、岑参、王昌龄、王之涣为代表的边塞诗人，其中最著名的是李白。中唐时期，社会矛盾激化，盛唐气象不再，这一时期的代表诗人是杜甫和大历十大才子。杜甫的诗表现了战乱给人民带来的苦难，被称为"诗史"。大历十大才子的诗歌华美雅丽，偏重技巧，风格柔靡。晚唐时期，人们的生活走向平庸，感情趋于细腻，诗歌创作又出现了一个新高潮。代表人物有李商隐和杜牧。宋朝以后，近体诗继续发展，但成就已经无法与唐朝相比。

※ 南北朝民歌

民歌是一种活泼自由的诗体。我国南北朝时期，不论是南方还是北方，民歌都走向繁荣，并对后世的诗歌创作产生深远影响。

南朝的民歌大部分保存在宋朝郭茂倩所编的《乐府诗集·清商曲辞》里，主要分为吴歌与西曲两类。吴歌共 326 首，产生的地点以建业（今江苏南京）一带为中心，时间是东晋与刘宋两代。西曲共 142 首，产生于荆州（今湖北江陵）一带，时代约为宋、齐、梁三代。

南朝民歌绝大部分都是情歌，反映南方青年男女之间坚贞的爱情，倾诉了婚姻不自由、男女不平等所造成的不幸。它的主要特点是：形式短小，大多是五言四句；抒怀深情宛曲，多用双关隐语；语言清新、自然、朴素，词语不雕琢；多采用对歌形式。代表作有《子夜歌》《拔蒲》《西洲曲》等。

北朝民歌主要保存在《乐府诗集·横吹曲辞》和《梁鼓角横吹曲》中，大约有 70

《木兰诗》图
《木兰诗》是北朝民歌中最杰出的代表。

首。北方民歌原来大部分是北方少数民族的歌曲，后来翻译成汉语，也有一部分是直接用汉语创作的。北方民歌反映了北方社会生活的各个方面，或书写混战给人民带来的沉重灾难，或反映了残酷的阶级剥削和贫富悬殊，或赞美北方民族的尚武精神和壮丽的北国风光，也有一些反映羁旅之思和爱情婚姻的作品。北方民歌五言四句的形式较多，但也有七言四句。语言半实，质朴无华，粗犷率直，直抒胸臆，刚健豪放。代表作有《木兰诗》。

※ 词

词是曲子词的简称，也称"长短句"、"填词"等，是承袭汉、魏乐府遗风，并受少数民族音乐影响而形成的一种文学体裁，盛行于北宋和南宋。

按字数分，词可以分为 3 类：58 字以下的（包括 58 字）为小令，91 字以上（包括 91 字）的为长调，介于两者之间的为中调。按阕分类，词可以分为单调（一阕），如李清照《如梦令》；双调（二阕）；三叠（三阕），如《兰陵王》；四叠（四阕），如吴文英《莺啼序》。最初的词都是配合音乐来歌唱的，有的按照词来制定曲调，有的依照旧有的曲调来填词，每个曲调都有一个名称叫调牌，调牌一般按照词的内容而定。后来人们依据固有的曲调来填词，这些用来填词的曲调叫作词牌，词的内容和曲调、词牌并没有必然的联系。现存词牌共有 400 多种，有的词牌有好几个不同的称谓，用得较多的词牌名如"西江月"、"菩萨蛮"、"浣溪沙"、"沁园春"、"水调歌头"等。

和诗不同，词在句式和声韵上有许多突破和特点。首先在句式上有如下特点：第一，词的句式从一字句到十一字句不等，所以又称"长短句"，使用频率最高的是四、五、六、七字句。第二，词的开头一般都有领字，一字领的有"任、待、乍、莫、怕……"，二字领的有"恰似、谁料、只今、那堪、试问……"，三字领的有"最无端、君莫问、君不见……"。第三，词句中常常有叠字和叠句，叠字如"错错错，莫莫莫"、"寻寻觅觅、冷冷清清"等，叠句如"归去，归去"、"罗衣宽一半，罗衣宽一半"等。第四，词句中常用到虚词，如"耳、矣、也……"。其次，除了只在文中最紧要处（如转折和结尾处等）比较讲究押韵外，一般情况下，词对平仄押韵没有严格的要求。此外，词虽然也有对仗，但没有具体的规定，相连两个句子只要字数相同就可以构成对仗，而且对仗不讲究平仄，也不避同字。

※ 曲

金朝和元朝时期，中国产生一种带有曲调、可以演唱的抒情诗体，叫作曲。其中，在北方地区流行的叫北曲，在南方流行的叫南曲。曲是南曲和北曲的统称，我们这里所说的曲，主要是指散曲。

散曲包括小令和套数两种基本类型：小令又叫"叶儿"，主要是指独立的一支曲子，字数比较少。除了单只曲子这种形式外，散曲还包括重头小令。重头小令是一种联章体（即组曲），通常由同题同调的数支小令组成，最多可达百支，用来合咏同一个事物或分别吟咏数件联系紧密的事物，以此来加强艺术感染力。例如，张可久的〔中吕·卖花声〕《四时乐兴》，以四支同题同调的小令分别吟咏春、夏、秋、冬，构成一支内容相联的组曲。联章体中的小令虽然都同题同调，首尾句法相同，内容相联，但每首小令可以单独成韵，仍然是完整独立的小令形态。

套数又叫"散套"、"套曲"、"大令"，它由同一宫调的若干支曲子相联而成，每个曲子同押一部韵，在结尾处还有尾声。套曲的字数比较多，篇幅较长，适合表达比较复杂的内容，表现手法既可以叙事，也可以抒情，还可以叙事和抒情兼而有之。

散曲虽然是继诗、词之后出现的新诗体，但作为一种独立的体裁，它具有不同于传统诗、词的独特的艺术个性和表现手法，主要表现在三个方面。1. 它大量运用衬字，使得句式更加灵活多变，艺术感染力更强。例如，关汉卿的套数《不伏老》中，"我是一粒铜豌豆"一句，因增加了衬字而变成了"我是个蒸不烂煮不熟捶不扁炒不爆响当当的一粒铜豌豆"，这样一来，就将"铜豌豆"泼辣豪放的性格表现得淋漓尽致。2. 大量运用口语，使语言俗化。散曲中虽然也不乏典雅的一面，但更倾向于以俗为美。它大量运用俗语、少数民族的语言、戏谑调侃的语言、唠叨琐屑的语言、方言、谜语等，生活气息非常浓厚。3. 感情表达更加酣畅淋漓，含义更加坦率直白。

※ 文

诗与文是中国古代文学中的两大基本类别，都是文学之正宗。南北朝时期，《文选》和《文心雕龙》中，把一切文体都视为"文"，这里的"文"是广义的概念。但是后来，人们逐步将诗歌类文体从"文"中独立出来，形成"诗文"并立的分类方法，这里的"文"便是狭义的概念。故而，除去诗、词、曲之外的所有文章形式，都是"文"，其中最有价值的是先秦诸子之文，以及隋唐以后的"古文"。

从最早的《尚书》《周易》等书可知，文可以有韵，也可以无韵；可以讲平仄，也可以不讲平仄。隋唐以后，文学界通常把有韵的叫作"骈文"，无韵的叫作"古文"。古文另一种分类方法是按功能划分，其中最具代表性的是清代文学家姚鼐在《古文辞类纂》中的划分，其中说："其类十三，曰：论辨类，序跋类，奏议类，书说类，赠序类，诏令类，传状类，碑志类，杂记类，箴铭类，颂赞类，辞赋类，哀祭类。"显然，这种文体划分标准便是古人所说的"为用"，即按文章的功能划分。

※ 赋

赋是在汉代兴盛的一种兼有韵文和散文的重要文体，有大赋和小赋之分。大赋多写宫廷的盛况和帝王的生活，小赋多数是抒情作品。

赋这种文体出现在战国时期，儒学大师荀子曾作《赋篇》，这意味着"赋"作为独立文体开始出现。此后，屈原、宋玉等人以这样的文体进行文学创作，后人把他们的作品称之为"屈原赋"或"宋玉赋"。

赋的繁荣是在汉朝。汉赋的发展经历了四个时期。一是创始期，这时期枚乘的《七发》既奠定了汉代大赋的基础，也开创了辞赋中的"七"体，基本上形成了汉赋的体制。二是全盛期，重要的代表作家是司马相如，其主要代表作有《子虚赋》《上林赋》，此外，东方朔、枚皋等人的成就也突出，这时期汉赋的基本形式和格调已经确立。三是摹拟期，重要的代表作家有班固，其代表作《京都赋》，此外还有扬雄等，这一时期的体制和风格有所变化，反映社会黑暗、讥讽时事、抒情咏物的短篇小赋开始兴起。四是转变期，小赋盛行，内容已由描写宫殿和游猎盛况转为抒发个人情怀，表现手法以由叙述转为议论说理为主，篇幅上由长篇巨制转为短篇。这一时期最重要的代表作家是张衡，其代表作《二京赋》成为汉代散体大赋的绝响。

汉赋的特点是：内容多写京都的繁华和帝王的游乐，以此来粉饰太平，歌功颂德；文章前有序言，正文韵、散结合，其中散文用于记叙，韵文用于描写，韵脚根据需要经常转换，语言多用四六字句，且极力铺陈，喜欢堆砌生僻字词和形容词，篇幅较长，情节通常由假设的两个人以一问一答的方式来展开。汉赋，尤其是大赋，尽管在内容和艺术有着许多缺点，但仍然在文学史上有着一定的地位。它丰富了文学词汇，在锤炼辞句和描写技巧等方面也都取得了一定的成就，此外，它促进了文学观念的形成。

※　骈文

骈文是魏晋以后产生的一种文体，又称"骈体文"、"骈俪文"、"骈偶文"。因常用四字、六字句，也称"四六文"或"骈四俪六"。

它是与散文相对而言的，特点是以四六句式为主，讲究对仗，句式两两相对，好像两匹马并驾齐驱，所以被称为骈体。在声韵上，讲究对仗的工整和声律的铿锵；在修辞上，注重形式，喜欢用华丽的辞藻和用典。骈文因为形式，常常束缚内容的表达，但如果运用得好，能增强文章的艺术效果。

南北朝是骈文发展的全盛时期，其中有

《徐孝穆集》书影

此书是六朝骈文的集大成者徐陵的作品集。

很多骈文内容深刻。如鲍照的《芜城赋》，通过广陵昔盛今衰的对比，揭露和谴责了统治阶级的骄奢淫逸，抒发了世间万物和人生变化无常的感慨。孔稚的《北山移文》辛辣地讽刺了人在江湖、心在庙堂的假隐士们的表面清高内心功利的心理。流亡北方的庾信在《哀江南赋》中描写了自己的身世，谴责了梁朝君臣的昏庸无能给人民带来的沉重灾难，表达了对故国的怀念。

唐朝以后，骈文的形式日益完善，出现了通篇四、六句式的骈文。直至清末，骈文仍很流行。

※ 古文

古文是与骈文相对而言的一种文体，其奇句单行、不讲对偶声律，是一种散体文。先秦两汉的散文，以散行单句为主，不受格式拘束，质朴自由，有利于反映现实生活、表达思想。而魏晋南北朝以来，骈文盛行，堆砌词藻，言之无物，从而流于浮华。早在北朝时期，苏绰便站出来反对骈文，倡导学习先秦文章，仿《尚书》文体作《大诰》，被当时的人称为"古文"。到中唐时期，这种变革文风的努力经韩愈、柳宗元等人的大力提倡，形成一场声势浩大的古文运动。这场漫长的古文运动，结束了骈文的统治，使古文成为唐朝以后各朝的主流文体。韩愈、柳宗元主张恢复先秦散文内容充实、长短自由、朴质流畅的传统，提倡"文以载道"，反对六朝空洞浮荡的文风。他们既是理论的倡导者，也是实践者，韩柳二人创作出大量清新流畅、形式自由、思想充实的散文，引领时代风潮，吸引了大批追随者。这种名为复古，实际包含革新精神的变革，为宋朝的大文学家欧阳修、苏轼、王安石等人继承和发扬，并最终扭转了古文的发展方向，对后世产生了深远的影响。

※ 八股文

八股文又叫制艺、制义、时艺、时文（相对于古文而言）、八比文等，是明清科举考试所采用的一种专门文体。它要求文章必须有四段对偶排比的文字，共有八股，所以称为八股文。"股"是对偶的意思。

它的特点主要有：1. 题目必须用"五经"、"四书"中的原文。2. 内容必须以程朱学派的注释为准。3. 体裁结构有固定的格式，全文分为破题、承题、起讲、入手、起股、中股、后股、束股（大结）八部分。另外，八股文的字数也有规定。明初制度：乡试、会试，要求用"五经"义一道，字数500，"四书"义一道，字数300。清朝康熙时要求550字，乾隆要求700字。八股文通常禁用诗赋中夸张华丽的词语，不许引证古史，不许比喻。在明清两代，八股文成为所有官私学校的必修课。不会写八股文，就无法通过科举考试，也就无法做官。明清时期许多有识之士对八股文深恶痛绝，所以八股文最终被废弃，也是历史的必然。

※ 明代小品文

小品文是一种寓有抒情意味和讽刺性的短小散文。它起源于秦汉，盛行于晚明。明朝万历年间，以三袁为首的"公安派"反对当时文坛上的复古运动，提倡"性灵说"，主张书写身边事，心中情，短小隽奇，活泼自由的散文，这类散文被称为小品文。小品文题材广泛，有的描写风景，有的杂记琐事，"并非全是吟风弄月。其中有不平，有讽刺，有攻击，有破坏"（鲁迅《南腔北调集·小品文的危机》）。小品文的兴盛，不仅是散文发展的结果，也是"公安"、"竟陵"等文学流派进行文学革新的产物。它的主要作家有三袁、张岱、徐宏祖、王思任、祁彪佳等。

晚明小品文作家中取得成就最高的是张岱。他的作品吸取了"公安"和"竟陵"两派之长，语言清新简洁，形象生动，描写细致，风格自然清丽，题材广泛，内容包括风景名胜、戏曲杂技、世情风俗等，堪称晚明社会生活的画卷。他的散文集有《陶庵梦忆》《琅环文集》《西湖梦寻》等。明朝小品文和唐诗、宋词、元曲一样，成为一代文学成就的标志。

※ 小说

小说是一种文体名称，追溯小说的历史渊源，应该是先秦的"说"。战国时期的"说"，具有一定的故事性，而西汉刘向所辑的《说苑》，可以视为中国最早的小说集。

在汉代，小说作为一种文体得到社会认可，并且也存在"小说家"这一职业。汉代著名学者桓谭说："若其小说家，合丛残小语，近取譬论，以作短书，治身理家有可观之辞。"班固不仅把"小说家"列为九流十家之一，还认为小说是"盖出于稗官，街谈巷语、道听途说者之所造"，认为小说乃是小知、小道，也就是说，小说的形式短小，内容贴近生活。与现代人的小说观念不同，古代的小说作者和读者，都把小说当成实录，而非虚构的故事。即便是荒诞不经的志怪小说，古人也是把其中内容当真的。

古代的小说，种类驳杂，很难用现在的小说概念来概括。关于小说的归类，古人有把它列为史部的，也有把它列入子部的，但基本上都把它视为"稗官为史之支流"，把它看作历史的附庸。明代胡应麟在《少室山房笔丛》中将小说分为"志怪、传奇、杂录、丛谈、辨订、箴规"六大类。前三类勉强可以称得上小说，后3类则乖离甚远。

总之，古代的小说重在记述故事，这些故事有虚构的，也有真实的；篇幅或长或短，结构不甚讲究；目的在于传奇、感化或警世。

※ 变文

变文是把佛教经文转变为通俗易懂的故事的一种文体，盛行于唐代。变文的特点是韵文和散文相结合，韵文用来吟唱，散文用来说白，说白和吟唱转换时，通常有一个常用的过渡语作提示，如"……处若为陈说"，"……时有言语"等。

变文的内容按照题材分，主要有四大类。一是宣传佛教故事的变文，如《八相变》《破魔变文》《降魔变文》等。这类变文是通过一边讲一边唱以故事的形式来宣传佛教的基本教义，它与讲经文不同，不是直接对着经文照本宣科，而是选取佛经故事中最精彩的部分加以渲染发挥，较少受经文的限制。二是讲历史故事的变文，如《伍子胥变文》《李陵变文》《王昭君变文》等。这类变文大多选取一个历史人物，再撷取逸闻趣事和民间传说加以铺陈，多寄托了对故国眷恋和乡土思念之情，所以在内忧外患的晚唐非常盛行。三是讲民间传说的变文，如《刘家太子变文》《舜子至孝变文》等。这类变文虽假托了某位历史人物，但所讲的故事并没有任何历史依据。四是取材于当时社会上的重大事件和人物的变文，如《张淮深变文》《张议潮变文》等。这类变文大多是民间艺人通过说唱的形式，热情讴歌了英雄人物英勇抵御异族侵扰的英雄事迹。

※　唐传奇

　　唐传奇指的是唐代流行的文言小说，唐传奇的出现标志着中国文言小说进入成熟阶段。唐传奇的发展经历了三个阶段：

　　第一阶段是初唐、盛唐时期的发展期。这一时期还处于从六朝志怪小说向传奇转变时期，不仅数量少，而且艺术成就也不高，但已经有了一些新的发展迹象。这一时期的代表作是《梁四公记》和《游仙窟》。

　　第二阶段是中唐兴盛期。这一时期许多文人都投身于传奇的创作，借用诗歌、散文、辞赋等其他文学题材的艺术表现技巧，极大提高了传奇的地位，扩大了传奇

风尘三侠图　清　任颐

《虬髯客传》是唐代传奇中的名篇，也是中国武侠小说的开山之作。此图绘有《虬髯客传》中的三个主要人物：红拂、李靖、虬髯客。

的影响。这一时期曾参与创作传奇的有元稹、白居易、白行简、陈鸿、李绅、韩愈、柳宗元，代表作家有元稹、白行简、蒋防，代表作分别为《莺莺传》《李娃传》《霍小玉传》。现存的中唐时期的传奇有近40种，涉及爱情、历史、政治、神仙、豪侠等方面，历史题材的有《长恨歌传》，还有一些借梦幻、寓言讽刺社会的作品，如《枕中记》《南柯太守传》等。其中以爱情为题材的作品成就最高，代表作有《离魂记》《任氏传》《柳毅传》等。

第三阶段是晚唐衰退期。这一时期传奇虽然衰退，但仍出现了很多优秀的作家和作品，如袁郊的《甘泽谣》、皇甫枚的《三水小牍》、薛用弱的《集异记》、李复言的《续玄怪录》等。这一时期传奇最主要的特点就是以豪侠为内容的作品大量涌现，代表作有《聂隐娘传》《昆仑奴》《虬髯客传》等。

唐传奇的篇幅一般都不长，短的只有几百字，长的也不超过一万字，大部分保存在宋朝所编的《太平广记》中。

※ 六朝志怪和志人小说

六朝时期的小说主要分为志怪和志人两大类。志怪写的是神仙方术、妖魔鬼怪等，志人则记录的是一些名人的闲闻逸事。

干莫炼剑图轴　清　任颐　纸本

干莫即干将、莫邪夫妇。据《搜神记》记载，楚王命干将造宝剑，3年铸成雌雄双剑，雄名干将，雌名莫邪。干将自知剑成必死，故藏雌剑，后二人果被楚王所杀。其子赤鼻后为父母雪仇。图绘干将夫妇精心炼剑的情景。

志怪小说盛行的根本原因是当时各类宗教思想盛行，由此产生了许多神仙方术、佛法灵异的故事，成为志怪小说的素材，甚至有些志怪小说的作者就是佛教徒。志怪小说主要可以分为三类：1. 地理博物，如《神异经》《博物志》。2. 鬼神怪异，如《列异传》《搜神记》。3. 佛法灵异，如《冥祥记》《冤魂志》。

魏晋南北朝志怪小说的代表作是干宝的《搜神记》、张华的《博物志》、王嘉的《拾遗记》、吴均的《续齐谐记》等，其中名篇有《三王墓》《韩凭妻》《弘氏》《董永》等。

志人小说的兴盛和当时士人之间崇尚清谈和品评人物的风气有很大关系。志人小说也可以分为三类：1. 笑话。代表作有邯郸淳的《笑林》。2. 野史。东晋的道士葛洪委托刘歆所著的《西京杂记》，记述西汉的人物逸事，带有怪异色彩。3. 逸闻逸事。这是志人小说的主要部分，作品最多，有裴启《语林》、郭澄子《郭子》、沈约《俗说》、殷芸《小说》、刘义庆《世说新语》等，其中刘义庆的《世说新语》成就最大，影响最广，是志人小说的代表作。

六朝小说的篇幅都非常短小，叙事也很简单，一般只有故事梗概，没有想象、描写等艺术加工，还不是成熟的小说。但它为后世的小说提供了丰富的写作经验和素材，是中国小说史上不可缺少的一环。

※ 笔记小说

笔记小说是一种带有散文化倾向的小说创作形式，它兼有"笔记"和"小说"特征。它起源很早，在先秦时期就已经出现了一些片段，中间又经过汉晋唐宋，到了明清时期开始繁荣。魏晋时期的笔记小说有干宝的《搜神记》、刘义庆的《世说新语》，唐宋时期的笔记小说有李昉的《太平广记》，明清时期的笔记小说有蒲松龄的《聊斋志异》和纪晓岚的《阅微草堂笔记》。最早提到"笔记小说"之名的是宋朝史绳祖的《学斋占毕》。

从内容上分，笔记小说可以分为志怪小说和逸事小说两大类型。志怪小说有《搜神记》《聊斋志异》《阅微草堂笔记》；逸事小说有《世说新语》等。

笔记小说吸取了民间文学的丰富营养，故事情节、人物都是虚构、夸张、变形的，但却从整体和宏观上高度反映了生活的本质。今保存下来的笔记小说大约有 3000 种，是我国一笔巨大的文化遗产。

※ 神魔小说

神魔小说是明清之际的一种小说体裁，又称志怪小说。明代中期以后，通俗小说主要分作两类，一类讲述现实世情，一类讲神怪斗争，鲁迅先生在《中国小说史略》中将后者命名为神魔小说。神魔小说同样起源于宋元之际的平话，第一本神魔小说《西游记》便是吴承恩在宋元平话的基础上加工整理而成的。因此书风行一时，获巨大成功，其后作家纷纷效仿，产生了《封神演义》《东游记》《三宝太监西洋记》《镜花缘》等众多神魔小说。这类小说一般是依托历史事件，或依托流行的神怪故事，也有少数是文人纯粹凭想象写出来的，如《镜花缘》。神魔小说大多没有复杂的思想和严肃的主题，主要着力讲述神魔鬼怪之间的斗争，有很强的娱乐性，即使有一些讽喻现实的意图，普通读者也因为被故事所吸引而很难领会。总体上，除《西游记》《镜花缘》等少数经典，大多神魔小说写得比较粗糙，缺乏艺术创造。

※ 世情小说

明清时期的一种小说。世情小说因写世态人情，也称"人情小说"。世情小说的出现，是我国小说史上的重大转变，关于此，也可以借助中国第一本世情小说《金瓶梅》来说明。首先，《金瓶梅》乃是第一本不再依托于以前的民间艺人的集体创作，而是由文人独立构思并创作的一本小说，这标志着小说真正成为一门独立的艺术。其次，《金瓶梅》乃是第一本将目光从帝王将相、才子佳人身上转移到普通人身上来的小说，其开创了中国小说的现实主义传统，使得小说艺术的思想性得到大大提高。《金瓶梅》的这两个特征基本代表了世情小说的特征。《金瓶梅》之后，世情小说得到迅速发展，成为通俗小说的一大主潮。明清两代的世情小说，或主要写情爱婚姻，或主要叙家庭纠纷，或广阔地描绘社会生活，或专注于讥刺儒林、官场、青楼，内容丰富，色彩斑斓。世情小说产生了一大批经典之作，如《三言二拍》《儒林外史》《官场现形记》《红楼梦》等。

※ 才子佳人小说

流行于明末清初的一类小说。因中国自古流行"文人政治"，不同于西方女性眼中理想的男人是尚武的"白马王子"，中国女性理想的男人在很长时间里一直都是尚文的"才子"。直到现代产生"郎才女貌"的说法后，这个"才"才不再局限于文学才能。因此，中国古人拥有浓厚的"才子佳人"情结。元杂剧《西厢记》和《牡丹亭》之所以千古流行，一些批评家认为是因为其"反封建"，而实际上恐怕与人们的"才子佳人"情结有关。明末清初，历史演义和神魔小说流行风刮过之后，才子佳人小说开始登上流行舞台。《双美奇缘》《好逑传》《玉娇梨》《平山冷燕》等大批才子佳人小说相继诞生。这种小说基本上都有一个固定的套路，先是一个落魄才子巧遇一个家境优裕的佳人，这佳人慧眼识珠，与之一见倾心，两人彼此赠诗，并私订终身。其间也总有一个"坏人"从中作梗，几经曲折，最终才子金榜题名，皇帝赐婚，有情人终成眷属。对于这种死板的套路，曹雪芹曾在《红楼梦》中借那块"补天石"之口讽刺其"千人一面，千部一腔"。并且这类小说的语言也往往比较蹩脚。尽管如此，可能因人们天性对美好爱情的向往，对这类书却十分青睐。清代人曾评选过"十才子书"，其中一半都属于才子佳人小说。

※ 公案小说

公案小说的主要内容就是狱讼，它是中国近代小说的一个流派。清末，产生了大量的公案小说，风靡一时，比较著名的有《施公案》《彭公案》等。后来公案小说又与侠义小说合流，形成侠义公案小说。

先秦两汉法律文献中的案例与史书中的清官循吏的传记以及魏晋南北朝志怪小说中的神鬼与狱讼故事，可以看作是公案小说的萌芽。晚唐五代的笔记（传奇）小说中的公案故事，表明公案小说已经成形。宋朝时期，公案作品便大量产生，艺术上也日趋完美，标志着公案小说已经成熟。在众多的公案小说中，最为脍炙人口的，首推《龙图公案》(《包公案》)，其次是《施公案》《彭公案》。《龙图公案》主要讲的是清官包拯，辅以众侠士;《施公案》以施仕纶为主，辅以黄天霸;《彭公案》以彭鹏（彭玉麟）为主，辅以黄三泰、欧阳德。

公案小说的主要思想倾向是：赞扬忠臣清官，铲除奸恶，匡扶社稷，宣扬"尽忠"思想，鼓吹"奴才"哲学和变节行为。

※ 谴责小说

谴责小说是中国旧小说的一个流派。晚清时期，经过中日甲午战争失败、戊戌变法失败、八国联军入侵等一系列巨大的变故，内忧外患日益严重，社会更加黑暗，政治更加腐败，一些小说家们对社会现状深为不满，口诛笔伐，写了大量讽刺社会黑暗面和抨击时政的小说。鲁迅在《中国小说史略》中将这类小说的特点概括为"揭发伏藏，显其弊恶，而于时政，严加纠弹，或更扩充，并及风俗"，将它们称之为"谴责小说"。

比较著名的谴责小说有李宝嘉的《官场现形记》、吴趼人的《二十年目睹之怪现状》、刘鹗的《老残游记》和曾朴的《孽海花》。这类小说的题材和内容，涉及社会生活的各个方面，如官场、商界、华工、女界、战争等，其中写官场最为普遍。

为了适应报刊连载的需要，谴责小说缺乏完整的构思和写作时间，因此结构不够严密，没有贯串始终的中心人物，多是许多短篇联缀成的长篇。在表现手法上，作者有时为了迎合读者求一时之快的心理，往往描写得言过其实，缺乏含蓄，它所反映出的只是一种变形的社会形态。

※　话本小说

宋元话本小说是在说唱文学的基础上发展起来的。宋代都市繁荣，经济发达，市民阶层不断发展壮大，市井文化兴旺。其中有一种叫"说话"（即说书）的伎艺，深受人们喜爱。说话人讲故事的底本就叫"话本"，下层文人将话本润色加工，刻印出版，就成了话本小说。

话本小说的内容主要有"小说"、"讲史"、"合生"和"讲经"四种，在这四种中又以"小说"和"讲史"最受欢迎。"小说"就是短篇白话小说，其中爱情故事和公案故事最受欢迎。爱情故事又往往突出女性对爱情的主动追求，如《碾玉观音》《闹樊楼多情周胜仙》。在礼法森严的封建社会，男女之间自由恋爱是一种对礼法的挑战、追求自由的大胆行动，这些故事有反封建的积极意义。宋元时代，政治黑暗，官吏腐败，产生了大量的公案故事，表现了人民对现状的强烈不满、对保护自身生存权利的深切渴望和对清明政治的期盼。其中的代表作有《错斩崔宁》《简帖和尚》《三现身包龙图断冤》等。讲史又称评话，主要讲的是前朝的盛衰灭亡。代表作有《三国志平话》《武王伐纣平话》《五代史平话》等。

宋元话本小说有一定的体制，大体由入话（头回）、正话、结尾三部分构成。入话常以一首或几首诗词"起兴"，与故事的发生地点或故事的主人公相联系，以吸引听众。正话，是话本的主体，故事情节曲折，人物形象鲜明，细节丰富。正话之后，常常以一首诗或以"话本说彻，权做散场"之类套话作结。

宋元话本小说的语言是口语化的语言，与文言文形成了显著区别，中间夹杂着大量的俚语和市井口语，生动明快，深受人民欢迎。

宋元话本小说对后代的通俗小说、戏剧、曲艺等都产生了很大的影响。《水浒》《金瓶梅》《西游记》等都是沿着这个方向演进的。

※ 章回小说

　　章回小说是中国古典小说的重要形式，它是在宋元话本的基础上发展起来的。从话本到章回小说，这个过程经历了从萌芽到成熟的漫长时期。话本中有一类讲述历代兴亡和战争的故事，由于历史故事通常篇幅很长，说书人不能从头到尾一次讲完，必须连续讲许多次，每讲一次就相当于章回小说中的"一回"。每次讲之前，说书人必须要用一个概括性的题目向听众揭示主要内容，这就是章回小说中"回目"的起源。

　　元末明初时，出现了一批章回小说，如《三国志通俗演义》《水浒传》等。这些小说比起话本中的讲史故事有了很大的发展，其中的人物和故事的核心虽然还是历史的，但内容更多是由后人虚构的。而且篇幅更长，分成若干卷，每卷又分成若干节，每节前面还有一个目录。明代中叶以后，章回小说的发展已经趋于成熟，出现了《西游记》《金瓶梅》等伟大著作。其故事情节更加复杂，描写更加细腻，内容已经脱离了"讲史"，只是体裁上还保留着"讲史"的痕迹。这时章回小说已经不分节了，而是分成许多回。进入清朝以来，章回小说达于繁盛，题材除了明朝的讲史、神魔、人情三大类以外，又加入了讽刺、武侠、谴责、狭邪等多种题材。此时最著名的章回力作有：《红楼梦》《儒林外史》《三侠五义》《儿女英雄传》《官场现形记》《二十年目睹之怪现状》《老残游记》《镜花缘》等。

　　比起现代的小说来，章回小说具有独特的形式和特点。1. 它继承了话本的形式：正文前面都有一个"楔子"来引入正文；文中经常使用"话说"、"且说"、"看官"等字眼；文中经常穿插一些诗词和韵文。2. 分回目。章回小说根据故事情节的发展分割成若干回，每回有一个标题，每回的正文只围绕一个中心内容讲述。3. 制造悬念气氛。每回开头以及故事之间的衔接处，总是使用"话说"、"且说"作过渡，每回结尾处，往往以"欲知后事如何，且听后回分解"作结语，以此勾起读者的阅读欲望。

※ 诗话与词话

诗话和词话指的是对诗词的评论，是一种文学理论。我国古代对文学的评论出现得很早。如《西京杂记》中记载的关于司马相如论作赋，扬雄评论司马相如的赋，《世说新语·文学》中关于谢安评论《诗经》的市局，《南齐书·文学传论》中对王粲、曹植、鲍照等人的诗歌的评论，都可以看作是早期的文学评论和诗话。

唐朝时期的诗人写了大量的论诗诗，如杜甫的《戏为六绝句》等，李白、白居易等人的论诗诗，以及当时的《诗式》《诗格》，都是诗话的雏形。诗话正式出现是在宋朝，第一部诗话是欧阳修的《六一诗话》。现存的宋人诗话共有130多种。早期诗话的内容多为谈论诗人诗作的一些琐事，很少触及诗歌的创作或理论问题。直到张戒的《岁寒堂诗话》等，才开始讨论诗歌创作和理论问题，对后世产生了重大影响。明清时期，诗话数量更多，成就更高。

在诗话出现的同时，词话也随之出现，并逐渐发展起来。比较著名的词话有况周颐的《蕙风词话》、陈廷焯的《白雨斋词话》、王国维的《人间词话》等。

※ 评点

评点是古人研读文章的一种重要方法，也是中国古代文学批评的常用形式。评点时，评论者在阅读文本，把握文本整体与局部关系的基础上，对文章的内容以及写作方法等方面，进行评论分析。作为阅读者的阅读笔

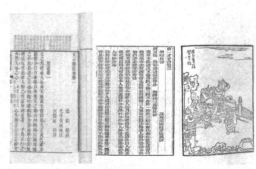

纪昀评点《文心雕龙》 毛宗岗评点的《三国志演义》书影

录，评点通常具有一定的对话性，这种对话是读者与文本、与作者、与文本的其他读者之间的对话。评点被标注在不同的位置，其称呼也不同。一般，标注在书眉上的评点被称为"眉批"；在内文中下评语的叫"行批"；在文末下评语的叫"总批"。

‖文学流派‖

※ 建安风骨

建安是东汉汉献帝的年号。建安时期的文学作品以风骨遒劲、刚健有力、鲜明爽朗著称，被称为"建安风骨"。建安文学的作家有三曹（曹操、曹丕、曹植）和"建安七子"（王粲、孔融、陈琳、徐幹、应玚、阮瑀、刘桢）等。三曹是当时的文坛领袖，成就最高。

建安诗人经过汉末的大动乱，他们的诗歌的特点是因事而发，具有鲜明的时代特征，悲壮慷慨，或感伤离乱，或悲悯人民，或慨叹人生，或强烈希望建功立业。曹植是曹操的第三子，建安文学的集大成者。他的诗将抒情和叙事有机结合起来，既描写了复杂的事件，又描写了曲折的心理变化，代表作有《白马篇》《赠白马王彪》《洛神赋》等。王粲是"建安七子"中成就最高的诗人，他的《七哀诗》以亲身体验的事实为题材，具体描写了汉末战乱给国家、人民造成的深重苦难。

建安文学是文学史上的一个辉煌的时代，它独特的文学风格成为后世文学所推崇和效法的典范。

※ 玄言诗

玄言诗是一种以玄学为旨趣的诗歌。魏晋之际，因政治黑暗，名士动辄遭戮，文人多脱儒入道，寄情于老庄玄学。流风所及，在诗坛也形成了玄言诗派，其特点便是以诗的形式来演绎老庄的人生哲理。如竹林七贤之一的嵇康的"……目送归鸿，手挥五弦。俯仰自得，游心太玄。"这可以说是玄言诗的雏形。典型的玄言诗形成于西晋末年，并盛行于东晋，其代表诗人为孙绰、许询、谢安、王羲之等人。其中孙绰的《秋月》乃是玄言诗中的佳作："疏林积凉风，虚岫结凝霄。湛露洒庭林，密叶辞荣条。抚叶悲先落，攀松羡后凋。"当年王羲之等人在兰亭举行一次千古盛会，除了留下那篇千古传诵的《兰亭序》外，还留下了一组典型的玄言诗。如王羲之的次子王凝之诗曰："庄浪濠津，巢步颍湄。冥心真寄，千载同归。"另外谢安、许询等也当场作有玄言诗作。总体上，除少数玄言诗能够融情景于一炉，别有一番玄趣之外，大部分玄言诗往往"理过其辞，淡乎寡味"（《诗品序》），艺术成就不高。东晋后期，玄言诗便逐渐消失，不过在其后的山水、田园诗中仍留有余韵。

※ 田园诗

以描绘田园风光，反映农村生活，展示隐逸情怀为风格的诗歌流派。中国田园诗派的鼻祖是东晋诗人陶渊明。

陶渊明出身贵族，但到他这一代，已经家道中落。出身高贵的他，再加上当时道家玄学的熏陶，不能容忍官场黑暗与庸俗，辞官归隐。归隐之时，他创作《归去来辞》，后又创作了《归园田居》《移居》《怀古田舍》

归去来兮辞诗意图　明　李在

此图描述的是晋代文学家陶渊明的名篇《归去来兮辞》中"云无心以出岫"这一句子。画面中陶渊明独坐在山峰上，仰望归鸿和远山，沉醉在大自然中，如有所思，超然物外。李在（？～1431年），字以政，明代福建莆田人，画史称其"自戴文进以下，一人而已"。

等一批田园诗。诸如"采菊东篱下，悠然见南山"之类的诗句，充分表现了诗人对功名利禄的鄙视，对黑暗官场的极端憎恶和与之彻底决裂的决心，表达了诗人对淳朴的田园生活的热爱，对劳动人民的友好感情和对理想世界的追求与向往，从而开创田园诗派。

陶渊明的诗，诗风平淡自然，备受后人推崇，影响深远。到了唐朝，陶渊明的诗风为孟浩然、王维等人继承，并形成田园诗派。比如，孟浩然《过故人庄》中，"绿树村边合，青山郭外斜。开轩面场圃，把酒话桑麻。"质朴无华，浑然天成，清淡优美，清晰地体现了陶诗风格。由于士大夫与农民的天然疏离，反映隐逸志趣的诗作不少，但像陶诗那么亲切的并不多。发展到宋代，范成大成为田园诗的旗帜，把田园诗推向又一个高峰。

※　山水诗

在《诗经》和《楚辞》中就已经出现了许多描写山水景物的诗句，但那只是作为衬托或比兴的媒介，不是一种独立的题材。中国文学史上第一首山水诗是曹操的《观沧海》。到了魏晋南北朝时期，山水诗开始繁荣起来。

魏晋时期，尤其是南渡之后，社会动荡，政治黑暗，玄学盛行。很多士大夫逃避现实，以山水为乐土，在山水间过着优哉游哉的生活，从中寻找人生的哲理与乐趣。在山水诗产生和发展的过程中，谢灵运对当时和后世影响最大。谢灵运出身南朝士族，才华横溢，但仕途坎坷。为了摆脱烦恼，谢灵运常常四处游览，寄情于山水。他的山水诗一般先写出游，再写见闻，最后谈玄或发感慨，犹如一篇游记。他的诗句工整精练，意境清新自然，其中不少佳句都经过一番苦心琢磨和精心雕琢，每首诗犹如一幅赏心悦目的山水画。谢灵运的山水诗极大开拓了诗的境界，确立了山水诗的地位，从此山水诗成为中国诗歌的一个重要流派。南北朝时期的谢朓、何逊也是有名的山水诗人，他们与谢灵运一道，把山水诗推向成熟。到了唐朝，山水诗蔚为大观，李白、王维、孟浩然、杜甫等都是山水诗高手，他们以卓越的诗才，为后人留下大量的山水诗佳作。

※ 宫体诗

宫体诗产生于南朝梁陈之际，影响直到初唐。这种以描写女性美和宫廷生活为主要内容的诗歌，是当时统治阶级荒淫腐朽生活在文学上的反映，情调流于轻艳，诗风比较柔靡。

自古以来，中国不乏描绘女性美的诗歌，但是，到了齐梁时候，部分作家对男女之情开始进行露骨的描绘，出现了"艳情诗"。梁简文帝萧纲酷爱文学，做太子的时候，在东宫聚集一大批文士诗人，专写男女之情，极力吟咏女人的体态、睡态、肌肤或女人的衣着用具等，还有假托女子的口吻写伤春、杜撰思妇对塞外征人的相思之情。这些诗作刻画精细，韵律流畅，缠绵婉转，形成一个鲜明的诗歌流派。不仅如此，萧纲更是命文士徐陵收集古今艳诗，汇编成《玉台新咏》，引导宫体诗的创作。他本人更是宣称，"立身先须谨慎，文章且须放荡"，公然鼓吹"轻靡绮艳"的诗风，极大促进了宫体诗的发展。宫体诗虽然还有一些咏物诗，但都有宫廷、宫女的影子，无法跳出宫廷范围。

宫体诗的主要诗人有萧纲、萧绎，以及他们的侍从文人徐摛、庾肩吾、徐陵等，另外还有陈后主及其侍从文人。代表作有萧纲的《咏内人昼眠》《美人晨妆》等。

在宫体诗中，五言八句和四句的形式逐渐得到确认，对仗日益工稳，声韵更加和谐，它在艺术形式方面的积累，对于唐诗的发展起到了很大的推动作用。

※ 边塞诗

边塞诗指的是唐代以描绘边塞风光、反映戍边将士生活的诗歌。它起源于汉魏六朝，到盛唐全面成熟，形成了边塞诗派。该派代表诗人有高适、岑参、王昌龄、李颀等。比较著名的边塞诗有高适的《燕歌行》、岑参的《走马川行奉送出师西征》、王昌龄的《出塞》等。唐代的边塞诗可以分为初、盛、中、晚四个时期。由于国力强弱和对外战争中的胜负不同，初、盛唐边塞诗中多抒发昂扬奋发、立功边塞的情怀，中唐前期尚有盛唐余响，中唐后期和晚唐只有对昔日盛况的追慕和对现实凄凉的哀叹。边塞诗不仅描绘了壮阔苍凉、绚丽多彩的边塞风光，而且抒写了投笔从戎的豪情壮志以及征人离妇的思想感情。对战争的态度，有歌颂、有批评，也有诅咒和谴责，思想上往往达到一定高度。边塞诗情辞慷慨、意境雄浑，多采用七言歌行和七言绝句的形式。

边塞诗人主要分为两类：有边塞生活经历和军旅生活体验的诗人和利用间接的材料，翻新一些乐府旧题进行新创作的诗人。前者的诗作中更贴近边塞生活，艺术特色也更鲜明，成就也较高。

※ 新乐府运动

新乐府运动是出现于中唐时期的新诗潮。西汉设置乐府，掌宫廷和朝会音乐。由乐府采集和创作的诗歌称作"乐府"。起初乐府诗大部分采自民间，具有通俗易懂、反映现实和可以入乐几个特点。不过六朝之际及唐初，乐府诗基本上成了文人"嘲风雪，弄花草"的诗体。鉴于此，杜甫参照乐府诗的格式，写了《兵车行》《哀江头》等针砭现实的名篇，此为新乐府诗的发端。其后，元结、韦应物、戴叔伦等人也有新乐府题作。到唐宪宗时期，张籍、王建、元稹、白居易等人彼此唱和，将新乐府运动推向了高潮。尤其元稹、白居易作为当时的才子，有大量新乐府诗作，影响巨大。白居易还提出了"文章合为时而著，歌诗合为事而作"的一整套理论，并首次使用了"新乐府"一词，故被视为新乐府运动的代表人物。新乐府诗作不再像前人那样借助乐府旧题，而是自创新题，按照乐府诗格式创作反映现实的诗作，所以又称"新题乐府"。如李绅的《悯农》诗："春种一粒粟，秋收万颗子。四海无闲田，农夫犹饿死。"便是典型的新乐府诗作。新乐府对当时政治及后世诗歌艺术均产生重大影响。

简单地说，新乐府诗使文学担负起了新闻媒介的作用，某种程度上也是对文学本身的损伤，但在当时来说意义是积极的。

※ 江西诗派

江西诗派是基本代表宋诗艺术特征的诗派。北宋后期，"苏门四学士"之一的黄庭坚在诗坛上独树一帜，追随与效法者颇多，逐渐形成了一个以黄庭坚为中心的诗歌流派。宋徽宗时，吕本中撰《江西诗社宗派图》，中列陈师道、潘大临、杨符等 25 人，认为这些人的诗风与黄庭坚一脉相承。因黄庭坚为江西人，故称之为江西诗派。虽然这些人的诗各有风格，但在创作方法和诗歌见解方面有共同之处。黄庭坚因推崇杜诗韩文"无一字无来处"的创作方法，提倡化用前人词语、典故的"点铁成金"法和师承前人构思和意境的"脱胎换骨"法。他不仅提出理论，并且写有大量优秀作品。这种诗作，对文化功底要求很高，才学便成了写诗的基础。这也是有宋一代诗歌的基本特点，比如，黄庭坚、欧阳修、王安石、苏轼等诗坛领袖均为大学者。到南宋时期，江西诗派影响更大，杨万里、姜夔、陆游等大诗人都深受其影响。又因此派诗人多学习杜甫，故宋末方回又提出了"一祖三宗"的说法，即尊杜甫为"祖"，黄庭坚、陈师道和陈与义为"宗"。

不过这种将诗歌学问化的做法，导致许多记忆力不佳的诗人往往靠翻书来拼凑典故，而过多的典故也使读者读起来异常费神。因此有不少人对此表示不满，南宋的严羽曾言："诗有别材，非关书也；诗有别趣，非关理也。"虽如此，这种写者费劲、读者费神的诗歌在古代文人中一直都比较盛行，尤其以博学相矜的清代诗人，更是推崇这种"无一字无来处"的作诗法。

※ 永嘉四灵

"永嘉四灵"指南宋中叶浙江永嘉（今温州）的四个诗人，分别是徐照（字灵晖）、赵师秀（号灵秀）、翁卷（字灵舒）、徐玑（号灵渊）。因字或号中均有一"灵"字，诗风又相近，故名。他们的诗风，主要学习晚唐贾岛、姚合，标榜野逸清瘦。并融入了山水、田园诗的韵致，表现出归隐田园、寄情泉石的淡泊境界。另外，其在语言上则刻意求工，忌用典，尚白描。如翁卷的《乡村四月》："绿遍山原白满州，子规声里雨如烟。乡村四月闲人少，才了蚕桑又插田。"便是"四灵"诗的典型。"永嘉四灵"因为打破了江西诗派过于倚重学问的藩篱而在南宋诗坛上独树一帜，加上其迎合了南宋中叶大量无由入仕的民间文人的心境，在当时引起广泛共鸣，但其有境界狭小、寄情偏狭之弊。

※ 台阁体

台阁体是明朝永乐至成化间的一个文学流派。其代表人物号称"三杨"，即杨士奇、杨荣、杨溥。三人均为"台阁重臣"，故其诗文（主要为诗歌，也包括散文）被称作"台阁体"。台阁体的出现，被后人认为是诗文创作的一种倒退，其在内容上要么是粉饰太平、歌功颂德献媚皇帝之作，要么是宴乐唱和之作，毫无生气；而在艺术上，其立意平庸，既没有对自我情感的精致剖析，又没有对社会的关怀。不过因其风格雍容典雅，加上"三杨"官位显赫，作品又时时流露出一种富贵气度，故追慕效仿者颇多，竟致形成一个流派。

另外，台阁体的形成也与程朱理学所要求的"雅正平和"地表达情感及明前期（尤其永乐后）平静的政治环境下官员们心态悠然、志得意满的心理有关。台阁体文人多追慕宋人，成就却去宋甚远。台阁体在明前期统治文坛几十年后，在饱受抨击之下退出文坛。

※ 江左三大家

江左三大家指的是明末清初的三个著名诗人，分别是钱谦益、吴伟业、龚鼎孳。因三人机关都属江左地区，故称。三人均为明朝旧臣而又仕清。其中，龚鼎孳（1615～1673年）成就和影响均不如钱、吴。钱氏崇宋诗，吴氏尊唐诗，两人各立门户，影响深远。

钱谦益（1582～1664年），字受之，号牧斋，晚号蒙叟、东涧老人，常熟（今属江苏）人。其学问渊博，在史学、诗文方面均负盛名，传说名妓柳如是因慕其才而嫁于他。在诗作上，其初学盛唐，后广泛学习唐宋各家，最终融唐宋诗于一炉。其诗沉郁炫丽，才华雄健。其诗作有《初学集》《有学集》《投笔集》等，因其晚年诗歌多抒发反清复国之愿，乾隆时，其诗文集遭到禁毁。

吴伟业（1609～1672年），字骏公，号梅村，江南太仓（今属江苏）人。其诗歌多以哀时伤事为题材，富有时代感。风格上则华丽藻饰，缠绵凄恻。明亡后则更显得婉转苍凉，感人至深。其于明亡后所做的七言歌行深受白居易影响，所做讽刺吴三桂降清的《圆圆曲》，讲述田妃、公主遭遇的《永和宫词》《萧史青门曲》，写艺人的飘零沦落的《楚两生行》《听女道士卞玉京弹琴歌》内容深婉，语言华丽，气势磅礴，有"诗史"之称。

※ 唐诗派

这是对于明清时代推崇唐诗的诗派的称谓。中国古典诗歌至唐代达到极盛，至宋，风格一变，成另一番韵致。南宋末年的严羽在其诗歌品评著作《沧浪诗话》中推崇唐诗，认为唐诗妙处在于"气象"和"情趣"，而宋"以文字为诗，以议论为诗，以才学为诗"，去唐诗甚远。宋元人虽然推崇唐诗，但唐诗真正被奉为典范，则是在明代。明中期，以李梦阳、何景明、王世贞、李攀龙为首的"前后七子"，提出"诗必盛唐"的说法，认为"诗自中唐以后，皆不足观"。"前后七子"皆是当时负有盛名的文人，尤其李、何、王、李四人作为当时的文坛领袖，其影响非比寻常。清代时，又有以王士祯、沈德潜为代表的唐诗派。不过，虽然唐诗派崇拜唐诗，其作品也有不少佳作，但总体上还是与唐诗有一定距离。其主要的贡献在于通过对唐诗进行分析、鉴赏和宣扬，使得唐诗不再局限于文坛，而是家喻户晓、妇孺皆知。

※ 宋诗派

此为清代一个推崇宋诗的诗派。鲁迅曾言："一切好诗，到唐已经做完。"但宋人却将诗风一转，又开辟出一个崭新的天地。南宋后期尊崇唐诗的严羽在《沧浪诗话》中对比唐诗优越于宋诗之时，曾分析："本朝人尚理，唐人尚意兴。"他认为宋朝人利用诗歌议论，乃是呈露才学，为诗作的末路。其后便形成了一个以唐诗为尊的唐诗派，清代的唐诗派人物著名代表沈德潜甚至认为"宋诗近腐"。在唐诗派将宋诗的特点作为一种缺点进行评点的同时，有读者，尤其是那些饱学之士却认为宋诗的特点并非缺点，而是一种风格。认为唐诗胜在意趣，而宋诗则自有一种理趣。尤其到清代时，因崇尚博学，延及诗坛，形成了推崇宋诗的宋诗派。直至近代，宋诗派仍然在诗坛占有优势地位，著名的"同光体"诗人便是宋诗派的中坚。另外，钱锺书认为，虽然"诗分唐宋"，但并非严格以朝代为界限，而是指两种风格。如唐人也有做讲究理趣的宋诗，宋人也做讲究情趣的唐诗。

※ 诗界革命

诗界革命是清朝戊戌变法前后资产阶级倡导的诗歌改良运动。早期的倡导者是夏曾佑、谭嗣同、梁启超 3 人。他们力图开辟诗歌语言的新源泉，目的是表现资产阶级新思想。戊戌维新运动失败后，梁启超逃亡国外，把主要精力用在文化宣传和推进文学改良上。1899 年，梁启超正式提出"诗界革命"的口号，倡导"新意境"、"新语句"和"以古人风格入之"的新诗写作风格。

在"诗界革命"中，黄遵宪取得的成就最大，被称为"诗界革命"的一面旗帜。黄遵宪（1848 ～ 1905 年），字公度，号人境庐主人，广东嘉应州（今梅县）人。他曾在日本和欧美做过 20 多年的外交官，是戊戌维新运动的积极参加者。在诗歌创作方面，他提出"我手写我口"的创作原则，强调写诗要反映现实生活，能表达自己的真情实感。黄遵宪的诗作题材非常广泛，包括政治、战争、异乡风俗等，用艺术手段生动地展现了中国近代社会的变迁。他的代表作有《冯将军歌》《台湾行》《哀旅顺》等。

"诗界革命"冲击了长期统治诗坛的拟古主义、形式主义倾向，反映了当时的诗人咏唱新时代和新思想的强烈要求。

※ 花间派

晚唐五代时期的一个词派。五代十国时期，中原成了群雄逐鹿的猎场，而蜀中地区却相对稳定，经济繁荣，许多文人纷纷避难于此。前后偏安于西蜀的两个小政权自度无力量统一天下，便干脆沉湎于独立王国的安闲之中，歌舞升平，自得其乐。在这种背景下，以娱乐为主的词便流行起来。后蜀宫廷文人赵崇祚选录唐末五代词人18家作品500首编成《花间集》，其中除温庭筠、皇甫松、和凝、孙光宪外，其余全部是蜀中文人。这些人的词风大体相近，多写男女艳情、离愁别恨，婉转低回，

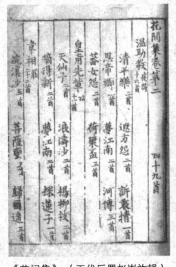

《花间集》（五代后蜀赵崇祚辑）书影

香艳柔软，类似于六朝时期的"艳诗"。后世将集中所选词人及其他有类似词风的词人称为"花间派"。

花间派的代表作家是温庭筠和韦庄，其中，温词香艳华美，韦词则疏淡明秀，两人也代表了花间派的两种主要风格。总体上，花间派词作的文字富艳精工，艺术成就较高，但在思想上格调不高，尤其是一些笔触描写男女燕私时十分露骨，极不符合孔老夫子的"诗言志"的诗教，被后世

骂作是"桑间濮上之音"（黄色歌曲）。正因为此，对于北宋的欧阳修、晏殊等正统文人偶有的一些花间词作，后世读者竟不相信是出于他们之手，而猜测是别人的伪作。

※　婉约派

婉约派为宋词风格流派之一。婉约一词最早见于《国语·吴语》："故婉约其词，以从逸王之志。"先秦、魏晋六朝时期，婉约常被人们用来形容文学辞章。词，本是合乐演唱的，最初是为了达到娱宾遣兴的目的，其内容不外乎离别愁绪、闺情绮怨等内容。因而，词逐渐形成了香软、柔媚等婉转柔美的风调。而婉约派作为词的一种风格流派，被明确提出来，一般认为始于明人张綖。清人王士祯在《花草蒙拾》中写道："张南湖论词派有二：一曰婉约，二曰豪放。"婉约词的主要特点是：内容注重儿女风情，结构深思缜密，韵律婉转和谐，语言清丽圆润。婉约派的代表人物有李煜、柳永、晏殊、欧阳修、秦观、周邦彦、李清照等人，其中，李煜、柳永、晏殊、李清照被并称为婉约派四大旗帜，他们的词分别以愁宗、情长、别恨、闺语见长。

※　豪放派

豪放派与婉约派并称为宋词两大流派。它是与婉约派文风相对的一个文学流派，代表人物有苏轼、辛弃疾。豪放派词题材广泛、视角鲜明、语言旷达、气势雄浑，思想豪放不羁，词文不拘音律格调。豪放派从形成到鼎盛共经历了3个阶段：初步形成，以范仲淹的《渔家傲·塞下秋来风景异》为开端。它引导了豪放派词风的主体方向；发展成形，是以苏轼词的豪壮为基调，逐渐在词坛形成一股劲风；鼎盛，继苏轼之后，辛弃疾等爱国词人将鸿鹄之志以及边塞慨叹融入词中，雄浑激荡的词风统霸文坛。在此之后，豪放派继承者因慨叹国衰、情难却等原因，词中渐渐融合了沉郁、典雅等古朴诗风，逐渐形成了豪放、清秀隽永的温婉手法相结合的刚柔相济的词风，其代表人物主要有刘克庄、黄机、戴复古、刘辰翁等。

※ 常州词派

清代最有影响的词派之一，因其创立者为常州人张惠言，故名。词作为诗的一种变体，发端于唐代，两宋时达到极盛，元明时期，跌入低谷。直到明末清初，词坛再度热闹，出现了推崇姜夔、张炎清空淳雅的浙西派和推崇辛弃疾、苏轼奔放豪迈的阳羡派。不过因清初文网严密，文人噤若寒蝉，豪放不起来，浙西派称霸词坛。后浙西派逐渐枯寂，沦为专务雕琢章句、恪守声律的"小道"。嘉庆后，文网渐开，继承豪放一脉的常州词派崛起。张惠言作为常州词派的发起者，其首先致力于在理论上给予词以与诗并列的尊崇地位，而非仅仅是"诗余"。其次，他则强调词并非仅仅是文人"言情"的小玩意，而是与诗同样具有"言志"功能的"大道"。为证明此，他还特地编撰了一本《词选》，以证明自己的观点。在《词选》中，张对诸多词作进行挖掘，其微言大义的解读，有些说得通，有些则牵强附会。如他曾将温庭筠的著名"艳词"《菩萨蛮》解释为"感士不遇"之意。后来的王国维曾对此类穿凿附会表示了自己的讥讽。不过在当时，响应者却甚多，并形成常州词派。稍晚的常州词派的另一位代表人物周济进一步发挥张惠言的观点，并提出了"词史"一说，以与"诗史"并尊。常州词派对清词发展影响甚大，近代谭献、王鹏运、朱孝臧、况周颐这四大词家，也是常州词派的后劲。

※ 公安派和竟陵派

公安派和竟陵派是一前一后出现于明末的两个反传统的诗文流派。其中，公安派因其代表人物袁宗道、袁宏道和袁中道三兄弟籍贯为湖北公安而得名。明代自弘治以来，文坛为"前后七子"所把持，他们倡言"文必秦汉，诗必盛唐"、"大历以后书勿读"的复古论调。万历时，"异端"

思想家李贽质疑复古论调，提出"童心"说，震动极大，但其最后被迫害致死。与李贽有过交往的袁氏三兄弟则变"童心"说为"独抒性灵，不拘格套"，推行类似的文学主张。并写下了不少随性而灵巧的诗作，不过许多诗作也流于浅俚。值得称道的是其所做的一系列短小、轻灵、隽永的小品文，开创了我国散文写作的新领域。但在复古主义占上风的清代，公安派作品未受到青睐。直到近代，因周作人、林语堂的提倡，公安派作品才在读书界热起来。

竟陵派的出现稍晚于公安派，因其代表人物钟惺、谭元春为竟陵人而得名。竟陵派同样抨击"前后七子"的复古论调，并继承了公安派的"性灵"说，但同时鉴于公安派诗作俚俗、浮浅的缺陷，而倡导"幽深孤峭"，刻意追求字意深奥，求新求奇，最终形成了艰涩隐晦的风格。竟陵派较有成就的代表人物是刘侗，他的《帝京景物略》成为竟陵体语言风格代表作品之一。

※　桐城派

桐城派是清代影响最大的古文流派，因其代表人物方苞、刘大櫆、姚鼐均系安徽桐城人而得名。明中期以后，因反对复古论调的公安派、竟陵派的出现，"文以载道"的文学传统遭到极大挑战。清初，先是名满天下的朝廷重臣方苞，对古文写作进行了新的思考，提出将"文"、"道"统一的"义法"说，被认为是桐城派的始祖。此后，刘大櫆又提出"神气"、"音节"、"字句"理论，进一步补充了方苞的"义法"说。乾隆时的姚鼐则提出"义理、考据、词章"合一的完整理论，乃是桐城派的集大成者。方、刘、姚三人被尊为"桐城三祖"。桐城派文章以文学的眼光看，没什么文采，其特点在于辞句精练，简明达意，条理清晰，只求"清真雅正"，不求文采飞扬，偏重于文章的实用性。其代表作有方苞的《狱中杂记》，姚鼐的《登泰山记》等。桐城派影响极其深远，在地域上早就超出桐城，遍及全国。身为湖南人的曾国藩便是桐城派领袖，西方小说翻译家林纾也曾是桐城派中坚。时间上则自康熙直延至清末，甚至在新文化运动前夕，北京大学国文系还为桐城派所称霸。直到新文化运动开始，白话文兴起，桐城派才宣告消亡。其作家之多、播布地域之广、绵延时间之久，文学史所罕见。

‖文论‖

※ 诗言志

诗言志是中国传统诗学的基本观念。最早在《尚书·尧典》中有："诗言志，歌永言。"上古时代，诗、歌一体，"诗言志"的意思便是歌词传达意义，这是其本义。后来孔子将上古时代的诗歌汇编成《诗经》，认为"诗三百，一言以蔽之，思无邪"。这使得诗歌"纯洁"化。又言："《诗》三百篇，大抵圣贤发愤之所为作也。"这又使得诗歌"崇高"化。如此，便在道德方向、写作目的上为诗歌做了一个模糊的界定。汉代，随着儒家思想正统地位的确立，孔子的观点被进一步发挥而具体化，如汉儒所做的《诗大序》言："诗者，志之所在也，在心为志，发言为诗。"又说："先王以是经夫妇，成孝敬，厚人伦，美教化，移风俗。"如此，诗歌

《诗经·周颂·昊天有成命》 南宋　马和之

219

的政治和伦理内涵便进一步明确了，即诗应该用于表达政治抱负和道德情怀，这也成为了历代诗论"开山的纲领"。魏晋时代，陆机又提出了"诗缘情"的主张，认为诗歌同时还应该表达个人情感，虽然也得到不少人的认同，并且许多诗歌事实上也是表达情感的，但在人们心目中，"诗言志"一直是处于一种正统地位的。

※ 诗缘情

诗缘情是传统诗学的基本观念。自孔子以下，"诗言志"的诗论被不断发挥，成为诗歌写作的基本命题。魏晋时，陆机在《文赋》言："诗缘情而绮靡，赋体物而浏亮。"其本义在于对比诗与赋的区别，认为诗重在抒情，而赋重在状物。但后来却有人将陆机的"诗缘情"单独提出来，作为对抗"诗言志"的另一种诗论，认为诗歌的重点不在"言志"，而在表达个人情感。"诗缘情"提出后，成为中国诗学的重要理论之一。不过，现代学者周作人等人则认为"言志"与"缘情"本是一回事，只是有人错误地将其割裂了，他还举《毛诗序》中的"在心为志，发言为诗，情动于中而发于言"为例。事实上，不管"诗缘情"是包含在了"诗言志"之内，还是在其外独立存在，都不是问题的关键。关键是，诗歌作为一种文学样式，必然是既能表达治国平天下的远大抱负，又可表达诗人个人的七情六欲。历史上众多的诗人的写作实践都证明了这一点。

※ 诗可以观

此是儒家关于诗歌功能的一种表述。此语最早是孔子在《论语·阳货》中所言："小子何莫学夫诗，诗可以兴，可以观，可以群，可以怨。"这里，孔子就诗的功能作了一系列的表述。其中，"诗可以观"意为"观风俗之盛衰"，即王者通过诗歌来了解民间情况与政治得失，其强调的是诗反映社会现实的功能。事实上，上古时代的诗歌与后来的诗歌有所不同，后世的诗歌更强调"美"，而上古时代的诗歌更强调"真"，因此诗人创作时，常常是纪实，而非虚构。其类似于现在的"报告文学"，新闻性很强，《诗经》中的许多作品都证明了这一点。为了使诗更好地起到"观"的目的，早期设置有专门的"采诗之官"，平时在民间走街串巷地"采风"，目的便是供"王者所以观风俗，知得失，自考正也"。孔子的这种诗观得到了后来的儒家人士的继承，不过随着社会的发展，诗歌的艺术性逐渐增强，其"可以观"的功能受到一定削弱，但仍然是诗歌的一个大的传统。如杜甫的"三吏"、"三别"便是这种传统的反映，而白居易还专门发起过恢复诗歌"可以观"功能的"新乐府运动"。

※ 美刺

这是汉代经学家关于诗歌社会功能的一种说法。"美"意为歌颂，"刺"意为讽刺。最典型持这种观点的是《毛诗序》，其认为"美"即"美盛德之形容，以其成功告于神明者也"；"刺"即"下以风刺上"。汉儒对于《诗经》的解释基本上以此为标准，清人程廷祚曾在《诗论》中指出："汉儒言诗，不过美刺二端。"如《诗经·大雅·云汉》则是"美周宣王也"；《诗经·卫风·木瓜》被认为是"美齐桓公也"；《诗经·小雅·鸳鸯》是"刺幽王也"；《诗经·邶风·雄雉》是"刺卫宣公也"。其中，一些明明是男女之间的情歌的诗篇也被汉儒们牵强附会地认为是暗含了"美刺"。汉儒将《诗经》解释为赞美和讽刺的两大主题的做法，有利于统治者控制言论，故在相当长的时间里，"美刺"都被认为是诗歌创作的正统原则。直到南宋，朱熹才首次在理论上明确反对将《诗经》简单化为"美刺"的观点，认为古人作诗与今人一样，也是出于抒发性情的需要而已。不过，在实践上，诗人们早已摆脱了"美刺"的镣铐，不然，光彩夺目的唐诗也就不会出现了。

※ 赋、比、兴

赋、比、兴是《诗经》中的三种主要表现手法。关于赋、比、兴的意思，主要有两种解释。一种是以汉代郑玄为代表，其将赋、比、兴与政治教化、美刺讽谏联系起来，该种解释因脱离艺术形象本身而去刻意寻求诗歌的微言大义而追随者甚少。另一种解释则是将赋、比、兴释为单纯的艺术手法，其中以朱熹的解释流传度最广，其认为："赋者，敷陈其事而直言之也"；"比者，以彼物比此物也"；"兴者，先言他物以引起所咏之词也"。通过"赋"，往往能够通过语言的铺陈造成一种气势，起到强调、

八月剥枣 清 吴求 绢本

此图选自《诗经图册》。图绘村野一隅，众人剥枣的情景。一老妪于旁边指点，面露喜色，另外几人或执竿打枣，或以衣摆接枣，或往篮、篓里装枣，这热火朝天的场景甚至感染了小孩子，他趴在地上亦加入了大人们的行列。

渲染的作用；而"比"，则是将本体事物比做更生动具体的物体而便于人们想象和理解；"兴"，则强调的是一种隐喻和象征，其因为能够增强诗文的深刻性而成为我国诗歌表现手法的基本准则，对后代的诗歌发展影响深远。总体上，赋、比、兴手法是我国诗歌创作过程中基本的艺术思维与表现手法。对其的研究则是我国诗歌理论的一个重要命题。

※ 诗教

诗教是中国古代诗歌理论用语，本指《诗经》使人"温柔敦厚"的教育作用，后来也泛指诗歌的教育宗旨和功能。孔子是"诗教"的最早提出者和积极倡导者，其在《礼记·经解》中言："入其国，其教可知也。其为人也，温柔敦厚，《诗》教也。"意思是，到了一个国家，其教化便可以知道了，如果那里的人温柔敦厚，这便是《诗经》教化的结果。相传

正是为通过《诗经》施教，孔子"去其重，取可施于礼义"，编纂了《诗经》。汉代时，汉儒为弘扬孔子的诗教传统，将《诗经》列为儒家五经之一，并对其进行了进一步的详细解析，使之蕴含了道德和礼义的内涵，并延展出一个人的社会、政治、人生等方面的意义。此后，诗教也便成了中国一种源远流长的教育传统。古代读书人不仅熟读《诗经》，而且作诗也成了其基本技能。没有深厚的诗教传统，唐诗宋词的繁荣是不可想象的。

※　温柔敦厚

此本为儒家的传统诗教，语出《礼记·经解》："入其国，其教可知也。其为人也，温柔敦厚，《诗》教也。"这本来说的是《诗经》对人的教化作用。据汉儒分析，之所以能有此教化作用，正是因为《诗经》本身的风格乃是"哀而不伤，怨而不怒"，即使讽刺君王，也是"发乎情，止乎礼仪"，故而不失其温柔敦厚，后来被引申为诗歌创作的一个原则。如白居易发起的"新乐府运动"所提倡的诗歌创作便是以这样一种"怨而不怒"的风格。白居易本人所写的讽喻诗，正是"本之于温柔敦厚"，"上以补察时政，下以泄导人情"，虽然直刺统治者，却得到统治者的认可。在封建时代，因温柔敦厚的风格既能为统治者起到"谏言"的作用，同时又不过于尖锐，这种折中主义的做法因使统治者和文人之间找到了一个妥协点，所以长期影响着古代诗人的创作。同时，温柔敦厚也被用来指一种含蓄、委婉的艺术风格。

※　知人论世

此为中国古代文学批评的一种观念。《孟子·万章下》言："颂其诗，读其书，不知其人，可乎？是以论其世也，是尚友也。"对于孟子这句话的解释有两种，现代学者朱自清将其解释为孟子将"颂（诵）诗"、"读书"、"知人论世"作为三种并列使自己得到提高的方法。而另一种解释则认为是孟子将了解"其人"与"其世"作为理解其诗文的前提，即要理解一个人的诗文，首先要了解作者的生平和其时代背景。清代章学诚在《文史通义·文德》中言："不知古人之世，不可妄论古人之辞也。知其世矣，不知古人之身处，亦不可以遽论其文也。"进一步将"论世"与"知人"的重要性进行了排列，即"论世"第一，"知人"第二。这种以"知人论世"为理解诗文前提的观点对后世批评学家影响很大，已经成了文学批评的一个基本模式，历代学者都以考证作者生平和时代背景为文学批评的前提。

※ 文以载道

中国古典文学创作的基本观念之一。最早提出这种说法的乃是北宋理学家周敦颐，其在《通书·文辞》中称："文所有载道也，轮辕饰而人弗庸，徒饰也，况虚车乎？"这里将作文而不承载一定的道，比做没有任何目的的空车。其字面意思是写文章应该表达一定的思想，而实质的意思则是写文章应该表达儒家之道，即儒家的传统伦理道德。事实上，周敦颐并非最早提出这种观点的人，在宋代之前，便有人提出了"明道"、"宗经"、"征圣"等主张，只是周敦颐提出了"文以载道"这个更明确而响亮的口号。此后，随着理学成为宋代官学，"文以载道"便成了文章写作的普遍原则。人们认为，写文章时，"道"才是目的，文只是手段，作文的目的便是"载道"。人们一度将这个"道"理解得很狭隘，甚至排斥文章的艺术追求，视之为"玩文丧志"。不过多数时候，人们对于"道"的理解还是比较宽泛的，并非一定要局限于孔孟之道。总体上，"文以载道"与"诗言志"共同构成了古代文人诗文创作的基本观念。

※ 文质

中国传统文论的基本概念和术语。最早使用这个概念的是孔子，其在《论语·雍也》中言："质胜文则野，文胜质则史，文质彬彬，然后君子。"孔子在这里论述的是人，而非文章。"文"指的是一个人的外在举止言谈，"质"指的是一个人的内在涵养。孔子认为一个人应该外在举止和内在涵养相统一才能称得上是君子。魏晋之际，"文质"的概念被文人们运用到文论中，一种说法以其形容语言风格的华美或质朴，并在此基础上形成了"尚文"、"尚质"观点间的对立；另一种说法则以"文"、"质"分别指代文章的形式和内容。

在古代，"质"一直居于主导地位，而"文"则居于从属地位。《文心雕龙》言："文附质，质待文。"唐宋以后，人们普遍以"文"、"道"替代了"文"、"质"的概念。而其观点基本上没变，虽然一度有人提出"文道合一"的概念，但总体上，主流的观点仍将"道"视为本，而将"文"视为末，甚至北宋的程颐提出了"玩文丧志"、"作文害道"的极端说法。

※ 文气

传统文论的基本概念和术语。此概念来自于先秦哲学概念"气"，当时人们认为，宇宙之间存在一种构成万物的本源的"自然之气"。这种"气"是生命活力的原动力，是一种体现精神的抽象物，其无形而无所不在。曹丕后来首次运用这种"气"论来论述文章。他在《典论·论文》中说："文以气为主，气之清浊有体，不可力强而致。"曹丕所说的"文气"实际上指的是作假的天赋个性和才能，其不可强求，且不能传授。此后，"文气"便成了传统文论的一个常见术语，并进一步派生"逸气"、"骨气"、"灵气"、"神气"等说法。历代作家对"文气"都十分重视，唐代韩愈言："气盛，则言之短长与声之高下皆宜。"北宋苏辙言："文者，气之所形。"明代归有光言："文章，天地之元气。得之者，其气直与天地同流。"清曾国藩则言："为文全在气盛。"正是因为"文气"的重要作用，古代还普遍存在一种"养气"说，刘勰在《文心雕龙》中专门写有《养气》一篇，认为作者应该"调畅其气"。苏辙认为"文不可以学而能，气可以养而致"。至于其具体培养方法，韩愈、"三苏"、公安派文人等均有独特见解。

※ 风骨

传统文论的基本概念和术语。"风骨"一词最早出现于汉末，流行于魏晋，本是用来品评人物。如《宋书·武帝纪》称刘裕"风骨奇特"，《南史·蔡撙传》称蔡撙"风骨鲠正"等。后来南朝文

建安七子图

最早提出"七子"之说的是曹丕（见《典论·论文》）。"建安七子"之文都具有梗概多气的建安风格，后被誉为"建安风骨"。

人将"风骨"引入文论中用以指文章的风力劲骨，刘勰在《文心雕龙》中作《风骨》一篇，对其进行了专门的论述。刘勰认为，所谓"风"，指文章的情志，要有感动人的力量，写得鲜明而有生气，骏快爽朗；"骨"，则指文章要文辞精练，辞义相称，有条理，挺拔有力。"风骨"便是整体上要求文章有气有劲，气韵生动，风格俊朗。而与刘勰同一时代的谢赫则将"风骨"引入画论，其在《古画品录》中认为"风骨"在画作具体体现为"气韵生动"与"骨法用笔"，认为画得生动而有气韵，笔力雄健，线条挺拔，便可谓有"风骨"。另外，对于"风骨"还存在其他一些不同的解释，总体上，"风骨"指的是一种鲜明、生动、凝练、雄健有力的艺术风格。

※ 意境

传统诗学的基本概念与术语。"意"指诗人的主观意志，"境"则指自然景物，"意境"指抒情性诗作中呈现的那种情景交融、虚实相生、活跃着生命律动的韵味无穷的诗意空间。"意境"作为诗论术语，最早出

现于唐代王昌龄所写的诗论《诗格》中。王昌龄在文中提出"诗有三境",分别为物境、情境、意境。这里的意境事实上偏重于"意",意思是"意"的境界,而非强调"意"、"境"之间的关系。中唐以后,"意境"则开始强调"意"、"境"之间的契合关系。如权德舆所说的"意与境合",司空图提出的"思与境偕"均指的是诗人的主观之"意"与自然之"境"之间的某种契合。经南宋的姜夔,明清之际的朱存爵、叶燮、王夫之等人的进一步发挥,到近代学者王国维,对"意境"提出了更为系统的说法。其在《人间词话》中更提出"境界"一说,将"意"与"境"一元化为一种"情景合一"的艺术"境界"。其认为"一切景语皆情语",将"意境"表述为情景浑然一体的一种美学意蕴。王国维在《宋元戏曲史》中言:"文章之妙,亦一言以蔽之,曰:有意境而已。"对于何为意境,其进一步解释:"写情则沁人心脾,写景则在人耳目,述事则如其口出。"

※ 选学

选学是指研究《昭明文选》的学问。《昭明文选》简称《文选》,是中国现存的最早的诗文总集,由南朝梁武帝的长子萧统组织文人编选。萧统死后谥"昭明",故名。《文选》共有 60 卷,分为赋、诗、骚、诏、册、令、碑文、序等总 38 类。所选内容注重文学性,讲究辞藻,多为历代大家作品。《文选》自问世后,受到文人重视,先是萧统的侄子萧该作《文选音》,对《文选》语词作了音义解释,隋唐时期的曹宪、许淹、李善、公孙罗等人又撰《文选音义》,并批注《文选》,逐渐形成了"选学"。唐朝时,选学一度与"五经"并驾齐驱,士子大多精读《文选》。北宋时,民间尚传言曰:文选烂、秀才半。直至元、明、清,有关《文选》的研究亦未尝中辍。时至今天,"选学"所研究的内容主要是《昭明文选》包含的文学观念及文体分类思想,梳理《文选》成学的文献依据,并进而研究其在文学史、学术史、文化史等方面的价值。

※ 红学

红学指研究与《红楼梦》相关问题的学问。《红楼梦》作为一本中国古典小说的集大成之作，一经问世，便有人产生了对其进行更深层次解读的好奇，红学随之诞生。事实上，小说在写作的过程中出现的"脂砚斋评"便属于红学。而红学作为一门正式学问则始于民国时期，与之相随的是小说摆脱"末流"的地位以及西方文艺理论的传入。

红学研究的内容，大休可分为几个方面，一是对《红楼梦》本身主题、人物、艺术手法及其在文学史上的影响等的研究；二是对《红楼梦》作者生平、思想的研究；三是对《红楼梦》版本、章回等的研究，等等。就红学研究者而言，可分为旧红学与新红学两拨。其中旧红学，指的是五四时期以前，有关《红楼梦》的评点、评论、题咏、索引、考证等。旧红学主要采用圈点、加评语等形式评点《红楼梦》，或者以历史上或传闻中的人和事，去比附《红楼梦》中的人物和故事。而新红学则以胡适、周汝昌等为代表的考证派，主要是通过考证作者家世、生平史料和各种版本等进行研究。另外王国维写了《红楼梦评论》一书，运用西方哲学对《红楼梦》进行全面评论，在红学界独树一帜，影响颇大。

▌杰出文学家▌

※ 屈原

屈原生于公元前约340年，是中国文学史上第一位爱国主义诗人，楚辞文体的开创者，也是浪漫主义诗人的杰出代表。刘勰在《文心雕龙·辨骚》中，曾给予屈原"衣被词人，非一代也"的评价，旨在说明屈原在中国文学史上的突出贡献。其流传下来的作品共有23篇，其中《九歌》11篇，《九章》9篇，《离骚》《天问》《招魂》各一篇。屈原是战国末期著名的政治家、文学家。他一生深思高举，却换来潦倒流放，投

屈原卜居图卷 清 黄应谌 绢本

本画描绘屈原被放逐后，心怀国事而不能为，因而心思迷乱，遂拜访太卜郑詹尹，询问自处之道的情景。图中山势高峻，树木蓊郁，溪水潺潺，近处殿堂折落，堂内桌案之上日晷、龟策等卜器整齐排放，一白发苍苍的老者拱手迎接来客。屈原头戴纶巾，身披广袖长袍，腰系丝绦，长可及地，二人隔门相揖。旁边童子执杖侍立，树下奚官牵马等候。

汨罗江殉国而死的悲剧命运。在其代表作《离骚》中，屈原将自己为国尽忠、流放潦倒、品质高洁、亡国苦痛等情感融洒在字里行间，不仅创造了"香草美人"的文学传统，还彰显了屈原文学创作中的个性光辉。屈原是个注重现实的诗人，但是他的很多作品又和神话有密切联系，在现实与神话相结合的形式中，通过自由奔放的语言，将现实社会中的种种矛盾凸显出来，从而揭露当时楚国政治上的黑暗面。在政治上，他是爱国爱民、坚持真理的；在精神人格上，他是宁死不屈、品质高尚的；在文学上，他是不拘一格、开拓创新的。就屈原的文学影响来说，他的很多作品都是后世作家汲取养料、提高水平的参考范本。尤其是楚辞文体的创立，直接影响了汉赋的形成，它与《诗经》被称为浪漫主义与现实主义两大优良流派的源头。

※ 贾谊

贾谊（公元前200~前168年），西汉初年著名政论家、文学家。洛阳人，世称贾生。贾谊自小博览群书，18岁即名闻郡里。21岁时被汉文帝召为博士，乃当时最年轻的博士。汉文帝对其十分赏识，欲拜其为公卿，但因大臣们的嫉妒和反对而作罢。后贾谊因遭朝臣诋毁，被贬为长沙王太傅。后被召回长安，任文帝子梁怀王太傅。梁怀王坠马而死后，贾谊深感歉疚，忧伤而死，年仅33岁。

贾谊的思想以儒家为主，也杂有法家及黄老成分。早年曾为《左传》作过注释，但失传。另外，其对道家思想也有一定研究，青年时写过《道德论》《道术》等论著。贾谊见诸后世的成就主要在文学方面，散文和辞赋非常有名。众所周知的便是政论文《过秦论》，以高度概括的笔墨铺陈史实，并以夸张的手法进行渲染，文章雄辩滔滔，极富气势，具有战国纵横家的遗风。另外，其政论文《论积贮疏》《陈政事疏》及辞赋《吊屈原赋》《鹏鸟赋》都非常著名。贾谊的作品被刘向辑为《新书》，又名《贾子》。

※　司马相如

司马相如（约公元前 179 ～前 127 年），西汉大辞赋家。字长卿，蜀郡成都人，本名司马长卿，因崇敬战国蔺相如，改名相如。少好读书、击剑，曾为景帝武骑常侍，因景帝不好辞赋，辞官，游于梁会王门下。后回蜀，期间与才女卓文君私奔，留下千古美谈。汉武帝后来看到司马相如的《子虚赋》，大为赞赏，召其入宫，司马相如由此成为宫廷辞赋家。

汉代，赋这种文体大盛，涌现出了枚乘、扬雄等一批善于写赋的作家，而司马相如则是最典型的代表。除《子虚赋》外，司马相如还作有《上林赋》《美人赋》《长门赋》等。其中，《子虚赋》《上林赋》内容相连，以子虚和乌有先生争相夸耀本国的故事为基本构架，极尽铺叙、夸张、想象、排比之能事，气势恢弘，典故堆砌，文字华彩，

文君听琴图

司马相如早年任武骑常侍，结识卓文君。卓文君慕其才，私奔相如，同至成都，以卖酒为生。

从各个方面体现了散体大赋特点，奠定了散体大赋的体制，在我国文学史上占有重要地位。以《长门赋》为代表的骚体赋对我国宫怨文学有不小的影响。因其文学影响，司马相如被认为是与司马迁齐名的重要作家。鲁迅在《汉文学史纲要》中言："武帝时文人，赋莫若司马相如，文莫若司马迁。"

※　扬雄

扬雄（公元前 53 ～公元 18 年），汉赋代表作家，与司马相如并称

"扬马"。字子云，西汉蜀郡成都人。扬雄少时口吃，不善言谈，默而好深湛之思。其家贫而好学，博览群书，不慕富贵。扬雄早年酷爱辞赋，尤其仰慕同乡作家司马相如，曾模仿其作品著有《甘泉赋》《羽猎赋》等。40多岁时，扬雄被推荐成为汉成帝的文学侍从，期间写了一系描写天子祭祀、田猎的赋作。扬雄的辞赋在当时颇负盛名，但其后来却认为这是"童子雕虫篆刻"，"壮夫不为"，并不再写赋，而埋头于撰写时人并不懂的学术著作，以求传之后世。扬雄仿《易经》写《太玄》一书，阐发了自己的哲学思想；仿《论语》写《法言》一书，在书中他主张文学应当宗经、征圣，以儒家著作为典范，这对刘勰的《文心雕龙》颇有影响。扬雄还著有语言学著作《方言》，是研究西汉语言的重要资料。因扬雄的重要影响，《三字经》中将其与老子、庄子、荀子、文中子（王通）并列为"五子"。

※ 曹操

曹操（公元 155～220 年），东汉末年政治家、文学家。字孟德，沛国谯（今安徽亳州）人。曹操出身汉官宦世家，在镇压汉末农民起义黄巾军的过程中崭露头角，并一步步扫灭北方群雄，建立起了魏国立国的基础，曹操死后，其子曹丕称帝，追谥曹操为魏武帝。

曹操不仅是杰出的政治军事家，而且在文学上卓有成绩。其"外定武功，内兴文学"，延揽天下文士，对建安文学的繁荣起了重要作用。曹操与其子曹丕、曹植被称为"三曹"，乃是建安文学的代表人物，史称"建安风骨"。曹操的文学成就主要体现在诗歌方面。相传曹操"登高必赋"，诗作现存 20 多首，都是以乐府歌辞形式写成。其虽用乐府旧体，却不袭用古人辞意，而是自己缘事因性而作，一类是反映汉末动乱和民生疾苦，如《苦寒行》《蒿里行》等。这类诗因摹写现实真切而有"汉末史诗"的美誉。一类是抒发其政治抱负与进取精神的，如《短歌行》《观沧海》等。这类诗慷慨激越，深沉雄浑，也是诗中佳作。另有一类乃是游仙诗，艺术成就不高。除诗歌外，曹操的散文也一改汉儒文章迂阔空泛的习气，真率自然，文笔简约，颇有特色，鲁迅称之为"改造文章的祖师"。

※ 曹植

曹植（公元 192 ～ 232 年），三国时魏国诗人，文学家。曹植是曹操第三子，因曾被封为陈王，谥号"思"，世称陈思王。曹植自幼聪慧，才思敏捷，被曹操所器重，曾一度考虑废曹丕的太子位而传王位于曹植，但因群臣强调"立长"原则而作罢。也正因为此，曹操死后，曹植为继位的曹丕所恨，差点将其杀害，终生被排斥在主流政治之外。

曹植的文学成就乃是"建安文学"中最高的，《诗品》称之为"建安之杰"。总体上，曹植的创作可以曹丕称帝为界分作两个阶段。第一个阶段，其作为优游宴乐生活的贵族王子，所写诗作大多是意气风发、文采绚丽的风格，代表作有《白马篇》《箜篌引》等。而第二个阶段，随着曹丕称帝后，其在政治上处处受到排挤与打击，对社会与人生有了新的认识，作品数量增多，且思想更加深刻，艺术上也更给成熟，代表作有《杂诗》6 首、《七哀诗》《赠白马王彪》等。钟嵘在《诗品》中称赞曹植的诗"骨气奇高，词彩华茂"。曹植的诗歌在文学史上具有深远影响，尤其其作为第一个大力写五言诗的人，对五言诗的发展起到重要作用。

※ 阮籍

阮籍（公元 210 ～ 263 年），三国魏诗人。字嗣宗，陈留尉氏（今属河南）人，是"建安七子"之一阮瑀的儿子。阮籍生在司马氏与曹氏政治角力的黑暗时代，采取的是疏离政治、放浪形骸的姿态，因与嵇康、刘伶等七人整天聚在一起喝酒，世称他们为"竹林七贤"。阮籍思想上崇尚老庄之学，对政治失望的同时转而寻求人生的终极关怀。据说其经常驾车出游，不由路径，直到无路处，则痛哭而返。阮籍在文学上的成就主要体现在诗作《咏怀》82 首。这些诗作中最突出的思想便是表现诗人内心的孤独和苦闷，寄托了作者希望超越黑暗的现实走向理想的自由世界的愿望。

另一个重要方面便是揭露了政治黑暗、世道衰败的现实以及世俗之人的虚伪。在艺术风格上多用比兴手法，形成了含蓄蕴藉，隐约曲折的风格。钟嵘在《诗品》中称阮诗"厥旨渊放，归趣难求"。除诗歌外，阮籍还长于散文和辞赋，其中以《大人先生传》最为有名。阮籍对于后世文学家影响相当大，陶渊明、李白、陈子昂、曹雪芹等著名作家均受其影响。

※ 陶渊明

陶渊明（约公元365～427年），我国第一个田园诗人。生于东晋浔阳柴桑（今江西九江），字元亮，号五柳先生，入刘宋后改名潜。陶渊明出身没落名门，其曾祖父陶侃乃是东晋开国元勋，至陶渊明而没落。陶渊明喜欢读书，性嗜酒，却因家贫不能常得。思想上，陶渊明深受道家人生观影响，生性洒脱，以逍遥自在为乐。30岁时，为生活所迫，陶渊明出仕做了几年小官，后因不肯"为五斗米，折腰向乡里小儿"辞官隐去。在文学成就上，陶渊明被认为是魏晋南北朝最富盛名

渊明嗅菊图　清　张风

东晋文学家陶渊明，一生崇尚自然，远离尘嚣隐居深山，后世人对他的"自然养生法"大加赞赏。

的作家，而且是屈原之后李白之前对中国文学影响最大的诗人。其所做诗歌现存120首，辞赋3篇，散文8篇，其中以诗歌成就最高。陶渊明的诗歌题材较丰富，其中最能代表其创作成就的，是田园诗。在诗中，陶渊明将田园自然生活描写成一个与现实黑暗世界对立的理想世界，寄寓了作者美好的人生理想。另外，其散文《桃花源记》更鲜明地寄托了作者的这种理想。陶渊明的这种"世外桃源"思想为文人们在政治官场之外，营造出了一个虽不存在却令人神往的精神乌托邦，对后世文人产生了深远影响。

※ 初唐四杰

初唐时期文学家代表是"初唐四杰"：王勃、杨炯、卢照邻和骆宾王。

王勃（公元650～676年），字子安，绛州龙门（今山西河津）人。当时流行以风花雪月为题材的宫体诗，注重形式主义。王勃首先反对诗坛上的这种不正之风，得到了卢照邻等人的支持。王勃现存诗80多首，多为五言律诗和绝句，代表作有《送杜少府之任蜀州》，著有《王子安集》。

杨炯（公元653～693年），华阴（今属陕西）人，武后时为盈川令，所以世称杨盈川。他以边塞诗著名，代表作有《从军行》《出塞》《战城南》等，气势轩昂，风格豪迈，感情饱满，意象醒目。今存诗33首，其中以五律居多，有《杨盈川集》。

卢照邻（公元634～689年），字升之，自号幽忧子，幽州范阳（今河北涿州）人。他的诗意境清迥，以韵致取胜。代表作《长安古意》词句清丽，委婉顿挫，借古讽今，意味悠长，是初唐长篇歌行的名篇。今存《卢升之集》《幽忧子集》。

骆宾王（公元619～684年），字观光，义乌（今浙江义乌）人。早年有神童之称，他的诗题材较为广泛，擅长七言歌行，笔力雄健，代表作《帝京篇》，当时的人们认为是"绝唱"。徐敬业发兵反对武后时，他曾作檄文《代徐敬业传檄天下文》，义正词严，气势磅礴，连武后都夸他的文

王勃　　　　杨炯　　　　卢照邻　　　　骆宾王

采。有《骆宾王集》存世。

※ 孟浩然

孟浩然（公元 689 ～ 740 年），唐代著名山水田园诗人。字浩然，湖北襄阳人，故世称孟襄阳。孟浩然是古代归隐得比较彻底的一个文人，40岁之前一直在家种菜养竹，闭门读书。开元十六年（公元 728 年），到长安应进士，但未能登第。后张九龄任宰相时，孟浩然曾入其幕府，不久即归隐鹿门。不过，虽归隐山林，孟浩然名声却在外，李白、王维、杜甫、王昌龄等人都与其关系甚好。

在文学上，孟浩然的主要成就在山水田园诗方面。其中，以山水诗数量最多。内容一则是孟浩然游历南北各地时对于当地山水的描写，一则是隐居期间对于襄阳的自然风光所做的描绘。在艺术特色上，其山水诗着力追求一个"清"字，往往以清淡平和的语言描绘清幽绝俗的意境，语言洒脱，风格平易，韵致高远。而田园诗数量相对少一些，但因特色鲜明而颇受称道，最脍炙人口的便是《过故人庄》。总体上，孟浩然继承了陶渊明、谢灵运的山水田园诗传统，乃是唐代的第一个山水田园诗人，被誉为"盛唐之音"的第一声。孟浩然与略晚的王维乃是唐代山水田园诗人的代表，因其一生经历简单，其诗不如王诗境界广阔，故虽年长却排王后，世称"王孟"。

※ 王维

王维（公元 701 ～ 761 年），盛唐时期著名诗人。字摩诘，祖籍山西祁县，因崇敬并精通佛学，有"诗佛"的外号。王维少有才名，15 岁至京城应试，即受到王公贵族青睐，21 岁即中进士，官至尚书右丞，故世称"王右丞"。张九龄任宰相时，王维受到器重，后张九龄遭贬，李林甫出任宰相，唐朝进入由盛而衰的转折点，王维在京城南蓝田山麓的别墅里，过起了半官半隐的生活。

在诗歌成就上，在唐朝的诗人排行榜中，除李白、杜甫稳占前两把交椅外，第三名的人选人们往往是在王维与白居易间争论，无有定论。王维在诗歌上的成就是多方面的，无论边塞、山水诗、律诗还是绝句等都有脍炙人口的佳篇，而其成就最高的乃是山水田园诗。陶渊明、谢灵运开创山水田园诗派后，唐代诗人多有继承此派的，而以王维和孟浩然成就最高，并称"王孟"。王维继承和发展了谢灵运的山水诗传统，并对陶渊明田园诗的清新自然也有所借鉴，使山水田园诗的成就达到了一个高峰，在中国诗歌史上占有重要的位置。另外，王维还擅长音律与绘画，享有"诗中有画，画中有诗"的美誉。

※ 李白

李白（公元 701 ~ 762 年），字太白，号青莲居士，绵州昌隆（今四川江油）人，祖籍陇西成纪（今甘肃省天水市秦安县），出生于唐朝安西都护府碎叶城（今吉尔吉斯斯坦托克马克城），5 岁时随父亲迁到四川绵州青莲乡。

李白"一生好入名山游"，20 岁时游遍了巴蜀的名山胜水，25 岁时开始漫游全国，足迹遍及山东、山西、河南、河北、湖南、江苏、浙江、安徽等地，写下了大量的优秀诗篇。公元 742 年，受唐玄宗的赏识被召入宫，供奉翰林。但李白不愿向权贵低头，两年后辞官离京，又开始了长达十多年的漫游生活。"安史之乱"爆发后，李白应邀进入永王璘李幕府。后被流放到夜郎，中途遇赦。公元 762 年，病逝于安徽当涂。

李白是继屈原之后我国古代最杰出的浪漫主义诗人，被誉为"诗仙"，与杜甫并称"李杜"，今存诗 900 多首。李白一生关心国事，不满黑暗现实，希望能建功立业，同时他又受老庄和道教的影响，又有"出世"、"求仙"的思想。他的诗歌豪迈瑰丽，既有丰富奇特的想象，又有对当时政治黑暗的抨击，还有对民生疾苦的反映和同情。

李白的诗受屈原和汉魏六朝的乐府民歌影响最深，擅长形式自由的古诗和绝句。他的诗语言浑然天成，不屑雕饰，清新隽永。写景则气势磅礴，想象奇特，抒情则感情奔放，变化多端。代表作有《黄鹤楼送孟浩然之广陵》《望庐山瀑布》《望天门山》《早发白帝城》等。著有《李太白全集》。

※ 杜甫

　　杜甫（公元 712～770 年），字子美，襄阳（今属湖北）人，生于河南巩县（今巩义市）。因在长安城南少陵居住过，曾任检校工部员外郎，后世称之为杜少陵、杜工部。

　　杜甫出生于官宦世家，祖父是诗人杜审言。他从小受过良好的教育，深受儒家思想的影响，渴望报效国家，建功立业。公元 731～745 年，杜甫开

杜甫草堂

草堂位于四川省成都市，杜甫曾在此生活三年。

始在全国漫游，北到燕赵，南到吴越，期间曾与李白相遇，两人结为好友。杜甫曾两次考科举，但均不第，困居长安 10 年。后经过多次奔走，才得到右卫率府参军的小官。"安史之乱"后，杜甫只身投奔唐肃宗，被任命为左拾遗、工部员外郎，后被贬为华州司功参军。不久他弃官而去，全家定居成都。晚年漂泊在四川、湖南、湖北一带。公元 770 年，病死于一条破船上。

　　杜甫的诗现存 1400 多首，他的诗被称为"诗史"，很多重大的历史事件在他的诗中都有反映。另外他的诗还可弥补史书记载的不足。由于杜甫多年的游历和长期生活在社会底层，再加上仕途坎坷，所以他对社会的黑暗、政治的腐朽、人民的困苦生活有着深刻的了解，对人民深切同情，大

胆地揭露了当时尖锐的社会矛盾。杜甫的诗歌沉郁顿挫、忧思悲慨，语言精练，形象生动，抒情诗多寄情于景，情景交融。杜甫的代表作有《兵车行》、《丽人行》、《前出塞》、《后出塞》、《自京赴奉先县咏怀五百字》、《三吏》、《三别》等。他的《忆昔》一诗，常被史学家用来说明开元盛世的社会风貌。有《杜工部集》。

※ 韩愈

韩愈（公元 768 ~ 824 年），中唐著名文学家。字退之，邓州南阳（今河南孟县）人，因祖籍在昌黎（今属河北），世称"韩昌黎"。其年少时孤贫而发愤，25 岁中进士，29 岁正式登上仕途。早年仕途比较坎坷，屡遭贬黜，晚年历任吏部侍郎等高职，政治上较有作为。韩愈在文学上的成就主要是在散文方面，苏轼称其"文起八代之衰"。

韩愈与自己的政敌柳宗元一起倡导"古文"，形成了声势浩大的古文运动。最后"古文"逐渐替代了"今文"（骈文），并流传千年之久。在提出埋论的同时，韩愈本人用古文写了大量的哲学、政治、文学论文和一些杂文。在语言上，韩愈"惟陈言之务去"，善于活用前人成语，创造了一种适时通用的文学语言。在风格上，其文雄健豪放，波澜壮阔，读来令人酣畅淋漓。

韩愈的散文对后世产生了深远影响，后人将其列为"唐宋八大家"之首，又将他与杜甫并提，有"杜诗韩文"之称。除散文外，韩愈作为诗人也被认为是中唐诗人中的翘楚，他还开创了"说理诗派"的诗风，对宋代诗歌风格的转变起到了先导作用。

※ 白居易

白居易（公元 772 ~ 846 年），字乐天，号香山居士、醉吟先生，生于郑州新郑，出身官宦家庭。29 岁中进士及第，与元稹同时考中，又在诗坛上齐名，并称"元白"。公元 810 年，任京兆府户曹参军，负责草拟诏书，后遭排挤，被贬为江州司马。公元 822 年后，先后任杭州刺史、苏州刺史。在职期间，为官清廉，关心人民疾苦，深得民心。58 岁时定居洛阳，常与刘禹锡唱和，时称"刘白"。葬于龙门香山琵琶峰。

白居易是中唐最杰出的现实主义诗人之一，现存近 3000 首诗歌，主要可以分成讽谕、闲适、感伤和杂律四大类，其中讽谕诗成就最高，主要有《新乐府》50 首，《秦中吟》10 首。这些诗叙事完整，情节生动，人物传神，广泛反映了中唐时期社会生活的各个方面，着重描写了社会的黑暗、政治的腐败和人民的苦难，言辞激烈，毫无顾忌。如《卖炭翁》中揭露了宦官对人民巧取豪夺的罪恶行径——"宫市"；《买花》揭示了当时巨大的贫富差距。

白居易的感伤诗以《长恨歌》和《琵琶行》最具代表性。《长恨歌》写的是唐玄宗和杨贵妃的婚姻爱情故事，诗中既有对唐玄宗重色误国的讽刺，又有对他和杨贵妃之间的爱情的感伤和同情。《琵琶行》则借琵琶女的不幸身世来抒发自己怀才不遇和"同是天涯沦落人"的遭际之感。这两首诗叙事曲折，写情入微，声韵流畅，流传很广。

另外，白居易和元稹、张籍、李绅等人一起，掀起了"新乐府运动"，在中国文学史上影响很大。有《白乐天集》。

※ 刘禹锡

刘禹锡（公元 772 ~ 842 年），中唐著名诗人。字梦得，洛阳人，出身书香门第，自称是中山靖王之后。其少有才学，21 岁即擢进士第，官至监察御史。刘禹锡在政治上提倡革新，曾是王叔文派政治革新活动的中心人物之一。后来永贞革新失败，被贬，之后政治上一直不怎么得志，以诗作自娱。现存 800 余首，其中以咏史怀古的作品成就最高。其咏史怀古诗往往语言平易简洁，意象精当新颖，并恰当自然地注入诗人阅尽沧桑变化之后的沉思与感慨，具有一种深远的历史与人生沧桑感，耐人回味。如《石头城》："山围故国周遭在，潮打空城寂寞回。淮水东边旧时月，夜深

还过女墙来。"另外，《西塞山怀古》《乌衣巷》《蜀先主庙》等都是千古名
篇。刘禹锡的诗既不同于元、白的平易浅俗，也异于韩、孟的深刻奇崛，
而是在两大诗派之外别开新局。其诗格意奇高，风情俊爽，骨力刚劲，往
往溢出一股豪迈之气，故作者有"诗豪"之誉。

※　柳宗元

柳宗元（公元773～819年），中唐著
名文学家。字子厚，祖籍河东解县（今山西
永济），故称柳河东。其出身官宦家庭，少
有才名，20岁中进士，入仕后积极参与王叔
文集团进行政治革新。后革新派被宦官和藩
镇势力所挫败，柳宗元被贬南方边远地区，
最后死于柳州（今属广西）刺史任上。柳宗
元在义学上是个多面手，在诗歌、辞赋、散
义、游记、寓言、小说、杂文，以及文学理
论诸方面，都做出了突出的贡献。尤其在散
文方面成就最高，其与韩愈共同发起"古文
运动"，并身体力行用古文写作。《封建论》
等政论文，论说性强，笔锋犀利，讽刺辛
辣；《永州八记》《小石潭记》等山水游记独
具一格，是我国古代山水游记名作；另外，
《黔之驴》《永某氏之鼠》等寓言小说，立意
奇特，现已成成语。柳宗元凭其散文成就与
韩愈并称"韩柳"。而在诗作上，柳宗元也
以简淡深远的风格受到推崇，苏轼称其诗
"外枯而中膏，似淡而实美"。柳宗元在诗文
上与刘禹锡并称"刘柳"，与干维、孟浩然、

柳宗元《江雪》诗意图

241

韦应物并称"王孟韦柳"。

※ 李贺

李贺（公元 790～816 年），中唐著名诗人。字长吉，福昌（今河南宜阳）人，世称李长吉。李贺为唐宗室郑王李亮后裔，虽家道中落，但志向远大，勤奋苦读，得到韩愈赏识。其进士第时，遭小人毁谤，说他父名晋肃，当避父讳，不得举进士，结果竟导致其一生无缘仕途。入仕不成，将精力用于写诗，外出背一破囊，得句即写投囊中，暮归足成诗篇。27岁因病早逝。

李贺在艺术创造上对屈原的奇诡变幻、鲍照的险峻夸饰及李白的想落天外均有所借鉴吸收，同时又着力于锤炼字句，苦心孤诣，最终在唐朝诗坛别开生面，自成一家。

李贺的诗最大的特点便是想象丰富奇特、语言瑰丽奇峭，善于以出人意表的构思、奇异瑰丽的意境、新颖华美的语言创造出别具一格的诗歌形式，人称"长吉体"。如"女娲炼石补天处，石破天惊逗秋雨"（《李凭箜篌引》）、"黑云压城城欲摧，甲光向日金鳞开"（《雁门太守行》）等。另外，李贺经常借助荒坟野草、牛鬼蛇神等奇异的形象，表达怨恨悲愁情绪和荒诞虚幻的意境。如"嗷嗷鬼母哭秋郊"、"秋坟鬼唱鲍家诗"等，故有"诗鬼"之称。

※ 杜牧

杜牧（公元 803～约 852 年），晚唐杰出诗人。字牧之，号樊川居士，京兆万年（今陕西西安）人。因晚年居长安南樊川别墅，故后世称"杜樊川"。杜牧出身名门，其祖父杜佑乃唐三朝宰相兼大学问家。借助深厚家学，杜牧 23 岁时便以《阿房宫赋》才名在外，26 岁考中进士，历任多地刺史，最后官至中书舍人（掌诏书起草，参与机密）。因身处唐朝内忧外患不断的时期，杜牧渴望济世安国，重视军事，写有不少军事论文，还曾注释《孙子兵法》，终因诸帝才庸，宦官专政等原因，抱负未酬。

在文学上，杜牧诗、赋、古文都堪称名家，尤其作为诗人乃是晚唐诗人中之翘楚，与李商隐并称与李白、杜甫相应的"小李杜"。其诗作在风格上给人以高华俊爽之感，语言上则以文词清丽、情韵跌宕见长，尤以奇绝著称。如著名咏史诗《过华清宫绝句》："长安回望绣成堆，山顶千门次第开。一骑红尘妃子笑，无人知是荔枝来。"以典型事例加以形象化描绘，深切历史要害。其《赤壁》《乌江亭》等则以精到独特的见解评论史事，达到文学与历史的高度统一。后人对杜牧多有模仿，但均未能达到其高度。另外其纪行咏物、写景抒情之作也以意象生动、寄寓悠远广受赞誉。

※ 李商隐

李商隐（约公元 812 ~ 858 年），晚唐杰出诗人。字义山，号玉溪生、樊南生，原籍怀州河内（今河南沁阳），自祖父起迁居郑州荥阳。李商隐远祖乃是唐开国功臣，并被赐姓李，至李商隐已经没落。李商隐 18 岁时已具才名，被郑州节度使令狐楚所赏识，召为幕僚。26 岁时中进士，因令狐楚已病逝，又为在今甘肃任节度使的王茂元所看重，召为幕僚兼女婿。无奈令狐楚与王茂元乃是唐末"牛李党争"中的政敌，宣宗时，令狐绹楚子令狐任宰相，李商隐遭其排挤，辗转于各藩镇充当幕僚，潦倒终生。

在文学上，李商隐被视为晚唐最杰出的诗人之一。晚唐时，诗歌在前辈的光芒照耀下有大不如前的趋势，而李商隐却将唐诗推向了又一次高峰，与杜牧齐名，两人并称"小李杜"。李商隐的诗歌对杜甫七律的沉郁顿挫、齐梁诗的华丽浓艳及李贺诗的鬼异幻想均有所借鉴，并融会贯通，形成了深情、缠绵、绮丽、精巧的风格。在其留下的近 600 首诗作中，最有特色也最受后人推崇的是凄迷朦胧难以理解却又充满美感的无题诗。如著名的《锦瑟》："锦瑟无端五十弦，　弦一柱思华年。庄生晓梦迷蝴蝶，望帝春心托杜鹃。沧海月明珠有泪，蓝田日暖玉生烟。此情可待成追忆，只是当时已惘然。"后人或猜以爱情，或猜以友情，或认为别有寄托，千百年众说纷纭。而这巨大的想象空间也正是其魅力所在，充满古典主义之美。另外其诗还有多用典故的特点，有人赞赏的同时，也有人认为未免失之晦涩，如鲁迅曾言："玉溪生清词丽句，何敢比肩，而用典太多，则为我所不满。"

※ 唐宋八大家

唐宋八大家指的是唐代和北宋的八位著名散文作家：唐代的韩愈、柳宗元，北宋的欧阳修、苏洵、苏轼、苏辙、王安石和曾巩。唐宋八大家的文章不但震撼了当时的文坛，而且成为后世散文的楷模。明代古文家茅坤将他们8个人的作品合编为《唐宋八大家文钞》。由于这8位作家文学观点接近，而且都在散文创作上取得了很高的成就，因而"唐宋八大家"一提出，就被人们普遍接受，成为文学史上的专有名词。

南北朝以后，对仗工整，辞藻华丽，但内容空洞的骈文开始流行。有许多有识之士呼吁改革文风，但成效不大。到了唐朝中期，韩愈、柳宗元等人发起了声势浩大的"古文运动"。所谓"古文"，是针对骈文说的，指的是先秦两汉的散文。韩愈和柳宗元提出了一整套的古文写作理论，并创作了很多优秀的文章，如韩愈的《师说》《进学解》《杂说》等，柳宗元的《捕蛇者说》《小石谭记》等。韩柳二人的古文运动直接影响了他们的朋友和学生，得到了他们的响应和追随，散文创作被推到了一个新的高度，沉重打击了骈文。

唐宋八大家

但到了北宋初期，骈文又开始泛滥。欧阳修继承韩愈、柳宗元古文运动的精神，联合同辈的苏洵，学生苏辙、苏轼、王安石、曾巩，再次大力倡导古文运动。他们也创作了一大批优秀的散文，如欧阳修的《五代史伶官传序》《醉翁亭记》，王安石的《答司马谏议书》《读孟尝君传》《游褒禅山记》，苏洵的《六国论》，苏轼的《石钟山记》《赤壁赋》，曾巩的《墨池记》等。唐宋八大家发起的古文运动，是中国古代散文发展史上的一座重要的里程碑。

※ 柳永

柳永（约公元 987～约 1053 年），北宋婉约派代表词作家。字耆卿，原名三变，崇安（今属福建）人。其出身仕宦世家，幼时聪慧，擅长音律歌词。青年时到京城参加科举，却迷恋于烟花之地，因未被录取，愤而做《鹤冲天》，称"忍把浮名，换了浅斟低唱"，认为自己为青楼写词，也不失为"白衣卿相"。本来只是一时气话，谁知被宋仁宗得知，第二年科举时文章本已过关，宋仁宗却将他黜落，并批示："且去浅斟低唱，何要浮名？"柳永听说，愤而自称"奉旨填词柳三变"，辗转于各地青楼，靠给妓女写词过活。51 岁时，柳永得中进士，做了两年官，又干起老行当，死后妓女凑钱将其安葬，并每年上坟，成为千古佳话。

柳永凭其词作在文学史上占有一席之地。今存词 200 多首，其对于都市繁华、男女艳情、羁旅之怀等体裁均有涉及。风格上，柳词清新婉约，细腻独到，与李清照、晏殊、李煜共同被称为婉约派四大旗帜。代表作有《雨霖铃》。柳永作为我国第一位专力于写词的作家，对于词的发展起到了重要作用。其改制、创作了许多新词调，并极大地扩大了词的题材范围，突破了晚唐至宋初以来词的狭隘，为苏轼词的"无意不可入，无事不可言"奠定了基础。另外，柳永对于词的表现手法也多有贡献，并且开创了宋词中的俚俗派。

※ 欧阳修

欧阳修（1007～1072年），北宋中期文坛领袖。字永叔，自号醉翁，晚年号六一居士，吉安永丰（今属江西）人。欧阳修幼年丧父，由寡母亲自课读。家贫，但读书刻苦，23岁即中进士，30岁已以文章名闻天下。早年欧阳修因支持范仲淹的"庆历新政"被两次贬到地方上做官，47岁方奉诏回京，官至宰相。神宗时，王安石任宰相，推行变法，欧阳修与其政见不和，辞官还乡。

欧阳修在经学、史学、诗文等方面均有突出成就。曾参与《新唐书》的撰写工作，并独自撰写《新五代史》。其诗歌对李白、杜甫均有借鉴，成就斐然，并写有我国第一本正规的诗话《六一诗话》。欧阳修最大的成就在于散文方面。宋初文坛沿五代余风，崇尚片偶雕琢之文。欧阳修力主古文，并通过嘉祐二年（1057年）主持科举的机会，录取以古文写作的苏轼、苏辙、曾巩等人，一举扭转北宋文风，成为领导文坛新潮流的盟主。其一生写散文500余篇，政论、史论、记事、抒情文等各题兼备，大都内容充实，气势旺盛，深入浅出，精练流畅。后人论文，多以韩、柳、欧、苏为典范，其中的"欧"，就是欧阳修。"论大道似韩愈，论事似陆贽，记事似司马迁，诗赋似李白"，这是苏轼对欧阳修的评价。

※ 王安石

王安石（1021～1086年），北宋文学家。字介甫，号半山，封荆国公，世称王荆公。王安石生于江西临川一个地方官家庭，自幼聪慧，据说对书籍过目不忘。22岁中进士，在江南各地任地方官。神宗继位后，面对宋王朝积贫积弱的烂摊子，任用王安石为宰相，进行变法。王安石主要在增加政府财政与整顿军事方面进行了变革，但因变法宣传力度不够，推行不彻底，利弊兼有，在当时乃至后世一直褒贬不一。神宗去世后，王安石隐居江宁，司马光为相，尽废新法，王安石在复杂的心情中逝世。

在文学上，王安石在诗文方面均有卓越成就。其文学创作多和政治活动密切联系起来，所作文多为书、表、记、序等体式的论说文，以阐述政治见解与主张。其文结构严谨，条理清晰，说理透彻，语言朴素精练，具有较强的概括性。这对于巩固由欧阳修等人发起的北宋诗文革新运动的成果起了积极的作用。王安石也因此被列为"唐宋八大家"之一。另外，在诗歌创作上，王安石诗作情感充沛，想象丰富，用字工稳，对当代和后世都有影响，被称作"王荆公体"。

※ 苏轼

苏轼（1037～1101年），字子瞻，一字和仲，号东坡居士，北宋眉州眉山（今属四川）人，文学家苏洵之子。

苏轼受父亲的影响，自幼勤奋好学，21岁中进士，曾担任主簿、通判等地方官。在政治上，他属于旧党，反对王安石变法，结果遭到贬斥。旧党上台后，他被召回京任职，但他又反对旧党企图否定变法内容，自请外调，先后担任过杭州等地的地方官。在担任地方官期间，苏轼勤政爱民，为人民做了不少好事。1101年，苏轼病死在常州，追谥文忠。

在苏轼以前，词的题材非常狭窄，主要是描写男女情爱和离愁别绪之类。苏轼对词进行了全面改革，扩大了词的表现功能，开拓了词的意境，将传统上表现女性化的柔情之词、爱情之词表现为男性化的豪情之词、性情之词。他的词里，既有对"故垒西边，人道是、三国周郎赤壁"的古战场的描写，又有"雄姿英发"、"羽扇纶巾"等对古代英雄的描写，还有"会挽雕弓如满月，西北望，射天狼"的壮志豪情，有"笔头千字，胸中万卷，致君尧舜"的书生意气，也有"不知天上宫阙，今昔是何年"的神思异想。苏轼开创了词的豪放一派，他的词意境深远，豪迈奔放，与辛弃疾并称"苏辛"，对后世影响很大。

苏轼的散文与欧阳修并称"欧苏"，他的诗与黄庭坚并称"苏黄"。他还开创了湖州画派，并且是北宋四大书法家之一。苏轼是中国文化史上罕见的全才，有《东坡七集》《东坡乐府》等。

※ 李清照

李清照（1084～约1155年），自号易安居士，齐州章丘（今山东章丘）人，出身官僚学者家庭。18岁时，与情投意合的赵明诚结婚。婚后夫妇二人经常诗词酬唱，收集金石古玩，生活美满幸福。金兵南侵后，李清照南渡，经历了国破、家亡、夫死等一系列悲惨遭遇，孤独一人在南方过着颠沛流离的生活。

李清照多才多艺，尤其擅长写词。她的词以南渡为界限，可以分为两个阶段。在前期，闺房绣户和对丈夫的思念是李清照生活的全部，美满的婚姻是李清照的人生理想。她这一时期的词主要描写的是少女少妇的悠闲生活和对丈夫的爱，还有一些对自然风光的描写。这一时期的代表作有《如梦令·昨夜雨疏风骤》《凤凰台上忆吹箫》《一剪梅》《醉花阴》。语言活泼清新，格调明快，情思悠长，情感真切，言辞浅显但意味悠长。后期的词比前期更加愁思深重，多是一些哀叹身世、孤苦无依之作，同时也流露出对中原的思念之情。语言低沉忧伤，词境灰冷凝重。这一时期的代表作有《武陵春》《声声慢》等。

除了词，李清照还写了一些感时的咏史诗，如《浯溪中兴颂诗和张文潜》，借古讽今，主张吸取唐朝"安史之乱"的教训。《夏日绝句》中的"至今思项羽，不肯过江东"，表达了李清照对南宋君臣苟安东南，不思收复中原表示强烈的愤慨。

※ 陆游

陆游（1125～1210年），南宋诗人。字务观，号放翁，越州山阴（今浙江绍兴）人。陆游自幼好学，青年时代曾向曾几学诗，他的诗受屈原、陶渊明、李白、杜甫等人的影响很大。29岁时，赴南宋都城临安（今杭州）考试，名列第一。但因为他"喜论恢复"，结果被除名。直到秦桧死后，才被起用。先后任夔州、蜀州、嘉州、荣州通判、知州等小官。因上书谏劝朝廷减轻赋税而被罢免，此后长期居住在农村。1210 年病逝。

他的诗现存约 9000 多首，内容非常丰富，几乎涵盖了当时社会生活的各个方面，其中写的最多的是爱国和日常生活。他的诗歌创作可以分为三个时期：1. 中年入蜀以前。这一时期存诗最少，约 200 首左右。2. 入蜀以后到罢官东归，将近 20 年。这一时期存诗 2400 多首，是他诗歌创作的成熟期，奠定了他在中国文学史上的地位。3. 东归以后到去世，时间为 20 年，存诗约 6500 多首。在陆游诗歌创作的三个时期中，爱国主义精神贯穿始终，第二时期尤为强烈，他的爱国诗或抒发收复失地的壮志豪情，或深切同情沦于异族统治的中原父老，或表示对南宋朝廷投降主义政策的强烈不满和壮志难酬的悲哀。直到临死前，他还留下了一首《示儿》诗，表达自己因山河破碎，国土沦陷而死不瞑目，感人至深。陆游的代表作有《关山月》《书愤》《金错刀》《农家叹》《黄州》《长歌行》等。陆游的词纤丽、雄快，代表作有《诉衷情·当年万里觅封侯》《卜算子·驿外断桥边》等。

※ 辛弃疾

辛弃疾（1140 ~ 1207 年），字幼安，号稼轩，历城（今山东济南）人。1161 年，金海陵王完颜亮发动侵宋战争，金统治区的人民纷纷起义，辛弃疾加入耿京起义军。次年，耿京被害，辛弃疾俘获凶手后，率大军归宋，任江阴军签判。辛弃疾在担任地方官期间，重视农业生产，积极训练军队，表现了非凡的政治才能和军事才能。他屡次上书要求南宋政府北伐抗金，结果遭到了南宋统治阶级投降派的排斥和忌恨，辛弃疾为此被罢职闲居 20 年之久。晚年时曾被短暂起用，但不久又遭贬斥，最后含恨而终。

辛弃疾是南宋伟大的爱国词人，他把满腔爱国激情和南渡以来的无限义愤，全部融入词中。他继承和发展了苏轼的豪放词风，他的词慷慨激昂，纵横驰骋，既善于用典，也善于白描，提高了词的表现力，开拓了词的意境，成为南宋最杰出词人之一。人称他的词"色笑如化，肝肠如火"。辛词多方面反映了当时尖锐的民族矛盾和南宋统治阶级的内部矛盾，描写了错综复杂、动荡不安的社会现实，表现了非凡的英雄气概和积极主张抗金，收复失地，统一全国的爱国热忱。除此以外，辛弃疾还写了很多描写农村田园生活和隐逸情趣的词，如《西江月·夜行黄沙道中》《浣溪沙·常山道中即事》等，语言平常清新。他的代表作有《永遇乐·京口北固亭怀古》《水龙吟·登建康赏心亭》《破阵子·为陈同甫赋壮词以寄之》《菩萨蛮·书江西造口壁》等。今存词 600 多首，有《稼轩长短句》。

※ 元曲四大家

元曲四大家包括关汉卿、马致远、郑光祖和白朴。

关汉卿，生卒年不详。号已斋叟，大都（今北京）人，或说祁州（在今河北）、解州（在今山西）人。关汉卿一生编写了 67 部杂剧，现存 18 部，代表作有《窦娥冤》《救风尘》《望江亭》《拜月亭》《鲁斋郎》《单刀会》《调风月》等。关汉卿的杂剧充满着浓郁的时代气息，具有强烈的现实性和昂扬的战斗精神，反映的生活面十分广阔，被后人列为四大家之首。

马致远（约 1250 ～约 1324 年），号东篱，一说千里，大都（今北京）人。曾任江浙行省官吏，后归隐山林。一生著有杂剧 15 部，今仅存《破幽梦孤雁汉宫秋》《江州司马青衫泪》《西华山陈抟高卧》《吕洞宾三醉岳阳楼》《马丹阳三度任风子》《半夜雷轰荐福碑》和《邯郸道省悟黄粱梦》（合著）7 部。代表作《汉宫秋》。

郑光祖，生卒年不详，字德辉，平阳襄陵（今山西临汾附近）人。曾任杭州路吏。他的杂剧著作很多，但流传至今的只有 8 部，代表作为《倩女离魂》。他的剧作词曲优美，贴切自然，备受后世剧作家的推崇。

白朴（1226 ～ 1306 年以后），字太素，号兰谷，隩州（今山西河曲）人。一生作杂剧 16 部，今仅存《唐明皇秋夜梧桐雨》《裴少俊墙头马上》和《董月英花月东墙记》3 部，代表作为《梧桐雨》。

※ 蒲松龄

蒲松龄（1640 ～ 1715 年），清代小说家。字留仙，又字剑臣，号柳泉居士，世称聊斋先生。出身于山东淄博一个中小地主兼商人家庭，19岁应童子试，接连考取县、府、道三个第一，名震一时。但之后再也未能"晋级"，直到 71 岁才获荣誉性的岁贡生头衔。一生除做过几年幕僚外，大部分时间设帐教书。

蒲松龄的不朽名声主要来自于其短篇小说集《聊斋志异》。据说蒲松龄曾设茶烟于道旁，"见行者过，必强与语，搜奇说异"。他在《聊斋志异》自序中言："才非干宝，雅好搜神；情类黄州，喜人谈鬼。闻则命笔，遂以成篇。"中国本来有记录怪异的传统，如晋人干宝的《搜神记》，宋代又有《太平广记》等。但多只记录故事的梗概，蒲松龄则首次以写传奇的方式记录志怪，极尽渲染之能事，将那些鬼怪狐仙的故事讲得细微曲折，引人入胜，故《聊斋志异》被当作一本千古"奇书"。被称为"作家们的作家"的阿根廷作家博尔赫斯就对《聊斋志异》赞赏不已。蒲松龄可能不会想到，其生前一生不得志，死后却获得如此显赫名声。

※ 吴敬梓

吴敬梓（1701 ～ 1754 年），字敏轩，号粒民，因曾移居南京秦淮河畔，故又自称"秦淮寓客"，安徽全椒人。出身官僚家庭，曾祖父曾是顺治年间探花，至其父吴霖起，家道开始衰落。吴霖起为人正直，不慕名利，吴敬梓深受其影响，并在少年时期跟随其宦游大江南北，对社会有所了解。吴霖起死后，族人为争夺财产而发生了激烈的争夺。经历此变故，吴敬梓看清了世人的真面目，对虚伪的人际关系深感厌恶。因其生性豪爽，"遇贫即施"，不到 10 年，产业荡尽。族人骂他为败类，他更体会到世态炎凉。此前，他曾参加过几次科举，一直未能中举，至此，他更进一步厌倦功名，鄙弃世俗。33 岁时，举家迁往南京，以卖文为生。因其有一定才名，加之之前曾经富贵，在与社会各色人物的广泛接触过程中，其对于世间尤其是儒林的虚伪有了清晰的认识，费20年心血著成《儒林外史》。该小说对儒林和科举制度进行了尖锐的讽刺，并旁及封建人伦关系、官僚制度，奠定了我国古典讽刺小说的基础。另外，吴敬梓还创作了大量的诗歌、散文和史学研究著作，有《文木山房诗文集》12卷，今存4卷。

※ 曹雪芹

曹雪芹（1715～1763年），名霑，字梦阮，号雪芹、芹圃、芹溪。祖籍辽宁，先祖乃是汉族，后被编入满族正白旗。其高祖曹振彦因"从龙入关"，立下军功，成为内务府官员，曹家发达起来。后曹雪芹的曾祖母又当了康熙的奶妈，祖父曹寅则做了康熙的伴读。康熙登基后，曹雪芹的曾祖父曹玺被任命为江宁织造，父死传子。江宁织造虽官职不高，实际上却是皇帝派驻江南的特使，康熙六次南巡，四次住在曹府，其恩宠可见一斑。《红楼梦》中的所说的"江南的甄家"四次接驾便映射此事。后来康熙一死，新继位的雍正皇帝便以"亏空甚多"等理由将曹雪芹的父亲曹頫革职，并抄没家产，曹家搬回北京。曹雪芹的后半生居住在北京西郊，过着"举家食粥"的艰难日子。正是在这种前半生的富贵与后半生的凄凉的巨大反差之中，曹雪芹看破人间炎凉，产生了创作冲动。其"披阅十载，增删五次"，创作出优秀的古典小说《红楼梦》。

《红楼梦》一问世便受到广泛关注，并且后来还非常罕见地发展出了一门专门研究《红楼梦》的"红学"。但在古代，小说是不入流的，故《红楼梦》虽然有名，但曹雪芹在生前和死后相当长时间内都是寂寞的，《清史稿·文苑传》中并没有他的名字。故此，曹雪芹的身世相当程度上是一个谜。据说曹雪芹生性豪放不羁，崇拜阮籍，故取字梦阮（籍）。曹雪芹还是一位诗人，其诗立意新奇，风格近于唐代诗人李贺。另因自胡适以来，"红学界"已经达成共识，《红楼梦》乃是曹雪芹的"自序传"，故读《红楼梦》，或许才是了解曹雪芹的最佳途径。

第五篇

史 学

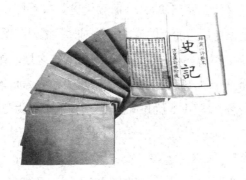

‖史书的体裁‖

※ 正史

正史，就是被官方认定为正宗和正统的史书，最早将正史作为史籍类名的是《隋书·经籍志》。正史有确定的范畴，宋代时有十七史，就是《史记》《汉书》《后汉书》《三国志》《晋书》《宋书》《南齐书》《梁书》《陈书》《魏书》《北齐书》《周书》《隋书》《南史》《北史》《新唐书》《新五代史》；到明代，增加了《宋史》《辽史》《金史》和《元史》，成为二十一史；清代又增加《旧唐书》《旧五代史》和《明史》，遂成二十四史，二十四史是正史最为通行的说法；民国时，增列《新元史》，而有的地方则是将《清史稿》列入，于是又有二十五史之称，如果将这两部书都加进去，就是二十六史。在唐代以前，正史一般为私人撰写，如《史记》为司马迁所著，《汉书》为班固所著，《后汉书》为范晔所著，《三国志》为陈寿所著。自唐代以后，正史就开始由官方组织编写，如《晋书》，由房玄龄、褚遂良、许敬宗监修，编者共有 21 人；再如《隋书》，先由魏徵监修，后由长孙无忌接续，编写者则有孔颖达、许敬宗、于志宁、颜师古等一大批知名的学者；唐代以后的正史中，私修的仅有欧阳修的《新五代史》等很少数的几部。官修的正史往往由当朝宰相担任主编，因为其中涉及到的一些敏感的政治问题宰相依凭自己的身份可以进行裁夺。虽然正史中难免存有部分曲笔和隐讳，但是它的权威性仍是其他史书所无法比拟的。正史的撰写所依据的资料是最原始的，也是最全面的，而且正史的编撰者一般是当时第一流的学者和史学家，所以在历史研究中，正史占有基本性的地位。

※　杂史

杂史的提法，最早见于《隋书·经籍志》。杂史之杂，体现于两个方面，在形式上，杂史的体例不像正史和别史那么严谨，往往不同于正史和别史常用的纪传、编年、典志等体例；在内容上，杂史不限于以一朝一代或者某一历史阶段的政治大事为主，而是涉及得非常广泛，包括学术史、科技史、方域史、地理志等多种具有专属领域的史著。杂史或者因为在体例上和内容上都较为随便，有着更大的灵活性，从而记录了许多不见于正史和别史的珍贵资料，或者因为有着专攻的对象，而比正史和别史中相关方面的内容记载、讲述得更加细致，由此体现出自身独特的价值。《国语》《战国策》《竹书纪年》《逸周书》《越绝书》《吴越春秋》《列女传》《大唐西域记》《明儒学案》《大清一统志》等都是非常著名的杂史。

※　别史

别史，指的是官定的正史之外有体例、有系统、有组织的史书。"别史"之称最早由南宋的陈振孙在《直斋书录解题》中提出，别史与正史区分的标志就是是否经过官方的命定，例如，在清朝乾隆皇帝钦定二十四史之前，《旧唐书》和《旧五代史》只能算别史，而经过乾隆的谕旨，这两部书则跻身于正史之列。至于别史与杂史的区别，张之洞在《书目答问》中说："关系一朝大政者入别史，私家记录中多碎事者入杂史。"正史的体裁均为纪传体，而别史的题材则较为多样，如《续汉书》为纪传体，《资治通鉴》为编年体，《通典》为典志体，《宋史纪事本末》为纪事本末体，《明实录》为实录体，《唐会要》为会要体等。

※ 野史

野史是一种习惯的称谓，并非史籍中正式的分类，一般指私家所撰的涉及史实记录的笔记、史传、杂录等。野史的内容，大多为作者耳闻目睹或者道听途说的逸闻趣事，往往不见于正宗的史籍，虽然野史的记载充斥着相当多的讹误和谬传，但是这并不能掩盖其所反映出的历史真实的一面，其中蕴藏着的大量正规史书中难以见到的方方面面的社会生活的细节，可以为后人了解历史提供另一种角度的观照，因而自有其不凡的价值。鲁迅先生就非常看重野史，甚至认为若要正确地了解中国历史的真相，是非得读一读历代的野史不可的。

※ 纪传体

纪传体，是以人物传记为中心来反映历史情景的史书体裁，首创于司马迁的《史记》。司马迁将先秦时期的史书所具的各种体裁融于一书，分作"本纪"、"表"、"书"、"世家"、

《史记》书影

"列传"五个部分，其中"本纪"、"世家"和"列传"构成书的主体，"本纪"以历代帝王为中心，是全书的总纲，"世家"记载的是诸侯和一部分虽然不是诸侯但在历史上有着特殊地位和特殊影响的人物（如孔子、陈胜），"列传"又分为专传和类传，记载历代名人、三教九流的事迹，并且涉及到民族关系和中外关系方面的内容。班固作《汉书》，沿用了《史记》的体例，而又有所改造，将"本纪"改称为"纪"，取消"世家"，将"列传"改称为"传"，将"书"改称为"志"，于是形成了"纪"、"传"、

"表"、"志"为历代正史所遵循的史书体例。

※　编年体

编年体，是一种以时间为线索的史书体裁。相传为孔子编写的《春秋》就是鲁国的一部编年史。编年体可谓起源很早，而且历代延续，是许多重要的别史所采用的体例，如最为著名的《资治通鉴》。编年体具有时间连续的优点，给人一种清晰的历史时序感，但是也容易造成对一些具有前后相续性质的历史事件的分割，并且因此对相关事件的原委也难以叙述得较为完整，而这方面正是纪传体的长处所在，所以历代正史采用的不是编年体，而是纪传体。当然，纪传休也有缺点，可以说编年体与纪传体在优缺方面恰为互补。

※　纪事本末体

纪事本末体，是一种以历史事件为纲的史书体例，首创于南宋袁枢的《通鉴纪事本木》。《迪鉴纪事本末》，就是将《资治通鉴》中分年记载的一个体系的事迹集中在一起，自成一个单元，以显事情的本末。这样一来，就消除了《资治通鉴》原书中记事不连贯的缺点，而体现出鲜明的条理性，这也就是纪事本末体的优长之处。袁枢撰写《通鉴纪事本末》，在内容上并没有进行增改和修订，可是他所创造的这种新的史书体裁问世之后却备受欢迎，此后，纪事本末体的史书蔚为大观，基本上各代的历史都有与其相对应的纪事本末体的史书出现。

※　典志体

典志体，是以典章制度为中心的史书体裁。司马迁创作的《史记》中有"八书"，其中就有典章制度方面的记录；班固著的《汉书》中有"十志"，记载的内容与《史记》中的八书基本上是相对应的。东汉以后，出现了典章制度的专史，如应劭的《汉官仪》、丘仲孚的《皇典》、何胤的《政礼》等。唐代前期出现了很多典志方面的书籍，如李林甫的《唐六典》、王颜威的《唐典》、刘秩的《政典》等。但这些都是关于某一朝代的典章制度的记叙，从单独的某部书中并不能窥知历代典章制度的发展和演变的情况。中唐时期杜佑在刘秩《政典》的基础上进行扩展，编成了一部上起黄帝、下至唐代宗的典章制度的通史——《通典》，这是典志体正式创立的标志。南宋郑樵又编纂了一部纪传体的《通史》，后改名为《通志》。尽管《通志》并非典章制度的专史，但是其中作者用力最多也是最受人看重的精华部分是反映历代典章制度的"二十略"，因而史学家们将其与《通典》和《文献通考》这两部专史合称为"三通"。《文献通考》是元代马端临所撰写的又一部通史式的典章制度的专史，其创新之处在于采取了"文"（历史资料）、"献"（史家评论）、"注"（编者注解）三结合的方法。清朝乾隆年间组织学者续编"三通"，纂成"续三通"，而后又有《清通典》、《清通志》和《清文献通考》这"清三通"，共成为"九通"，再加上民国时刘锦藻编写的《清朝续文献通考》，就是学界习惯称谓的"十通"。

※ 会要体

会要体是典志史书的一种题材，"会要"就是会聚朝廷典章制度之要的意思。会要体创始于唐德宗年间苏冕编纂的《会要》，《会要》记载了唐高宗到唐代宗这一段历史时期的典章制度。唐宣宗时，崔铉等人又奉诏编写《续会要》，续增了唐德宗到唐宣宗时期的相关内容。北宋初年，王溥在这两部会要的基础上，编成《唐会要》，后来又编写了《五代会要》，使得会要体史书趋于完善。宋代以后，官方都要组织学者编纂当朝的会要，如《宋会要》（原本已佚，清代学者徐松从《永乐大典》中辑录出《宋会要辑稿》）《元经世大典》《明会典》《清会典》等。另外，一些学者又私自编写了此前历代的会要，如南宋徐天麟的《西汉会要》和《东汉会要》、明代董说的《七国考》、清代姚彦渠的《春秋会要》、孙楷的《秦会要》，等等。会要体史书，基本上是以 15 个左右的门类再具分为 300 余个子目，记载政治、经济、军事、外交、法律、教育、礼乐、文化等各方面的制度及其沿革情况，兼有工具书和资料汇编的功能。

※ 学案体

学案体，是一种记述学术源流的史书体裁，是继编年体、纪传体、纪事本末体、典志体等主要史书体裁之后出现的又一新的史书体例，始创于明末清初，黄宗羲撰写的《明儒学案》即为学案体的代表作品。学案体例大致为：每学案前先设一表，详细地列举该学派的师友弟子，标明学派的渊源及其传授系统；每一案主均立小传，叙述其生平概况及学术宗旨；对案主的学术论著，均一一注明出处，并且材料的

《明儒学案》书影

采选非常广泛；案主小传后，另有附录，记载其趣闻逸事；还附有时人及后学的相关评论，备录其短长得失，以供后来的学者自行做出判断。学案体史书是学术思想史的专著，为学者研究学术思想的沿革提供了详实可靠的文献资料。

※ 起居注

起居注，是由史官撰写的关于皇帝的日常言行与生活的记录。《汉书·艺文志》记载："古之王者，世有史官，君举必书，所以慎言行，昭法式也。左史记言，右史记事，事为《春秋》，言为《尚书》。"这段话可以看作是对起居注的说明。完善的起居注始于汉武帝时期，到北魏时，正式设立专官，称"起居注令史"，专门负责撰写皇帝的起居注，后代沿袭了这一制度。起居注并不是严格意义上的史著，但却是最原始的历史资料。皇帝驾崩之后，就由史官根据起居注来撰写头录，实录与成，起居注就被焚毁，也即是说起居注是不予保存和流传的，在当时，起居注是绝密的，甚至连皇帝也见不到，这是为了保证起居注的真实性。可是宋代以后，皇帝本人开始过目起居注，相应地，史官的笔讳也就多了起来，从而影响到起居注的本真价值。

※ 实录

实录，是历朝皇帝的编年大事记。史官在皇帝死后，会根据起居注、时政记等资料，按时间顺序编写这位皇帝的"实录"。实录出现于南北朝时期，《隋书·经籍志》著录有《梁武帝实录》《梁元帝实录》等，现存最早的一部完整的实录是唐代韩愈编纂的《顺宗实录》。唐代开始，为前君纂写实录成为定制，但是明代以前的历代皇帝的实录大多都已佚失。因为实录只有抄本存于宫中，并不刊刻，也不公布，现在流传下来的较为完整的只有《明实录》和《清实录》。但是由于皇帝的顾忌较多，故所谓的实录也有诸多的不实之处，例如，永乐时期就曾多次修改《明太祖实录》，朱棣的篡位进行讳饰。当然，尽管如此，实录中所记载的历史资料仍是相当宝贵的，而且一些正史中的很多内容就是依照实录写成的。

※ 方志

方志，又称地方志，是记载地方情况的史书，因为内容专对地方，所以记叙详备，是深入了解地方历史的重要资料。先秦时期的《尚书·禹贡》和《山海经》就具有方志的特点。汉代以后，方志开始大量出现，既有官修，也有私修的。方志依记载范围的不同，可以分为记述全国各地的总志、省志、府志、州志、县志等，另外也有专门记载一处山川，或名胜，或寺庙等更为专一的方志。

※ 类书

类书是分类编排各种资料以供检索的工具书，类似于后来的"百科全书"。魏文帝曹丕使诸儒撰集的《皇览》被认作是类书之祖，但是此书早已佚失。南北朝时期，编纂类书开始风行，出现了《古今注》《集林》《四部要略》《类苑》《北堂书钞》等一批类书，这些类书大多也都没有流传下来。唐代开始，官方组织编写类书成为一种惯例，如唐代有《艺文类聚》《初学记》，宋代有《太平御览》《太平广记》《册府元龟》，明代有《永乐大典》，清代

《永乐大典》书影

初名《文献大成》。全书按韵目分列单字，依次辑入用该字起名的文史资料，宋元以来的佚文秘典收集颇多。正本藏于文渊阁，副本藏于皇史宬。

有《古今图书集成》。这些官修的类书大多编纂于一个朝代立国之初并逐渐走向兴盛的时期。《永乐大典》是历史上规模最大的一部类书，可惜的是在清末八国联军入侵的时候被洗劫焚毁，仅余下少量残卷，另有部分残卷散佚于多个国家。现存的最大的一部类书是清代康熙年间编成的《古今图书集成》。类书与丛书不同，并不是对书籍的全部内容的辑录，而是分门别类地选取其中相关的部分内容辑入，但是有的资料在类书中体现得较为完整，使得从中提取已经佚失的书籍成为一种可能。乾隆年间编纂《四库全书》时就从《永乐大典》中辑录了多部佚书，后《永乐大典》被毁劫，这次辑录工作算是意义重大。

‖史论‖

※ 属辞比事

属辞比事，直接的含义就是连缀文辞，排比史事，后来也泛指撰文记事，出处为《礼记·经解》："属辞比事，《春秋》教也。""属辞比事"是春秋学中一个非常重要的概念，但是早期对此的理解并不复杂，宋代以后，"属辞比事"的提法被人们重视起来，这一概念也被赋予了多重含义，基本上分为写作方法和史学研究两个方面。在写作方法上，指仅仅列叙历史事实而不表述自己的意见，以此为指导来进行史书的写作；在史学研究上，指运用分析与综合的方法，通过详审《春秋》所记之事，从而探明史实以求大义的史学观念。

※ 春秋笔法

春秋笔法，又称"春秋笔削"，指寓褒贬于曲折的文笔之中而不直接表明自己态度的写作方法，出自《史记·孔子世家》："孔子在位听讼，文辞有可与人共者，弗独有也。至于为《春秋》，笔则笔，削则削，子夏之徒不能赞一词。弟子受春秋，孔子曰：'后世知丘者以《春秋》，而罪丘者亦以《春秋》。'"这段话的意思是，孔子在司寇职位上审理诉讼案件时，判词若有可以和别人相同的地方，就不独自决断。至于撰作《春秋》，他认为应当写的就写，应当删的就删，即使是子夏之流的高足弟子也不能改动一字一句。弟子们听受《春秋》时，孔子说："后代了解我的凭这部

《春秋》，而怪罪我的也凭这部《春秋》。"《左传·成公四十年》讲述春秋笔法时说："《春秋》之称，微而显，志而晦，婉而成章，尽而不污，惩恶而劝善，非圣人谁能修之。"就是说，《春秋》的记述，用词细密而意思显明，记载史实而含蓄深远，婉转而顺理成章，穷尽而无所歪曲，警诫邪恶而褒奖良善。其中"惩恶而劝善"是孔子采取春秋笔法的一个基本意图，出于这种目的，在行笔之中也就难免有所避讳，有些事情并非采用直录的方式，这被称作曲笔，至于那种不直接表现作者自己的态度而将其寓于简洁的叙述之中的手法又被称作微言大义。

※ 成一家之言

司马迁像

"成一家之言"意为开创独成一家的学术思想，语出司马迁《报任安书》："亦欲以究天人之际，通古今之变，成一家之言。"这代表了司马迁的学术理想，同时也是他的人生理想之所在。《左传·襄公二十四年》曰："太上有立德，其次有立功，其次有立言。虽久不废，此之谓不朽。""立言"作为"三不朽"之一，是中国古代的知识分子所最为看重的人生内容。曹丕在《典论·论文》中说："盖文章，经国之大业，不朽之盛事。年寿有时而尽，荣乐止乎其身，二者必至之常期，未若文章之无穷。"司马迁自谓"所以隐忍苟活，幽于粪土之中而不辞者，恨私心有所不尽，鄙陋没世而文采不表于后世也"，其意也正在于此。秉持着这种理想，司马迁忍辱负重，付出巨大的艰辛，做了前所未有的开创性工作，撰写了中国第一部纪传体通史——被鲁迅称誉为"史家之绝唱，无韵之离骚"的《史记》。

※ 六家二体

"六家二体"是刘知几在《史通》中对史籍的源流及其体裁所做的归纳，"六家"和"二体"两篇在该书中居于统领性的地位，是刘知几史学理论的基础组成部分。关于"六家"，刘知几说："古往今来，质文递变，诸史之作，不恒厥体。榷而为论，其流有六：一曰《尚书》家，二曰《春秋》家，三曰《左传》家，四曰《国语》家，五曰《史记》家，六曰《汉书》家。"就这"六家"的代表意义而言，《尚书》旨在"疏通知远"，《春秋》要在"属辞比事"，《左传》和《国语》旨在述说经义，《国语》又在《左传》之外"稽其逸文，纂其别说"，《史记》"鸠集国史，采访家人，上起黄帝，下穷汉武，纪、传以统君臣，书、表以谱年爵"，创立了纪传体，《汉书》的特点是言简意赅，包举一代，成为后世正史的范本。关于"二体"，刘知几说："考兹六家，商榷千载，盖史之流品，亦穷之于此矣。而朴散淳销，时移世异，《尚书》等四家，其体旧废，所可祖述者，唯左氏及《汉书》二家而已。"这就是说，"六家"当中，真正流传于后世者，只有《左传》和《汉书》这两家，指的也就是《左传》的编年体和《汉书》的纪传体，"六家"重在史籍的内容和旨意，"二体"则是纯粹就史书的体裁而言的。

※ 五志三科

"五志三科"是刘知几在《史通》中所阐述的关于史书的选材原则的观点。"五志"是由创作《汉纪》的东汉史学家荀悦提出的，所谓"五志"，就是"达道义"、"彰法式"、"通古今"、"著功勋"和"表贤能"。东晋的干宝将"五志"进一步阐释为"体国经野之言则书之，用兵征伐之权则书之，忠臣烈士孝子贞妇之节则书之，文诰专对之辞则书之，才力技艺殊异则书之"。刘知几对史书写作内容取舍的态度是"采二家之所议，征五志之所取"，而又提出"三科"：即"叙沿革"、"明罪恶"和"旌怪异"。

他对"三科"的解释是："礼仪用舍、节文升降则书之，君臣邪僻、国家丧乱则书之，幽明感应、祸福萌兆则书之。""五志三科"的意义在于突出史书写作中道义和伦理成分的含量，从而强调史书彰善惩恶的作用。

※ 直书与曲笔

直书和曲笔是撰写史书的两种笔法，直书就是忠于事实，依照真实情况直接记录；曲笔说的是对历史事实有所取舍，或者进行曲意修饰的写作方法。直书被认为是良史所应当坚持的基本精神，刘知几在《史通》中强调直书的重要意义时说："况史之为务，申以劝诫，树之风声。其有贼臣逆子，淫君乱主，苟直书其事，不掩其瑕，则秽迹彰于一朝，恶名被于千载。言之若是，吁可畏乎！"虽然如此，但是出于各种主动或被动的原因，实际上史籍从总体上来看是不可能完全采取直书方式的，曲笔的情况是大量存在的。当然，也不能一概而论，认为曲笔的做法一无是处，其实在某些时候史家采取曲笔不仅是可以理解的，其至也是值得称道的，刘知几虽然强调直书的精神，但对于曲笔也是没有给予完全否定的，只是这种笔法切记不可滥用。

※ 博采与善择

博采与善择，是指在撰写史书的过程中对文献资料进行处理的两个基本的方面，博采说的是搜集资料要广泛，善择说的是选用资料要审慎。长期以来，人们撰史所依据的文献资料的基本范畴是古代经典、正史、官方案牍等，唐代刘知几打破了这一传统观念，将资料的搜集范围大大地扩展了，凡逸事、琐言、郡书、家史、别传、杂记等各种野史、杂史资料几乎无所不及，乃至对于当时刚刚兴起的金石文献也进行采猎。有了博采的基础，善择就是关键的一步，因为广泛搜罗来的资料相当驳杂，质量优劣不一，真伪亦相混淆，这就需要非常精湛的甄选功夫才可以令这些资料最佳地为己所用，同时在最大程度上免除资料过丁繁杂的负面影响。

※ 史才三长

"史才三长"即学、才、识，这是刘知几在《史通》中所提出的史家应当具备的三种基本素质。"学"，是指史家应该掌握广博的知识，特别是要占有丰富的文献资料；"才"，是指史家驾驭文献资料的能力和进行文字表述的能力；"识"，是指史家应当具有对历史独立的见解与观点和秉笔直书、忠于史实的坚贞品质与献身精神。

※ 史学三要

"史学三要"指的是义、事和文，为清代学者章学诚在《文史通义·史德》中提出："史所贵者义也，而所具者事也，所凭者文也。""义"指历史观点，"事"指历史事实，"文"指著史的文笔。在章学诚看来，具备"义、事、文"方可称为"史学"，三者之中以"义"为主，而"事"与"文"则是求"义"的根据和技巧。"义"是史家主观的见解，而撰写史籍是一定要以客观事实为遵照的，关于二者如何得到统一，章学诚说："能具史识者，必知史德。德者何？谓著书者之心术也。"所谓心术，就是史家应当不以主观的偏见代替客观的史实，这是"欲为良史"的基本条件。

※ 六经皆史

"六经皆史"是章学诚所提出的史学命题，他在《文史通义》中说："古人未尝离事而言理，六经皆先王之政典也。"并进一步指出："三代学术，知有史而不知有经，切人事也；后人贵经术，以其即三代之史耳；近儒谈经，似于人事之外别有所谓义理矣。"章学诚认为，六经都是先王的政典，记述古代的典章制度，具有史籍的性质，也正因为这一点六经才为后人所重视。"六经皆史"观点的起因是章学诚意欲令学术切合于当时人事的经世致用的思想。这个命题的提出，不仅将史学的产生上溯到六经之前，而且扩大了古史的范围，对先秦史学的研究产生了积极的影响。

※ 史法与史意

史法与史意，是章学诚史学理论中两个重要的概念，他在《文史通义》中说："吾于史学，盖有天授，自信发起例，多为后世开山，而人拟吾于刘知几，不知刘言史法，吾言史意；刘议馆局纂修，吾议一家著述，截然两途，不相入也。"章学诚用史法和史意之分来表述自己与刘知几的区别所在，简要地说，"史法"是指史书撰写的形式和内容，"史意"则是针对史籍撰述中的思想，代表着章学诚所强调的史学之"义意所归"。具体而言包括这样几个要点：一是明大道，二是主通变，三是贵独创，四是重家学。章学诚还说："郑樵有史识而未有史学，曾巩具史学而不具史法，刘知几得史法而不得史意，此予《文史通义》所为作也。"从史识到史学，再到史法，最后到史意，可以看出几个具有代表性的史学家前后之间继承与发展的线索和脉络。

‖著名史学家‖

※ 董狐

　　董狐，春秋时晋国史官，是秉笔直书的典范。《左传·宣公二年》记载，晋灵公无道，赵盾屡次劝谏，不但没有结果，反而给自己招来杀身之害，于是被迫出逃。他的族弟赵穿带兵杀掉了灵公，这时赵盾尚未走出国境，听到消息后返回。任太史的董狐这样记载此事："赵盾弑其君。"赵盾认为不应当这样记。可是董狐坚持这种史录，因为赵盾身为正卿，在还没有越出国境之前，原有的君臣关系就依然存在，而赵盾却不起兵讨伐弑君的人，就是没有尽到忠君的职责，那就应当承担这弑君的责任。后来，这种不阿权贵、敢于直录的史家精神被称为"董狐直笔"。

※ 司马迁

　　司马迁（约公元前145～前87年后），字子长，夏阳（今陕西韩城南）人，家学渊源深厚，曾师从著名学者孔安国和董仲舒，青年时期曾游历四方，这些都为他日后修史的工作打下了良好的基础。据司马迁自

司马迁祠

268

叙，其祖先早在西周时期就世任史官，到汉武帝时，司马谈出任太史令，又恢复了先祖的职业。太史令是掌管文史星历等皇家档案的官职，有机会接触到大量的珍贵文献资料。司马谈有志编撰一部古今通史，但是这一愿望未曾实现，于是在临终的时候教谕儿子司马迁若可继任太史令，当牢记此事于心中。不久后，司马迁继承了太史令的职位，开始着手编写这部史书。

天汉二年（公元前99年），汉武帝派李广利率军三万攻打匈奴，结果惨败而归，几乎全军覆没，李广利仓促逃回。李陵当时任骑都尉，率兵五千与匈奴单于亲自带领的三万人作战，李陵指挥这五千步兵杀掉了匈奴的五六千骑兵，单于增调更多的人马过来，但仍未能制伏李陵，于是准备撤军。这时汉营有一个士兵叛变，将汉军的内部情况告知匈奴，并且说李陵没有援军，于是单于继续围困，李陵终因寡不敌众，被擒而投降。消息传到朝廷，汉武帝非常震怒，众多大臣也落井下石，谴责李陵。司马迁虽然与李陵没有深交，但是因据李陵素有"国士之风"，常有不顾身以殉国家之急的表现而推断李陵的投降实是出于无奈，将来必定伺机报答汉朝，并且说李陵在战场上的出色表现是十分难能可贵的。汉武帝以为司马迁的这番辩护是有意贬低其宠妃的哥哥李广利，因而勃然大怒，将司马迁投入狱中。不久有传闻说李陵率匈奴军队攻打汉朝，汉武帝信以为真，将李陵的全家处死，司马迁也因此被施以腐刑。不仅如此，在狱中司马迁还遭受了百般折磨，"交手足，受木索，暴肌肤，受榜棰，幽于圜墙之中，当此之时，见狱吏则头抢地，视徒隶则心惕息"（《报任安书》）。肉体的摧残和精神的羞辱，使得司马迁痛不欲生，但是想到父亲的遗志还没有完成，自己此前做的那些著史的准备工作还没有结果，遂忍辱负重，坚强地活了下来。

太始元年（公元前96年），汉武帝改元大赦天下，司马迁因而得以出狱，此后，发愤著书，直到征和二年（公元前91年）全书完成，共得130篇，52万余言，这就是后来享有盛誉、彪炳千秋的《史记》。

※ 刘向

刘向（公元前 77 ～前 6 年），原名更生，字子政，中年后改名向，沛县（今属江苏）人。刘向是汉代皇族，但不是嫡系，12 岁时入宫为辇郎，20 岁时任谏大夫，后累官至给事中。汉元帝时，宦官专权，外戚乱政，刘向数次上书弹劾，遭致两度入狱，并被贬为庶人。汉成帝即位后，刘向被重新起用，任光禄大夫，是皇帝的近臣。这时，太后王家已经权倾朝野，而赵皇后、卫婕妤两家也争宠弄权，汉王朝潜伏着严重的危机。刘向多次进言，汉成帝虽然懂得其中道理，但是自己已经奈何不得业已控制了朝政的外戚王家。刘向死后 15 年，刘姓汉室终于为王家所取代。刘向是西汉时期重要的经学家、文学家和目录学家，编写了中国最早的目录学著作《别录》，并且编纂有《列女传》《说苑》《新序》等多种文史著作，为整理古代典籍做出了非常大的贡献。

※ 班固

班固（公元 32 ～ 92 年），字孟坚，右扶风安陵（今陕西咸阳）人，出身于官宦世家，家境丰裕，并且有着良好的文化氛围，父亲班彪是著名的史学家，曾致力于续写《史记》，班固在父亲的影响下自幼就喜欢文史，博览群书，精晓百家之言，在 13 岁的时候被王充叹誉为奇才。然而班彪并未实现自己的志愿，去世时仅留下半部《史记后传》，这没有完成的任务也就交给了班固。班固在家中专心著述的时候被人告发"私修国史"，不仅人被逮捕，书稿也被抄没。其弟班超闻讯后急忙赶到洛阳上书辩白，汉明帝召见了班超，亲自审读了班固撰写的史稿，大为赞赏，并且任命班固为兰台史令，参与编撰国史《东观汉纪》，这为班固创作《汉书》提供了非常好的条件。除长于撰史之外，班固的辞赋也写得相当出色，其《两都赋》是东汉成就最高的大赋作品之一。汉章帝建初四年（公元 79 年）召开的著名研讨经学的白虎观会议也由班固将结果纂录为《白虎通义》。汉和帝永元元年（公元 89 年），班固随大将军窦宪出征匈奴，参与谋略，并于途中创作了著名的表述军功的《封燕然山铭》。永元四年（公元 92 年），窦宪在政治斗争中失败自杀，而班固与窦宪交情深厚，于是与班固有宿怨的洛阳令借机编造罪名，将其逮捕入狱，不久，班固死于狱中。和帝知晓后，严厉斥责了逮捕班固的洛阳令，并令负主要责任的官吏抵罪。班固此时还没有完成《汉书》的全部，于是和帝诏请班固之妹班昭来续写尚未完成的"八表"和《天文志》。班固的《汉书》取得了十分杰出的成就。

※　刘知几

刘知几（公元 661 ~ 721 年），字子玄，彭城（今江苏徐州）人，生于官僚世家，幼时受到正统的文史教育，20 岁中进士，长期担任史官，参与编修国史和撰写实录，曾因为主张信笔直录、善恶必书，与把持史馆的武三思等人发生冲突而退出史馆。刘知几将自己对史学的深入体会撰写成中国的第一部史学理论著作《史通》。在《史通》一书中，刘知几详细讨论了史籍的编纂体例与方法，精到地论述了史官沿革、史籍流传以及古史中的一些具体问题，道出史家必须具备才、学、识三长的重要观点，创立了"六家二体"、"五志三科"等史学基本理论，提出了许多精辟而大胆的见解，对史学家的著史具有重要的指导意义，因此时人徐坚称赞《史通》："为史氏者宜置此坐右也。"

※　杜佑

杜佑（公元 735 ~ 812 年），字君卿，京兆万年（今陕西西安附近）人，生于世宦之家，长期为官，及至宰相，政绩颇丰。杜佑历经玄宗到宪宗的六朝，所处的时代正是唐王朝由盛转衰的时期，他亲眼目睹了"安史之乱"后唐朝国势的衰颓，密切关心着唐朝的命运，对朝政的弊端怀有清醒的认识。杜佑以"富国安人之术为己任"，针对时弊，提出节省开支、裁减冗员等一系列积极的政治主张，同时在政治实践上也很有作为，得到朝野上下的普遍敬重。出于"征诸人事，将施有政"的目的和理想，杜佑博览古今典籍和历代名贤论议，考溯各种典章制度的源流，以 36 年的功力撰成 200 卷的史学巨著《通典》。《通典》是中国第一部典章制度专史，不仅开创了后世编著典章制度史的先河，而且也是同类史书中成就最高的一部。

※ 马端临

马端临（1254 ～ 1323 年），字贵与，一字贵舆，号竹洲，饶州乐平（今属江西）人。其父马廷鸾曾为南宋右丞相，并出任南宋国史院编修官与实录院检讨官，在父亲的影响下，马端临自幼博览群籍，才学卓异。宋朝灭亡后，马端临隐居不仕，对元朝进行消极的抵抗，后来迫于政治压力，出任慈湖书院和柯山书院院长，晚年时担任台州儒学教授。马端临出于考察历代统治者盛衰兴亡的原因以为当政者提供经验和鉴戒的目的，在唐代杜佑《通典》的基础上，广泛搜集史料，详细而深入地考订了历代的典章制度，撰成了又一部典章制度的专著《文献通考》。《文献通考》共348 卷，上起三代，下至南宋宁宗嘉定年间，分为田赋、户口、征榷、选举、职官、乐、兵、刑、学校、钱币等 24 个门类，按时代先后排列比较，同时在各条后面加注前人和当时学者名家的相关议论，最后再用按语的形式来阐述自己的见解。马端临的按语，贯通古今，折中恰当，力求从史实出发，做出审慎的结论，许多见解为前人所未有，颇具可赏之处。《文献通考》与《资治通鉴》相辅相成，交相辉映，一同代表着宋元之际史学领域的高度成就。

※ 顾炎武

顾炎武（1613 ～ 1682 年），苏州府昆山县（今属江苏）人，原名绛，字忠清，清兵破南京后改名炎武，字宁人，号亭林，后世尊称为亭林先生。顾炎武生当江山易代之际，明亡后，曾两次参加武装抗清斗争，力图恢复明朝。复明无望后，顾炎武即致心于学术，矢志不与清廷合作，曾以死相拒。顾炎武将"博学于文"和"行己有耻"视作为人的准则，反对空疏玄虚的宋明理学，并痛斥当时"饱食终日，无所用心"和"群居终日，言不及义"的恶劣士风，积极倡导"书足以匡时，言足以救世"的实学，提出"保天下者，匹夫之贱，与有责焉耳矣"的著名号召，也就是后来人们常说的"天下兴亡，匹夫有责"。顾炎武勤奋治学，将日常心得随手记录，长时积累而著成《日知录》一书。《日知录》考辨精深，会通古今，涉及经义、史学、吏治、财赋、舆地、艺文等多个领域，不仅见解独到，而且言必有据，开创了清朝考据之学的先河，更是引领了一代学风。然而，与后世学者不同的是，顾炎武绝非一味浸淫于故纸堆中的学者，不仅读万卷书，而且行万里路，广泛进行实地考察，将书中所得与社会实际进行比勘和辨证，体现出强烈的经世致用的精神。顾炎武还是非常知名的语言学家，著有《音学五书》，不仅有着理论上的杰出建树，而且有着大量的实证分析，他也因此被看作是汉语古音学研究的重要奠基者。

※ 赵翼

赵翼（1727～1814年），字云崧，一字耘崧，号瓯北，阳湖（今江苏常州）人。35岁中进士，历任广西镇安知府、广东广州知府、贵州贵西兵备道，46岁时以母病为由辞官归乡，过起悠游闲适的生活，同时潜心读书，曾主讲扬州安定书院。赵翼将自己长期读书所做的笔记汇集成书，就是著名的《廿二史记》。《廿二史记》是赵翼对二十四史精心研读的成果，称之为"廿二史"，是因为赵翼将新旧唐书和新旧五代史分别合称为一史的缘故。这部书以笔记的形式，对二十四史的编撰人员、编著年代、史料来源、编纂体例以及各史的得失之处等做了全方面而又详致入微的介绍和评论，可以看作是一部二十四史的阅读指南。赵翼在书中还将某些史实进行归纳分析，总结出某些有趣的历史现象，如言"北齐百官无妾"、"宋皇后所生太子皆不吉"、"元初用兵多有天助"等，这些独特的发现不仅令人亲切地感受到读史的趣味，同时也可以让人从这些历史表面情景中窥度出史实。赵翼不仅是一个杰出的史学家，还是一个著名的诗人，诗歌语言浅近流畅，尤以五言古诗最为出色，与袁枚和蒋士铨并称"乾隆三大家"。

※ 钱大昕

钱大昕（1728～1804年），江苏嘉定（今属上海）人，字晓徵，一字及之，号辛楣，又号竹汀居士，晚年自称潜研老人。27岁中进士，累任山东、湖南、浙江、河南等省乡试的主考官，后为詹事府少詹事、提督广东学政，48岁时居丧回乡，此后引疾不仕，转而潜心治学，教授生徒。钱大昕对当时几乎所有的学术领域，诸如经学、史学、文学、天文、地理、历算、音韵、训诂、金石等皆有所学，而且颇为精晓，博闻强识，冠绝一时。《廿二史考异》是钱大昕集平生读史之所学，积数十年考证之功所成的一部史学名著，在清代与赵翼的《廿二史记》和王鸣盛的《十七史商榷》并称，但是比另两部书更为精细、严谨，出色地体现了乾嘉学派深湛绝伦的考据成就。钱大昕还著有《十驾斋养新录》《三统术衍》《四史朔闰考》等为人称道的学术著作，并且曾参与撰修《续文献通考》《大清一统志》等大型史书，在学术领域可谓功勋卓著。

※ 章学诚

章学诚（1738～1801年），字实斋，号少岩，会稽（今浙江绍兴）人。25岁时第二次应乡试未举后就学于当时的最高学府北京国子监，28岁时再次落榜，而后拜投翰林院编修朱筠为师，章学诚由此得以接触众多的学界名流，开阔了学术视野。41岁时章学诚始中进士，但是仕途坎坷，为了维持家口而辗转奔波，任教于各地书院，也曾投入幕府。章学诚不仅遭受着生活上的微贫，而且他的学术成就也不为当时的学界所知晓，他的一些重要著作都是在过世之后才刊刻的。直到清末和民国年间，章学诚的杰出成就才被人发现，他的《文史通义》被称誉是一部"为千古史学辟其榛芜"的杰作，也被认为是继唐代刘知几之后最为重要的史学理论著作之一。章学诚在书中开篇即提出"六经皆史"的著名命题，主张"史学所以经世"、"作史贵知其意"，提出"辨章学术，考镜源流"的目录学思想，建立了较为系统的历史学和目录学理论，并且指出"家有谱，州县有志，国有史"，出色地撰写方志的理论和实践，将方志学提升为一门正宗的学术。

※ 崔述

崔述（1740～1816年），字武承，号东壁，直隶大名府魏县（今属河北）人。23岁中举，曾被任命为福建罗源县知县，为政勤谨，品行清廉，涤除敝俗，变革乡风，颇受人民爱戴。崔述是一位杰出的史学家，"考据详明如汉儒，而未尝墨守旧说而不求其心之安；辨析精微如宋儒，而未尝空谈虚理而不核乎事之实"，生平著述30余种，以《考信录》一书最为知名。这部书包括《考古提要》《上古考信录》《唐虞考信录》《夏考信录》《商考信录》《丰镐考信录》《洙泗考信录》《孟子事实录》等内容，其中《洙泗考信录》是专门考证孔子生平事迹真伪的，是研究孔子的一种极为重要的参考资料。《考信录》集中体现了崔述的辨伪成就，表现出鲜明的疑古精神和实证精神，开启了近代史学的新途径，受到蔡元培、胡适、顾颉刚等著名学者的大力推崇，在日本也曾产生很大影响。